U0549522

江西理工大学优秀博士论文文库

股权众筹投资者保护中的信息失灵法律规制研究

崔勇涛◎著

知识产权出版社
全国百佳图书出版单位
—北京—

图书在版编目（CIP）数据

股权众筹投资者保护中的信息失灵法律规制研究／崔勇涛著．—北京：知识产权出版社，2019.11

ISBN 978-7-5130-6417-0

Ⅰ.①股… Ⅱ.①崔… Ⅲ.①企业融资—投资者—法律保护—研究—中国 Ⅳ.①D922.291.914

中国版本图书馆 CIP 数据核字（2019）第 185795 号

责任编辑：邓　莹　　　　　　　　责任校对：潘凤越
文字编辑：邓　莹　　　　　　　　责任印制：刘译文

股权众筹投资者保护中的信息失灵法律规制研究
崔勇涛　著

出版发行：	知识产权出版社 有限责任公司	网　　址：	http://www.ipph.cn
社　　址：	北京市海淀区气象路 50 号院	邮　　编：	100081
责编电话：	010-82000860 转 8346	责编邮箱：	dengying@cnipr.com
发行电话：	010-82000860 转 8101/8102	发行传真：	010-82000893/82005070/82000270
印　　刷：	保定市中画美凯印刷有限公司	经　　销：	各大网上书店、新华书店及相关专业书店
开　　本：	710mm×1000mm　1/16	印　　张：	17
版　　次：	2019 年 11 月第 1 版	印　　次：	2019 年 11 月第 1 次印刷
字　　数：	270 千字	定　　价：	68.00 元

ISBN 978-7-5130-6417-0

出版权专有　侵权必究
如有印装质量问题，本社负责调换。

前　　言

　　股权众筹合法化后的发展现状并未如人们当初设想的那样乐观，其发展十分缓慢并且争议不断。股权众筹反对者认为，股权众筹监管规则根本无法实现融资便利与投资者保护的平衡，因而股权众筹的推行不切实际；股权众筹支持者认为，只要制定了合适的监管规则，股权众筹的价值必将实现。出现上述争议的原因在于立法者在制定股权众筹法律时顾此失彼，不仅没有达到保护投资者的效果，反而使融资便利的目标也无法实现。实践证明，有效的投资者保护并不是对投资者进行全面的保护，而是要为投资者提供一个公平、透明的交易环境，因此，股权众筹的投资者保护措施必须以纠正信息失灵为基础。

　　证券市场纠正信息失灵的方法主要有市场自治和法律救济两种方式。但市场自治无法有效地解决股权众筹市场的信息失灵问题，因而需要法律这只"看得见的手"积极介入。综观各国的股权众筹立法，投资者保护的基本制度主要包括信息披露制度、股权众筹平台义务规范制度和投资者限制制度。这些制度对于解决股权众筹市场的信息失灵问题均可以发挥重要作用。但是由于立法者对于股权众筹市场的研究不够深入，使得这些制度并不完全契合股权众筹市场的实际。

　　本书认为应当根据股权众筹市场的实际完善上述法律制度。针对股权众筹市场存在的信息不足、信息不对称和信息不准确的现状，应当完善股权众筹重大性信息披露制度和股权众筹平台的义务规范，并构建统一的领头人规则。完善重大性信息披露制度主要是明确"重大性"的基本标准，并且规定重大性信息的基本内容。完善股权众筹平台的义务规范主要是鼓励股权众筹平台探索多样化的调查手段和完善投资者教育的义务，并且规定平台项目审核方面的法律责任特别是民事责任；针对投资者投资能力的不足，应当构建统一的领投人规则，借助领投人在投资和管理方面的经验，帮助投资者进行项目选择，并在投后管理中切实维护投资者的权益。

目　　录

绪言 ……………………………………………………………（1）
　第一节　研究背景、目的和意义 ………………………………（1）
　第二节　文献综述 ………………………………………………（9）
　第三节　研究范围、研究方法和主要创新 ……………………（34）
第一章　股权众筹监管概述 ……………………………………（38）
　第一节　股权众筹与股权众筹注册豁免 ………………………（38）
　第二节　股权众筹注册豁免 ……………………………………（46）
第二章　股权众筹投资者保护的关键——规制信息失灵 ……（61）
　第一节　股权众筹立法后的发展现状及争议 …………………（61）
　第二节　信息失灵规制对于股权众筹投资者保护的意义 ……（72）
　第三节　股权众筹信息失灵的市场自治 ………………………（82）
　第四节　股权众筹信息失灵的法律规制 ………………………（96）
第三章　股权众筹强制性信息披露制度及其完善 ……………（117）
　第一节　股权众筹强制信息披露制度概述 ……………………（117）
　第二节　股权众筹强制性信息披露制度的法律效果 …………（129）
　第三节　构建股权众筹重大性信息披露制度 …………………（143）
第四章　股权众筹平台义务规范制度及其完善 ………………（163）
　第一节　股权众筹平台义务规范制度概述 ……………………（163）
　第二节　股权众筹平台义务规范制度的法律效果 ……………（173）
　第三节　股权众筹平台义务规范制度的完善 …………………（185）
第五章　股权众筹投资者限制制度及其完善 …………………（201）
　第一节　股权众筹投资者限制制度概述 ………………………（201）

1

第二节　投资者限制制度的法律效果 …………………………（208）
　　第三节　构建统一的领投人规则 ……………………………（214）
结论 ……………………………………………………………………（237）
参考文献 ………………………………………………………………（247）

绪　言

第一节　研究背景、目的和意义

2008年金融危机后，股权众筹逐渐兴起。各国政府、私人迫切希望股权众筹能够解决中小企业融资难的问题，从而借助中小企业的发展摆脱经济危机的影响。因此，各国均通过修改证券法将股权众筹纳入传统证券法的管辖范围。但是由于各国法律均赋予了股权众筹注册豁免的资格，投资者的保护便是股权众筹立法中首要考虑的问题。本书的研究目的有二：一是明确投资者保护应当以纠正信息失灵为基础；二是探索适合股权众筹市场实际的投资者保护制度。

一、研究背景

互联网技术的普及彻底改变了人们的生活。如果说互联网技术带来的第一次社会变革是电子商务的繁荣，那么第二次变革无疑是众筹金融的兴起。在互联网技术和网络社交媒体的支撑下，古老的众筹理念在21世纪的今天焕发出勃勃生机，使得"沉闷"许久的证券市场再一次泛起"涟漪"。特别是股权众筹的出现，给传统的证券理论、证券法律制度带来一定冲击，本书便是此背景下的研究产物。

（一）金融危机余波未消

2007年一场肇始于美国次贷市场的危机迅速在资本市场扩展，并借助美国发达的资本市场迅速向全球蔓延。到了2008年，这场危机已经成为全球性的大危机，世界各国几乎无一幸免。这场危机也被称为继1929年经济大萧条之后对全球经济影响最大的一场危机，有人甚至认为这次危机的破坏性要比1929年经济危机还要大。受此次危机的影响，欧美各国经济发展缓慢、失业率居高不下。面对来势汹汹的经济危机，各国不得不联合起来救市，为此成立了以世界主要国家组成的G20集团，希望各国能够通过互利合作、互帮互助，使世界各国逐渐摆脱经济危机的影响。中国在此次危机中受到的影响较小，但是中国政府并未袖手旁观，而是以大局为重，主动与其他国家沟通并提供力所能及的帮助。经过各国的共同努力，各主要国家逐渐走出了经济危机的泥潭。

然而危机过后，各国面对的并不是经济的强势反弹，而是长时间的经济低迷。不仅经济增长率与危机前相比大大降低，而且失业率居高不下，有的国家还因此发生了社会动荡，使正常的社会秩序受到影响。为了尽快摆脱经济危机的影响，政府部门不仅出台了许多刺激经济增长的政策，例如，降低利率、税收优惠等，金融部门更是不断突破常规为经济发展添加助力。如美联储多次实施量化宽松政策，欧盟则允许无限期地购买债券，而日本更是希望通过增加货币供应量的方式刺激市场的发展。即便如此，发达国家的经济发展远没有达到危机之前的水平。政府在恢复经济发展方面的无能，引发了一轮又一轮的民众抗议浪潮，并造成社会的持续动荡。在此种背景下，贸易保护主义、右倾势力迅速抬头，使人类致力于推进的全球化进程受到重大阻碍。

面对经济持续低迷的状况，各国政府不得不将希望寄托于中小企业。因为中小企业是国内经济发展的支柱。不论是对经济增长的贡献方面，还是在增加就业岗位方面，中小企业都起着无可替代的重要作用。也可以说，危机后各国经济恢复缓慢的主要原因是中小企业发展不振。中小企业的发展之所以受阻，原因就在于中小企业受到经济危机的影响，其融资受到很大的阻碍。因此，如何促进中小企业融资便利，解决中小企业发展需要的资金问题，便成为各国政府不得不首要解决的问题。而依托互联网技术和网络社交媒体技术的众筹金融使各国政府、中小企业主看到了希望的曙光，因此通过各种政策助力众筹金融的发展，以便中小企业利用众筹筹集发展急需的资金,并希望通过中小企业的发展为经济的发展注入活力,提高国内的就业率。

(二) 普惠金融深入人心

普惠金融的理念是联合国于 2005 年提出的,目的是使难以得到传统金融服务的"弱势群体"如贫困地区、边远地区人口和小微企业等能够获得生活、发展所需的资金。该理念提出之后,各国政府非常重视,纷纷出台促进普惠金融的措施。特别是随着互联网技术和智能手机技术的发展,借助这些技术优势的数字普惠金融更是得到了人们的普遍关注。在 2017 年举行的 G20 德国汉堡峰会的会议上,数字普惠金融便是其中的议题之一。普惠金融理念的提出,有着深刻的历史和现实背景。

首先,金融的发展是不平衡的。发达国家和发展中国家之间、发达地区与欠发达地区之间金融的发展程度差别很大。这种金融发展程度的差别,使得不同国家、不同地区的人口或者企业获得的金融服务的水平是不一样的。以美国为例,美国的硅谷和纽约的金融服务业十分发达,因而聚集了众多的创新型企业和高科技产业,中小企业获得融资的可能性比较大。但是对于其他金融服务业欠发达的一些州而言,中小企业获得资金的渠道就比较狭窄,影响了州内经济的发展。金融发展的不平衡,也会造成不同国家间的发展不平衡。美国的金融业十分发达,因此在国际金融秩序的制定中拥有较多的话语权,可以制定对本国有利的金融政策,从而进一步巩固美国的经济霸主地位。此外,美国还可以利用在金融方面的优势,通过金融业的全球布局获得更多的利益,同时可以将国内的经济危机通过金融工具转嫁给其他国家,从而使国家间发展的不平衡越来越大。此次金融危机便是最好的证明。

其次,金融发展的不平衡违背了公平原则。发达地区的金融服务业比较发达,人们不仅可以享受到便利的金融服务,还可以通过金融投资获得相应的回报。但是对于欠发达地区和边远地区的人口来讲,其很难获得传统的金融服务。因为传统的金融服务需要大量的基础设施,但是在欠发达地区和边远地区修建基础设施的成本要高于可能获得的收益。因此许多传统的金融服务业如银行、证券公司等难以在以上地区有效展开业务,也使得该地区的人口和企业,特别是贫困人口和小微企业,很难享受经济发展带来的福利。

再次,互联网技术和手机智能技术为普惠金融的发展提供了技术支持。传统金融服务受到基础设施和地域的限制,很难在贫困地区和边远地区扩展业务活动。但是互联网技术和智能手机技术的普及却可以解决传统金融面临的问题。互联网银行和手机银行可以使传统银行突破地域的限制,并且无须传统基础设施的支持,从而可以节约大量的服务成本,使普惠金融的发展成为可能。同时,网络社交媒体的普及可以使中小企业的融资突破熟人社会和地域限制,面向全国甚至是全球融资,不仅可以解决中小企业资金缺乏的问题,而且可以使不发达国家或者地区的人口都参与到企业发展的整个过程,从而享受经济发展和社会进步带来的益处。

最后,发展普惠金融是现实的需要。2008年的经济危机造成各国经济发展遭遇困境,而突破这种困境的关键便是发展中小企业,通过中小企业的繁荣为经济的发展注入新的活力。而发展普惠金融则是解决中小企业融资的关键。因为普惠金融的服务对象便是中小企业和普通民众。普惠金融特别是数字普惠金融可以为广大普通民众参与中小企业的融资提供便利,人们只需要通过一台电脑或一部手机便可以将资金投入到资本市场,大大节约了时间成本。中小企业的融资不再局限于本地融资、亲友融资,而是通过网络社交媒体如 Twitter、Facebook 等接触到分布在各国、各地区的人口,拓宽了融资的范围,增加了融资成功的可能性。

综上,鉴于现实需要、技术支撑以及维护金融市场公平的目的,使得普惠金融的理念日益深入人心。

(三) 众筹金融方兴未艾

众筹的理念并不是新的,而是有着悠久的历史渊源。但是众筹获得普遍关注和发展则是在2008年金融危机之后。金融危机发生之后,各国纷纷紧缩银根,商业银行也提高了贷款的条件,这些措施进一步加剧了中小企业融资的困境。❶ 所以,广大的中小企业主不得不寄希望于社会民众,"众人拾柴火焰高"。互联网技术和网络社交媒体技术的普及,则使这一希望变成了现实,众筹金融由此产生。

因为众筹金融的门槛很低,所以众筹金融的产生不仅为中小企业的融资带来便利,而且还可以为很多怀揣创业梦想的人提供创业发展资金,"你的未来不是梦",在众筹金融的助力之下可能真的会变成现实。很多创业人士特别是青年人往往拥有很好的创意,但是融资的困境使他们很难将自己的创意转变成现实,因为能否筹集到启动资金要看风险投资人和天使投资人是否认同创业人的观点。但是在众筹金融语境下,创业人士可以将其观点通过互联网或者社交媒体向社会公众进行充分展示,以便获得对该创意感兴趣的人的支持,从而赢得启动资金。

众筹平台是一个很好的广告平台。许多企业或者个人通过众筹平台进行融资并非单单为了资金的目的。因为众筹平台一般没有门槛,很多人都可以通过平台浏览发行人的项目,从而起到很好的广告效应。而通过天使投资或者风险投资却达不到广而告之的效果,因为私募融资一般禁止向不特定的人进行宣传。此外,众筹平台还可以充分发挥"群体智慧"的作用。很多人都可以通过交流渠道向发行人表达对某个创意或者产品设计等的看法,从而促使发行人根据这些观点不断完善其创意或者设计,使其最终的成果能够真正满足市场的需要。

由于众筹金融具有成本低、效率高等优点,因此众筹金融一经产生,便以迅雷不及掩耳之势迅速发展,速度之快令人瞩目。2009 年众筹融资的规模为 32.1 亿元,到了 2012 年这一数字达到 169 亿元,增长了 426%;发展到 2016 年,全球众筹的总额为 1989.6 亿元,比 2012 年增长了 1820 亿元之多,可见众筹融资的发展速度大大超过了人们的想象。❷ 根据现在的发展趋势,2017 年众筹融资的总额肯定突破 2000 亿元大关。另据世界

---

❶ EU. Crowdfunding in the EU Exploring the Added Value of Potential EU Action [R]. Brussels: EU Commission, 2006: 6.

❷ 2016 年全球众筹融资交易规模统计. http://www.sohu.com/a/124987599_114835, 2017-02-05.

银行发布的《发展中国家众筹发展潜力报告》（Crowdfunding's Potential for the Developing Word），发展中国家的众筹融资具有较大的发展潜力，到2025年发展中国家的众筹融资规模可以达到960亿美元。由此可见，众筹融资有可能发展成为继公募、私募市场之后的第三大融资市场。此外，众筹融资的规模不仅越来越大，而且领域也越来越广。从开始的艺术众筹、电影众筹到后来的股权众筹、房地产众筹，再到现在流行的特许权众筹等，几乎已经达到了"凡是有人处，皆可言众筹"的地步，众筹的影响力也是越来越大，发展势头无可阻挡。

（四）股权众筹蓄势待发

股权众筹出现的时间并不长，其融资规模在众筹融资中所占的比例也不是很高。但是因为它允许投资者获得发行人的一部分股份，并凭借其股份分享企业发展的利润。在利润回报的刺激下，可能会比普通的众筹项目筹集到更多的资金。而且股权众筹允许一般的社会民众参加对非上市企业的融资特别是初创企业的融资，从而打破了合格投资者对非上市公司投资的垄断，因此被称为最有前途的众筹类型。❶

股权众筹产生之后，很多中小企业希望通过股权众筹筹集发展资金。政府部门也希望通过股权众筹为沉闷许久的资本市场带来一些刺激和活力。但是由于股权众筹具有证券的属性，不得不受证券法的约束。而无论将股权众筹视为公募还是私募，证券法中的相关规定都将是其发展的障碍。

大多数国家的证券监管当局和学者都将股权众筹视为具有公募的特征。例如，中国证券业协会于2014年发布的《私募股权众筹融资管理办法（试行）》（征求意见稿）中将股权众筹视为私募的一种，但是证监会在2015年8月发布的《关于对通过互联网开展股权融资活动的机构进行专项检查的通知》明确将股权众筹视为"公募股权众筹"。法国、德国、澳大利亚等一些国家都将股权众筹归入小额公开发行的一种，实际上也是

---

❶ SIGAR, KARINA. Fret No More: Inapplicability of Crowdfunding Concerns in the Internet Age and the JOBS Act's Safeguards [J]. ADMIN. L. REV, 2012（64）：473-487.

一种公募发行的方式。由于公募发行面向全社会融资，关涉公共利益，因此各国证券法均制定了严苛的公募发行条件和程序，拟上市的公司不得不雇佣中介机构以制定满足法律要求的上市文件。股权众筹的中小企业大都为成立年限不长、还未产生利润、经营风险较高的企业或者初创企业，它们不仅无法满足公募发行的条件，而且更无法承担公募发行的成本。因此，如果将股权众筹视为公募的话，不得不向证券主管当局注册登记，并提交相应的信息披露文件，法律的这些要求使股权众筹的发展不切实际。

同样，如果将股权众筹视为私募的话，虽然无须向主管当局注册登记，也无须进行相应的信息披露，但是必须向合格投资者发行并且遵守证券法关于广告限制的规定。股权众筹如果只向合格投资者开放，股权众筹的小额、大众的特点便无从体现，普惠金融的理念也无处可寻，这实际上是私募的互联网化，无论是对于中小企业的融资，还是对于普通投资者的参与都是不利的。而且，私募融资必须遵守广告限制的规定，即不得公开宣传。虽然美国放宽了公开宣传的规定，但是也只是允许向合格投资者宣传。股权众筹以互联网为依托，互联网的开放性是股权众筹融资的前提，如果对股权众筹的开放性进行限制，那么就会造成发行人融资成功的可能性大大降低。因此，如果将股权众筹视为私募的话，股权众筹将失去应有之义。

因此，很多中小企业家以及普通的社会民众都热切盼望立法者能够制定符合股权众筹实际的法律制度，以为股权众筹的合法性和发展的确定性提供法律支撑。赋予股权众筹注册豁免资格便成为立法者不得不解决的首要问题。

二、研究目的和意义

在前述背景之下，本书将对股权众筹中投资者保护问题进行深入研究。因为投资者保护是证券法的主要目标，也是证券法和证券监管机构存在的依据。股权众筹如果想发挥促进中小企业融资的作用，必须首先解决好投资者保护问题。也就是说立法者必须在赋予股权众筹注册豁免的前提下，探寻替代性的投资者保护措施。

(一) 明确股权众筹投资者保护的理论基础——纠正信息失灵

"买者自负"是证券市场投资遵循的基本原则，股权众筹市场作为证券市场的组成部分，自然也不例外。因此，法律对股权众筹投资者的保护不能过度，过度的投资者保护将会给发行人的融资便利带来阻碍，从而使发行人豁免注册的规定成为一纸空文。这也就意味着投资者的保护不是为了使投资者免遭损失，更不是确保投资者一定会得到回报，而是要为投资者提供一个公平、透明的环境，使投资者免受欺诈，并能够在对拟投资对象进行充分的风险和价值评估的基础上作出理智的投资决策。因此，必须保证股权众筹市场上的信息充分、准确，并能够顺利流通，从而发挥信息在证券定价和投资者决策方面的作用。但是，股权众筹市场上信息的不充分、不对称较之传统市场更为严重，这一方面有市场的原因，另一方面也与股权众筹注册豁免有一定的关系。因此，股权众筹的投资者保护必须以纠正股权众筹市场的信息失灵为基础。只有这样才能够实现融资便利和投资者保护的双重目标。

(二) 探求适合股权众筹市场实际的投资者保护方法

根据前文所述，股权众筹投资者保护必须以纠正信息失灵为基础。信息失灵的纠正方法主要有市场自治和法律规制两种。市场在资源配置的效率方面无疑是最高的，因此市场自治手段是纠正信息失灵的首要选择。但是市场在资源配置方面并不完美，存在固有缺陷，因此必须依靠法律这只"看得见的手"发挥在资源配置方面的补充作用。在股权众筹市场上，市场自治手段鉴于股权众筹发展的实际状况并不能充分地发挥作用，因此必须设置相关的法律制度，通过法律的强制性手段规制股权众筹市场的信息失灵问题。但是，股权众筹的注册豁免、去中介化等特点表明股权众筹市场与传统证券市场有着重大区别，因此股权众筹投资者保护不能单纯照搬传统证券法中的规则，而是应当根据股权众筹市场的实际情况构建有效的投资者保护制度。

第二节 文献综述

股权众筹虽然起源于英国，但是美国却是世界上第一个制定股权众筹监管法案的国家，即 JOBS 法案。因此，国际上对于股权众筹的研究以美国最为发达。国外学者的研究也一般以美国的 JOBS 法案为蓝本，通过对比分析，研究各国股权众筹监管规则的优劣，或者提出构建本国股权众筹监管规则的设想。因此，本书主要借鉴了美国学者对于股权众筹的研究成果。

一、国外研究综述

（一）专著

美国专门研究股权众筹的专著并不是很多，大多数学者都是从整体上对众筹融资问题进行探讨，股权众筹只是作为其中的一个章节被学者论及。但是由于股权众筹涉及向公众筹集资金的问题，需要证券法的监管，因此学者们在专著中对股权众筹进行了深入研究，得出许多有价值的结论。

艾格尔·米奇齐（Igor Micic）在《众筹：行业概览，监管以及其对初创企业的作用》（Crowdfunding: Overview of the Industry, Regulation and Role of Crowdfunding in the Venture Startup）一书中对众筹的行业的发展历史、监管环境以及众筹在初创企业融资中的作用进行了研究。作者采用了多种研究方法，包括探索性和现象学的研究方法、调查问卷等方式对股权众筹发行人、平台、行业协会以及股权众筹投资者进行了详细的调查研究。作者通过四点分析法对股权众筹的优势、劣势、机会、威胁进行分析，并通过五力分析法回顾了股权众筹行业的发展进程。作者在著作中对意大利股权众筹的监管规制进行分析，并以此作为对于不同的众筹类型实施不同监管策略的观点提供证据支持。同时作者通过上述研究，得出初创企业选择众筹融资的动力因素。此外，该书还对政策制定者的政策走向以及学者的研究进展进行归纳和总结。❶ 威廉·迈克尔·坎宁安（William Michael Cunningham）认为 JOBS 法案是《1933 年证券法》和《1934 年证券交易法》之后对美国证券法最大的改革。作者在该书中讨论了 JOBS 法案对于初创企业融资的意义和对资本市场产生的影响。接着讨论了 JOBS 法案的具体细节，以为初创企业利用股权众筹融资提供指引。作者认为，JOBS 法案是对资本市场融资工具的一种创新，可以为更多的企业提供融资便利，同时也为投资者更广泛地参与资本市场投资提供了一条新的途径，而且对于美国经济的恢复和就业率的提高具有重要意义。❷ 亚历桑德罗·玛丽亚珂（Alessandro Maria Lerro）在《意大利股权众筹立法：法律和监管》（Italian Equity Crowdfunding Legislation：Laws and Regulations）一书中将意大利的股权众筹法律和监管规则翻译成英文。意大利是世界上最早对股权众筹进行清晰界定和监管的国家，包括监管者、股权众筹平台、发行人、经纪人以及投资者。所以说对于其他国家的立法机构来讲，意大利制定的股权众筹监管法规，可能会为其他国家带来一些启示、经验和教训。对于试图在意大利进行股权众筹融资活动的企业或者平台也具有重大的指导意义。❸ 罗伯特·保提格亚和弗拉里维奥·皮斯里（Roberto Bottiglia & Flavio Pichler）编辑的《众筹之于中小企业：欧洲视角》（Crowdfunding for SMEs：A European Perspective）一书中重点关注了金融回报型众筹，即股权众筹和借贷型众筹。作者认为股权众筹对于将来的企业融资具有重要作用，是传统融资工具的重要补充。因此，理解众筹融资产生的原因以及众筹融资背后的助力是至关重要的。作者认为，即便欧盟层面还缺乏统一的监管规则，但是由于金融回报型众筹的金融特性，依然要受到相关法律的监管。对于股权众筹的监管要达到两个目的，即投资者保护和发

---

❶ MICIC, IGOR. Crowdfunding：Overview of the Industry, Regulation and Role of Crowdfunding in the Venture Startup［M］. Hamburg：Anchor Academic Publishing, 2015.

❷ CUNNINGHAM, WILLIAM MICHEAL. The JOBS Act：Crowdfunding for Small Businesses and Startups［M］. Berkeley：Apress, 2012（1）.

❸ LERRO, ALESSANDRO MARIA. Italian Equity Crowdfunding Legislation：Laws and Regulations［M］. Charleston：Createspace Independent Pub, 2014（1）.

行人的融资便利。在此书中，作者探讨了关于股权众筹监管的一些政策以及所遇到的问题，同时对金融回报型众筹未来的发展做了预测。❶

（二）论文

欧美学者撰写的有关股权众筹的论文可以分为两个时期。以 JOBS 法案的公布为分界线，JOBS 法案颁布之前和颁布之后不久，学者们的研究主要集中于股权众筹面临的风险以及建议采取的监管举措；JOBS 法案以及 SEC《众筹条例》颁布之后，学者们主要是通过各种研究方法对上述规则进行分析、评价以及提出自己的改进建议。

1. 股权众筹的整体考察

JOBS 法案通过之前，学者们的研究主要集中于众筹的概念、分类、是否应当受到证券法的管辖，应该如何监管等。在这方面最具代表性、最全面的文章无疑是 C.史蒂文·布拉德福德（C. Steven Bradford）的《众筹和联邦证券法》（Crowdfunding and the Federal Securities Laws）一文。布拉德福德探讨了众筹的基本概念、分类，接着分析众筹是否属于证券法中的"投资合同"，然后就股权众筹适用当前证券法的相关规则可能达到的效果进行分析。他认为，众筹将会引起中小企业融资的革命。难以获得传统资金支持的小企业可以通过众筹接触到任何一个人，然后吸引他们融资。在美国证券法下，众筹可能引发两个问题：第一，股权众筹涉及证券的买卖，会触发登记注册的规则，但是登记注册成本较高，无法适用于小企业；第二，众筹网站可能被视为经纪商或者投资顾问，必须遵守 SEC 相关的资格要件。针对上述情况，布拉德福德在成本收益的基础上，提出应当建立股权众筹注册豁免的建议。他认为如果融资人的融资额在 25 万～50 万美元之间，并且投资者的投资不超过 500 美元或者年收入的 2%；并且融资者和投资者通过众筹网站融资进行投资，那么股权众筹筹资人就无须适用证券法登记注册的相关规定。股权众筹网站如果想获得豁免的话，必须满足以下条件：向大众开放；提供投资者交流渠道；要求投资者在投资

---

❶ BOTTIGLIA, ROBERTO & PCICHER, FLAVIO. Crowdfunding for SMEs：A European Perspective [M]. London：Palgrave Macmillan, 2016（1）.

之前接受相关教育；避免利益冲突；禁止提供投资建议或者推荐某一证券；将通过网站进行的融资活动向 SEC 报告。❶ 阿尔玛·帕克麦滋里奇和戈登·沃克（Alma Pekmezovic & Gordon Walker）对股权众筹进行全面的考察，认为技术革命和经济危机是股权众筹背后的两大助力。股权众筹为中小企业融资提供了一种可能的解决方式，同时为普通投资者参与对未上市企业的投资提供了一条途径，具有民主性特征。但是作者同时认为，股权众筹也带来一些法律问题，比如说监管问题、税收问题、洗钱问题、投资者保护问题、跨境投资问题、信息披露问题等。作者分析了不同的众筹模式，认为不同的模式需要不同的监管框架，因为它们拥有不同的风险、不同的复杂度以及不同的群体和意图。作者重点考察了美国、英国、德国、意大利和新西兰对于股权众筹的监管策略，特别是总结了各国在股权众筹监管规则中的投资者保护措施，认为这是股权众筹是否能够取得成功的关键。同时作者认为，监管者制定股权众筹监管规则必须在融资便利和投资者保护之间达到平衡，否则股权众筹市场有可能演变成"柠檬市场"。❷ 琼·麦克劳德·海明威（Joan MacLeod Heminway）研究了股权众筹给传统证券法带来的冲击。他认为股权众筹以及 JOBS 法案的规定进一步模糊了公募和私募的边界。从某种意义上来讲，JOBS 法案创造了一种新的公募公司类型，即一种公私混合型的公募公司。发行人为了公开、负责和程序透明的目的不得不接受联邦证券法的监管。股权众筹法案使公募和私募之间界限的分析更加复杂，然而对股权众筹的公募和私募性质进行界定是非常重要的，它可以使监管者制定更加适合的监管规则。❸

---

❶ BRADFORD, C. STEVEN. Crowdfunding and the Federal Securities Laws, Colum [J]. Bus. L. Rev, 2012: 1.

❷ PEKMEZOVIC, ALMA & WALKER, GORDON. The Global Significance of Crowdfunding: Solving the SME Funding Problem and Democratizing Access to Capital [J]. Wm. & Mary Bus. L. Rev, 2016 (7): 347.

❸ HEMINWAY, JOAN MACLEOD. Crowdfunding and the Public/Private Divide in U. S. Securities Regulation [J]. U. Cin. L. Rev, 2014-2015, (83): 477.

2. 对 JOBS 法案和 SEC《众筹条例》规则的分析和评价

大多数美国学者的研究都集中在对 JOBS 法案和 SEC《众筹条例》的规则分析上。学者们一般认为，JOBS 法案和《众筹条例》的规定并不符合股权众筹的实际，不仅未给发行人的融资带来便利，而且对投资者的保护也没有实质效果，因此应当在以后的法律修订中加以完善。马克斯·E. 艾萨克森（Max E. Isaacson）认为，发行人按照 JOBS 法案第三章的要求进行融资的话，融资成本要比《D 规则》（私募规则）还要高。SEC 根据国会授权制定的《众筹条例》是非常复杂的，这种复杂性降低了股权众筹的经济性，使得股权众筹很难有较强的吸引力。作者还认为《众筹条例》不仅无法有效地预防欺诈和帮助投资者审慎地评估项目，反而剥夺了他们参与投资非上市公司的机会。因此，为了使股权众筹有较大的吸引力，必须降低发行人的融资成本，特别是信息披露成本。作者认为提交经过审核的财务报表是没有必要的，只需要提交纳税申请表就可以达到相同的目的。[1] 赛斯·C. 奥安伯格（Seth C. Oranburg）经过实证研究认为，应当提高股权众筹发行人的融资额在 100 万 ~ 500 万美元之间，因为对于初创企业融资来讲，这一范围内的融资是市场缺乏的，应当利用股权众筹填补这一空缺。作者因此专门为股权众筹创造了一个新词：桥融资（bridgefunding）。而且他还认为，将股权众筹的融资额提高到上述范围可以使普通投资者跟在天使投资人之后投资，可以充分利用天使投资人在项目审核方面的知识和能力。因此将融资额提高到上述范围可以解决当前人们普遍关心的欺诈和盲目投资的问题。[2] 迈克尔·维格纳（Michael Vignone）认为股权众筹不会取代传统的融资方式，也不会对欺诈等风险免疫。但是对于初创企业来讲，它确实是一个具有创新性的融资工具，能够以较低的搜寻成本接触到大量的投资者。对于投资者来讲，可以获得投资初创企业的机会，增加

---

[1] ISAACSON, MAX E. The So-Called Democratization of Capital Markets: Why Title Ⅲ of the JOBS Act Fails to Fulfill the Promise of Crowdfunding [J]. N. C. Banking Inst, 2016 (20).

[2] ORANBURG, SETH C. Bridgefunding: Crowdfunding and the Market for Entrepreneurial Finance [J]. Cornell J. L. & Pub, 2015-2016 (25).

投资收益的渠道。因此，对于融资者和投资者来讲，股权众筹是一个不错的选择。❶ 大卫·格罗霍夫（David Groshoff）认为美国的股权众筹监管规则过于烦琐，不利于股权众筹的发展。而且投资者面临着诸多威胁，虽然股权众筹法律宣称保护投资者的利益，但是目前来看只是保护合格投资者，而将广大的普通投资者置于监管壁垒之中。❷ 达里安·M. 易卜拉欣（Darian M. Ibrahim）认为，SEC 的监管的目标是融资便利与投资者保护的平衡，但是国会通过的 JOBS 法案明显将融资便利置于投资者保护之上，这对于 JOBS Title Ⅱ来讲是适合的，但是对于股权众筹来讲就不适合了。对于股权众筹发行人来讲，经营失败的可能性比较大，加之股权众筹的去中介化和投资者的"非合格性"均使得投资者投资损失的可能性比较大。而非合格投资者无法对发行人及其证券进行准确的风险和价值评估的事实，有可能使高质量的企业离开市场，从而形成"柠檬市场"。因此，如果允许非合格投资者参与股权众筹投资，必须为他们解决信息不对称的问题。作者认为信息披露制度是解决信息不对称最为经典的制度，但是信息披露制度如果想在股权众筹领域发挥作用就必须引入中介者和发挥群体智慧的作用。在引入中介者方面，他认为应当发挥平台项目筛选方面的功能，积极发挥领投人制度的作用。另外，群体通过互联网的交流机制可以在项目选择和预防欺诈方面发挥重要的作用。❸ 莎朗·亚门和约尔·戈德费德（Sharon Yamen & Yoel Goldfeder）认为，JOBS 法案向非合格的中产阶级打开了风险投资的大门，但与此同时也打开了"潘多拉的盒子"，很多未知的危险可能使投资者的权益受到极大威胁。因此，股权众筹有可能创

---

❶ VIGNONE, MICHAEL. Inside Equity-Based Crowdfunding: Online Financing Alternatives for Small Business [J]. Chi.-Kent L. Rev, 2016（91）.

❷ GROSHOFF, DAVID. Equity Crowdfunding as Economic Development? [J]. Campbell L. Rev, 2016（38）.

❸ IBRAHIM, DARIAN M. Equity Crowdfunding: A Market for Lemons? [J]. Minn. L. Rev, 2015-2016,（100）: 561.

造了经济发展的又一泡沫，中产阶级再一次面临着毁灭性打击的威胁。❶帕特丽安·H. 李（Patricia H. Lee）认为股权众筹貌似可以为中小企业融资带来较大改变，但是这只是理论上的可能性。考虑到 SEC 制定的监管规则的内容，特别是关于发行人信息披露的规定和其他投资者保护的措施将会使发行人不得不承担较重的融资成本。作者经过研究认为，按照现在的监管规则，股权众筹应该是企业融资成本较高的融资工具之一。如果 SEC 不对监管规则做出调整，未来只有两种企业愿意通过股权众筹筹资，一种是成熟企业，即拥有较完善的管理体制、一定的资金实力等；另一种是无法通过其他方式筹资的企业。作者最后得出结论，如果不对现在的监管规则做出改革，那么发行人不得不承担较重的发行成本，股权众筹的实用性将会大大降低。❷

3. 联邦法与州法的对比

由于美国 SEC 迟迟未颁布最终的监管规则，因此许多州便在自己的权限范围内公布了本州的股权众筹监管规则。各州的监管规则基本上都借鉴了 JOBS 法案的内容，但是在具体规则的内容上与 JOBS 法案有所不同。大部分学者认为，州法的股权众筹法规更符合股权众筹市场的实际，因为发行人的融资负担较之 JOBS 法案减轻。布兰妮·奥坎普（Britney Ocamp）认为 JOBS 法案存在致命的缺陷。主要表现为信息披露的规定使得发行人的融资成本过高；投资者投资限额规定得过高，特别是对于低收入者来讲，即便是 2000 美元的投资损失也大大超过了他们能够承受的范围。同时对于"集资门户"的相关规定，也给平台带来了沉重的经营成本负担。而美国各州制定的股权众筹监管规则已经意识到这个问题，因此相比 JOBS

---

❶ YAMEN, SHARON & GOLDFEDER, YOEL. Equity Crowdfunding - A Wolf in Sheep's Clothing: The Implications of Crowdfunding Legislation under the JOBS ACT [J]. Int'l L. & Mgmt. Rev, 2015（11）: 41.

❷ LEE, PATRICIA H. Access to Capital or Just More Blues? Issuer Decision-Making Post SEC Crowdfunding Regulation [J]. Transactions Tenn. J. Bus. L, 2016-2017,（18）: 19.

法案更具实用性。❶ 安娜丽斯·H. 法里斯（Annalise H. Farris）认为各州的股权众筹监管规则还应当继续完善。具体说来，在信息披露方面，应该规范信息披露的方式、增加信息披露的内容；应当增加投资者对于每个项目的投资额，同时限制投资者的年度投资总额；公司筹资额应根据信息披露内容的多寡进行相应的浮动；引入政府或者平台的项目筛选程序；规定平台在项目审核方面的欺诈责任；要求投资者签订确认书以保证投资者阅读和理解股权众筹投资的风险等。❷ 凯莉·马修斯（Kelly Mathews）将JOBS法案和北卡罗来纳州的众筹草案进行了对比，认为股权众筹监管规则应当在减轻投资风险的同时，又不至于加重发行人融资的负担。因此，他认为，股权众筹监管规则首先应为发行人提供能够满足其资金需求的融资额度，同时应当限制投资人的年度总投资额，以免投资者遭受更大的损失；其次，他认为，应当规定标准化的发行人信息披露要求，此举既可以使投资者能够获得与企业有关的信息，又能减轻发行人的融资负担；再次，应当采用"或有或无"（all-or-nothing）的融资形式，这种融资方式既可以促进发行人在融资方面的积极性，又可以刺激平台审慎地履行审核义务或者提供其他附加服务，以便将真正有价值的企业吸引到平台来；同时，应当提供分担投资者欺诈风险的措施，比如，提供投资保险服务等，另外应当要求平台承担投资者教育的义务；最后，应当放宽转售限制的规定，允许平台建立平台之间的、州之间的二级市场，此举将会促进证券定价机制的完善以及向投资者提供其他的欺诈救济措施。❸ 西奥多·魏茨和托马斯·哈尔克（Theodore Weitz & Thomasd. Halket）也从州法与联邦法的角度研究了股权众筹监管的条件，但是他们的结论跟其他学者不同。他认

---

❶ OCAMP, BRITENY. The State Answer to Flawed Federal Crowdfunding［J］. Crit, 2015-2016,（1）.

❷ FARRIS, ANNALISE H. Strict in the Wrong Places：State Crowdfunding Exemptions' Failure To Effectively Balance Investor Protection and Capital Raising［J］. Campbell L. Rev, 2016（38）.

❸ MATHEWS, KELLY. Crowdfunding, Everyone's Doing It：Why and How North Carolina Should Too［M］. N. C. L. Rev, 2015-2016,（94）：276.

为，州的股权众筹监管规则建立在联邦证券法基础之上，都是从发行人、投资者以及投资程序方面对股权众筹予以规制，但是在具体内容上有所变更。整体来讲，州的监管规则与联邦的众筹监管规则相比更加宽松。但是，作者认为，州的股权众筹监管规则仍然不适合股权众筹，充满着不确定性，也无法为初创企业融资便利带来益处。❶ 克里斯托弗·皮尔斯（Christopher H. Pierce）对美国几个州制定的股权众筹规则进行了简单的介绍和对比，他认为，投资者保护、有效的股权众筹市场、融资便利是联邦和州的股权众筹监管规则中必须坚持的目标。他比较认同 SEC 制定的众筹条例，认为有效的投资者保护措施包括：分级的信息披露制度、投资者投资限制制度、股权众筹投资中介制度；禁止公开宣传等。不过作者对 SEC 的投资者保护措施进行了微调，在投资者投资限额方面应当再规定投资者的年度投资总额。❷ 蒂莫西·M. 乔伊斯（Timothy M. Joyce）对美国联邦的 JOBS 法案和一些州的股权众筹立法进行了对比，虽然作者并未明确股权众筹应当适用的规则，但是通过上述对比，可以看出作者认为的适合股权众筹市场实际的监管规则。美国联邦的 JOBS 法案和一些州的差别主要集中在发行人的信息披露义务、筹资限额、投资者被允许的最大投资额等方面。作者认为，总体来讲州的股权众筹监管规则对发行人和投资者更具吸引力，因为州的监管规则可以使发行人的融资成本降低，而且关于转售限制的取消对于投资者更具吸引力。虽然联邦规定的筹资额对于需要较大资金的发行人有较大吸引力，但是众筹监管规则应当降低发行人的融资成本和加强投资者的保护。❸

---

❶ WEITZ, THEODORE & HALKET, THOMAS D. State Crowdfunding and the Intrastate Exemption Under Federal Securiries Laws-less than Meets Eye？［J］. Rev. Banking & Fin. L，2014-2015，（34）：521.

❷ PIERCE, CHRISTOPHER H. Wright, State Equity Crowdfunding and Investor Protection［J］. Wash. L. Rev，2016（91）：847.

❸ JOYCE, TIMOTHY M. 1000 Days Late' & ＄1 Million Short2：The Rise and Rise of Intrastate Equity Crowdfunding［J］. Minn. J. L. Sci. & Tech，2017（18）.

4. 国际股权众筹监管规则对比

也有许多学者通过各国股权众筹监管规则的对比，提出自己对于股权众筹的适当监管的建议。通过对比分析方法研究不同国家之间的股权众筹监管规则的学者得出的结论一般不甚相同。有的学者认为，美国的监管规则最为完善，而有的学者认为英国的股权众筹监管规则值得所有国家学习。还有的学者经过对比分析，提出构建本国股权众筹监管的建议。蔡崇信（Chang-hsien Tsai）将中国台湾地区的股权众筹监管规则与美国的JOBS法案进行了对比，认为中国台湾地区的股权众筹监管规则移植了美国JOBS法案的规定。但是这种移植大多是法律形式的移植，而非法律实质内容的移植。中国台湾地区的股权众筹监管规则更加注重投资者的保护，因此发行人的融资成本更高。更为严重的是，传统证券领域的既得利益者正在游说监管部门，说服监管部门对股权众筹的利用施加障碍。而且GISA既为股权众筹平台，又为监管者的机制设定将不可避免地产生利益冲突。❶ 布莱尔·鲍曼（Blair Bowman）对美国和意大利的规制进行了对比，认为美国的股权众筹监管规则要比意大利甚至所有欧洲国家的股权众筹更具吸引力，因为意大利只允许创新型企业融资，降低了股权众筹的适用效率，但是美国则是通过反向列举的方式，排除掉不宜适用股权众筹融资的企业，从而使大量的中小企业可以通过股权众筹进行融资。❷ 罗伯特·斯坦霍夫（Robert H. Steinhoff）认为，股权众筹的成功应该是既能使中小企业融资成功，又能使投资者获得较为充分的保护。但是美国当前的股权众筹监管规则过于严格，有可能降低股权众筹成功的可能性。而很多学者认为即便如此，法律对于股权众筹投资者的保护还是不够的。作者通过与英国股权众筹监管规则的对比认为，美国应该学习英国在股权众筹监管方面的经验，通过创新监管手段和私人自治解决美国股权众筹市场当前存在的问题。具体说来就是引入专家投资者和加强平台在投资者保护方面

---

❶ TSAI, CHANG-HSIEN. Legal Transplantation or Legal Innovation? Equity-Crowdfunding Regulation in Taiwan after Title Ⅲ of the U.S. JOBS ACT［J］. B.U. Int'l L. J, 2016(34).

❷ BOWMAN, BLAIR. A Comparative Abalysis of Crowdfunding Regulation in the United States and Italy［J］. Wis. Int'l L. J, 2015（33）：318.

的作用。而且英国的股权众筹市场的发展已经充分证明，只要制定合适的监管规则，股权众筹市场将成为一个强有力的融资市场。❶ 胡英（Hu Ying）对新加坡将股权众筹与当前支持中小企业发展的政策进行对比，认为股权众筹在支持中小企业发展方面具有重大的、突破性的作用。因为传统的政策优惠往往条件比较苛刻，无法根本解决中小企业融资难的问题。股权众筹则为中小企业的融资提供了新的融资渠道。而且，股权众筹是一种以市场为导向的融资方式，不像其他融资方式以政策为导向。股权众筹是一种更加公平、更加透明的融资方式。但是股权众筹投资者面临着更多的风险，如中小企业高失败率、非流动性、信息不对称等。而且投资者为普通投资者，在对发行人进行风险和价值评估方面存在不足。因此，作者建议在赋予股权众筹注册豁免的同时，必须加强投资者的保护。作者认为应当着重维护股权众筹投资者作为小股东的权益，比如投票权和随售权（tag-along right）。另外还要对普通投资者的投资设置限制，避免投资者暴露在较高的风险之下。❷ 约瑟夫·J. 德冈和金孔（Joseph J. Dehner & Jin Kong）对比分析了不同国家的众筹监管规则和股权众筹的发展情况。他认为，各国制定股权众筹监管规则为时过早。因为股权众筹市场远未成熟，而且股权众筹的特性意味着股权众筹的成功不只依赖法律，而是更要依赖其他的一些因素。人们所关注的欺诈问题并不是股权众筹面临的主要问题。作者认为，众筹的成功有赖于企业的类别、地理位置和需求的资金额。对于股权众筹来讲，最适合具有高增长潜力和技术性企业。股权众筹应当利用网络社交媒体向投资者披露资金的使用情况，以提高项目成功的概率。股权众筹的成功不仅依赖有创意的发行人、自愿投资的投资者，更依赖于完整的支持体系，比如说灵活性要求、有远见的监管规则、有效的技术手段、文化等。从监管的角度来讲，必须为发行人提供一个透明、成

---

❶ STEINHOFF, ROBERT H. The Next British Invasion is Securities Crowdfunding: How Issuing No-Registered Securities Through the Crowd can Succeed in the United States [J]. U. Colo. L. Rev, 2015（86）：661.

❷ HU YING. Regulation of Equity Crowdfunding in Singapore [J]. Sing. J. Legal Stud, 2015（46）.

本较低、有效、可扩展的监管框架，同时这种被监管的市场必须能够在为投资者提供充分保护的前提下促进融资便利。此外，股权众筹应当建立二级市场，从而为投资者离开市场、获得回报提供支持。❶ 格里·加比森（Garry A. Gabison）在另一篇文章对比分析了美国、意大利、英国和法国的股权众筹监管规则，认为各国的股权众筹监管规则虽然在形式和内容上有很多相似之处，但是由于各国监管者对股权众筹性质的认识和监管环境有所不同，各国股权众筹监管规则的侧重点有所不同。美国对股权众筹参与人实施全面的监管，无论是平台、发行人还是投资者必须遵守法律的规定；意大利的股权众筹监管规则侧重对发行人市场准入的监管，只有创新型企业才可以利用股权众筹融资；英国的股权众筹主要是通过限制投资者资格达到投资者保护和融资便利的目的，所以鼓励专业投资者的投资，而对普通投资者的投资施加了较多限制；法国侧重对股权众筹平台的监管，并且鼓励平台向投资者提供投资建议，因此投资者的投资并没有限额的规定。并且，作者认为，由于各国股权众筹监管规则不同，有可能引发发行人、投资者以及股权众筹平台的监管套利问题。❷

5. 股权众筹平台

有的学者认为，从法律角度实现融资便利和投资者保护的目标是非常困难的。因为发行人和投资者的现实使得法律偏向任何一方都会造成对另一方的不公平。而股权众筹平台作为沟通融资者与投资者之间的信息中介平台，只要法律监管得当，就能够发挥在促进融资便利和投资者保护中的作用。伊森·奥尔森（Ethan Olson）认为在股权众筹领域投资者保护是一个充满矛盾的议题。因此应该让股权众筹平台承担一定的投资者保护义务。但是股权众筹平台作为信息中介机构，禁止向投资者提供投资建议。作者认为，考虑到股权众筹的特性，传统证券领域认为的投资建议可能在

---

❶ DEHNER, JOSEPH J&KONG JIN. Equity-based Crowdfunding outside the USA [J]. U. Cin. L. Rev, 2014-2015, (83): 413.

❷ GABISON, GARRY A. Equity Crowdfunding: All Regulated but Not Equal [J]. DePaul Bus. & Comm. L. J, 2014-2015, (13): 359.

股权众筹领域不属于投资建议，反之亦然。比如删除条款和评级体系。❶ 科迪·R. 弗里茨（Cody R. Friesz）认为股权众筹监管规则必须能够在融资便利和投资者保护之间达到平衡。只有这样，发行人或者平台才不会因为被过度监管而导致运营成本增加。但是，监管规则也不能太过宽松，否则无法有效地保护投资者。为了达到上述平衡必须加强投资者教育。投资者的教育机制必须包含金融和投资方面的基本知识，这些知识可以使投资者避免暴露在较高的风险之下，并且还防止自己成为欺诈的牺牲品。❷ 帕特里克·阿尚博（Patrick Archambault）也认为，SEC 制定的《众筹条例》没有达到融资便利和投资者保护的平衡。这两种目标的失衡是否会导致股权众筹的失败尚不得知。作者认为，SEC 对于股权众筹平台的监管是正确的，因为通过平台的项目审核程序和投资者教育义务，可以很好地发挥平台的股权众筹市场"看门人"的作用。因此平台的义务规范是 SEC 实现融资便利和投资者保护平衡的重要手段。❸ 雅格夫·巴里托（Jacquesf Baritot）认为 JOBS 法案股权众筹章并不能达到人们预期的效果，反而有可能使大量的投资者的权益受到侵害。由于大量传统证券法中的投资者保护措施的移除，使得投资者很容易受到欺诈的威胁。作者认为，SEC 应当要求股权众筹平台加强投资者教育，并构建有效的投资者交流机制，以便投资者之间进行消息共享。此外，SEC 应当要求股权众筹平台实施更为审慎的项目审核，以便将低质量的项目排除在外，为了达到此目的，应当鼓励平台利用个人关系或者业务关系对发行人及其融资项目进行尽职调查。作者还认为，应当建立众筹平台之间的行业协会，通过协会辅助政府监管股

---

❶ OLSON, ETHAN. Squalls in the Safe Harbor: Investment Advice & Regulatory Gaps in Regulation Crowdfunding [J]. J. Corp. L, 2014-2015, (40).

❷ FRIESZ, CODY R. Crowdfunding & Investor Education: Empowering Investors To Mitigate Risk & Prevent Fraud [J]. Suffolk U. L. Rev, 2015 (48): 131.

❸ ARCHAMBAULT, PATRICK. How the SEC's Crowdfunding Rules for Funding Portals Save the Two-Headed Snake: Drawing the Proper Balance Between Integrity and Cost [J]. Suffolk U. L. Rev, 2016 (49): 61.

权众筹平台的活动。❶ C. 史蒂文·布拉德福德（C. Steven Bradford）对平台的责任问题进行探讨。他认为，股权众筹监管规则赋予了平台在促进融资成功和投资者保护方面的重要作用，但是如果没有相应的责任机制约束，其法律效力将会大打折扣。同时如果不对平台的责任问题予以明确，有可能使平台因责任不明而承受诉讼之累。作者认为，平台不应对信息的真假负责，但是如果平台明知是欺诈项目，或者明知有欺诈风险，但是不去调查；或者推荐了某一证券或者发行人，造成了投资者损失，平台应当承担相应的责任。❷ 达里安·M. 易卜拉欣（Darian M. Ibrahim）认为，股权众筹合法并不意味着成功，如果监管不当，则可能使股权众筹市场成为质量最低的企业的集合场。他认为，监管者如果放弃"群体智慧"的观点，股权众筹成功的可能性会大大提高。股权众筹需要的是中介机构和投资专家，他们可以为普通投资者提供有可能成功的企业的信号。作者认为可以将最有希望成功、风险最低的企业放到平台上供投资者选择。他同时建议，应当引入专家投资者参与投资，并通过平台的公告板或者成立投资俱乐部引导普通投资者作出理智投资决策。❸ 格雷戈伊德·D. 埃施勒（Gregoryd D. Eschler）分析了 JOBS 法案和《众筹条例》中平台义务的规定，认为法律赋予了平台在促进融资成功和投资者保护方面有较大的自主权。但是作者认为，平台不应将法律中原则性的规定或者这种自主权作为自己免责或者减轻自己责任的一种依据，否则发行人或者投资者会源源不断地将平台拖入诉讼的深渊。平台应该根据这种自主权向 SEC 证明，自己在股权众筹方面的知识和经验完全可以在完善股权众筹监管，特别是在融

---

❶ BARITOT, JACQUESF. Increasing Protection for Crowdfunding Investors under the JOBS ACT [J]. U. C. Davis Bus. L. J, 2012-2013, （13）：259.

❷ BRADFORD, C. STEVEN. Shooting the Messenger: the Liability of Crowdfunding Intermediary for the Fraud of Others [J]. U. Cin. L. Rev, 2014-2015, （83）：371.

❸ IBRAHIM, DARIAN M. Crowdfunding without the Crowd [J]. N. C. L. Rev, 2017 （95）：1481.

资便利和投资者保护方面做出实质贡献。❶

6. 信息失灵

有的学者从信息经济学的角度出发,研究股权众筹市场的信息失灵问题和信息披露制度的效果。这些学者一般认为,股权众筹投资者面临风险的根本原因就在于信息失灵,而监管规则之所以无法实现预定的效果,也是因为没有克服股权众筹市场的信息失灵问题。因此,他们纷纷提出自己认为适合的信息失灵纠正措施。扎卡里·詹姆斯·威尔逊(Zachary James Wilson)认为虽然法律规定发行人可以按照 Form C 进行披露,但是这种简化的标准化披露方式只适合描述发行人之间的相同部分,很难通过上述表格披露与其他发行人之间的不同,但是投资者一般会关注发行人与其他发行人的不同之处。因此,发行人需要将投资者需要了解的重要信息披露出来,以便投资者能够了解发行人的"特色",从而吸引投资者的投资。❷ 克里斯汀·赫特(Christine Hurt)认为由于欺诈的可能性,股权众筹市场有可能变成"柠檬市场",使得真正有发展前途而缺乏资金的发行人无法筹集到资金。股权众筹有可能由"公募股权众筹"演变成"合格投资者众筹"而失去了应有之义,股权众筹的去中介化和投资民主化特征可能因此消失。而 JOBS 法案和 SEC 制定的《众筹条例》不仅没有为股权众筹的发展提供支持,反而阻碍了股权众筹的发展,因为它们不仅给发行人和股权众筹平台施加了沉重的信息披露和登记义务,而且它们还要遵守《1933 年证券法》的反欺诈条款。❸ 琼·麦克劳德·海明威(Joan MacLeod Heminway)认为,信息披露可以解决市场的信息不对称问题,增强投资者的信心。但是作者认为,投资者理智决策取决于一系列因素,投资者不仅能够

---

❶ ESCHLER, GREGORYD D. Wisdom of the Intermediary Crowd: What the Proposed Rules Mean for Ambitious Crowdfunding Intermediaries [J]. St. Louis U. L. J, 2013–2014, (58): 1145.

❷ WILSON, ZACHARY JAMES. Challenges to Crowdfunding Offering Disclosures: What Grade Will Your Offering Disclosure Get? [J]. Campbell L. Rev, 2016 (38).

❸ HURT, CHRISTINE. Pricing Disintermediation: Crowdfunding and Online Auction IPOS [J]. U. Ill. L. Rev, 2015.

得到充分的信息，还要求投资者具有信息的理解和处理能力。因此，投资者是否理性，群体是否能够产生"智慧"是非常关键的。在股权众筹领域，普通投资者不论是在地域上还是在金融资产、信息的获取、投资经验或者敏锐度等方面都不符合理性投资者的标准。而群体智慧能否产生也是有疑问的。因此，他建议制定或者修改股权众筹监管规则时，应当将行为金融学的知识应用其中，以使信息披露制度能够真正发挥其效用。❶

7. 监管与否的研究

有的学者认为由于股权众筹投资者普遍缺乏投资知识和经验，没有金融文件的阅读和理解能力，因此股权众筹监管规则中的投资者保护制度并不能发挥实际作用，反而给发行人的融资带来了沉重负担。因此，他们认为应当对股权众筹不予监管，而是通过市场自治达到投资者保护的目的。但是也有的学者认为，由于股权众筹市场巨大的风险，必须需要法律介入，以充分地保护投资者。雷扎·迪巴吉（Reza Dibadj）认为股权众筹能否适用传统的证券监管规制是有疑问的，毕竟美国的证券法是20世纪初制定的，而股权众筹则是21世纪的新生事物。作者认为，融资便利和投资者保护的平衡不过是痴人说梦罢了，因此，如果允许普通投资者投资的话，就不应该对股权众筹实施监管，否则无疑会加重发行人和平台的负担，使股权众筹无法发挥实际作用。因此，立法者面临着一个选择，要么禁止普通投资者投资，要么放松对股权众筹的监管。❷ 加里·A.加比森（Garry A. Gabison）认为，尽管有人认为过多的监管会影响股权众筹的发展，但是股权众筹的融资便利不应该牺牲投资者的利益，因此法律应当发挥在投资者保护方面应有的作用。股权众筹处于行业发展的初期，尚且不知道声誉机制能否会在投资者保护方面发挥作用。投资者虽然具有自我保护的动机，但是普通投资者是非理性的，并且存在很多偏见，如过于自信等。普通投资者的这些非理性特征可能会使他们关注一些"碎片化"的、

---

❶ HEMINWAY, JOAN MACLEOD. Investor and Market Protection in the Crowdfunding Era: Disclosing to and for the Crowd [J]. Vt. L. Rev, 2014 (38): 827.

❷ DIBADJ, REZA. Crowdfunding Delusions [J]. Hastings Bus. L. J, 2015-2016, (12).

无关紧要的一些信息,因此无法对项目进行审慎的风险和价值评估,所以政策制定者和平台应该发挥在投资者保护方面的作用。❶ C. 马歇尔·霍夫曼(C. Marshall Horsman)认为股权众筹投资者面临最大的风险便是欺诈和盲目投资。虽然有的学者认为群体智慧将会在保护投资者方面发挥重大作用,但是群体智慧可能在众筹领域无法充分发挥作用,因为投资者的非理性特征和羊群效应可能造成"群体无知"的结果。因此应当通过法律的手段保护投资者的利益。只要制定合适的监管规则和投资者保护的措施,股权众筹必定会成为一种安全的、成功的融资手段。除了建立股权众筹信息披露制度以外,作者认为还应当建立投资者资金的第三方托管制度和"坏行为者"(bad actor)规则等。❷

二、国内研究现状

(一) 专著

国内的专著一般由两部分组成,一部分是由研究机构通过大数据分析等技术出台的关于股权众筹发展的研究报告,这部分内容往往比较契合股权众筹市场的发展实际;另一部分是学者们出版的专著,鉴于股权众筹理论的研究尚不深入,学者的研究目前还处于对国外监管规则的分析、评价阶段,一般会提出我国应当借鉴内容的建议。

众筹家❸于 2016 年和 2017 年分别出版了《中国众筹行业发展研究 2016》和《中国众筹行业发展研究 2017》。众筹家基于行业数据和大量的

---

❶ GABISON, GARRY A. The Incentive Problems with the All-or-Nothing Crowdfunding Model [J]. Hastings Bus. L. J, 2015-2016, (12).

❷ HORSMAN, C Marshall Ⅲ. Putting North Carolina Through the PACES: Bringing Intrastate Crowdfunding to North Carolina Through the NC PACES Act [J]. 38 Campbell L. Rev, 2016 (38): 425.

❸ 众筹家是《理财周刊》旗下的众筹行业门户网站,依托传统金融和大型国资的背景、互联网技术和大数据挖掘技术,迅速发展成行业最具影响力的第三方品牌,业务涵盖众筹资讯、数据研究、行业评级、众筹咨询、技术服务、众筹项目评价、众筹社群等多个版块。

平台调研，对众筹的基本理论和实践中出现的新的情况进行总结和概括，以期为互联网行业的健康发展提供翔实的资料。以《中国众筹行业发展研究2017》为例，该书系统概述了众筹的含义、演变、作用、意义、各类众筹形态的特征、政策及法律规范，采集和跟踪了中国众筹平台的运营数据，全面立体地展示了中国众筹行业及平台的运营现状，在宏观上揭示了众筹行业的新业态、新模式、新形势及新机遇，在微观上反映了具体众筹平台的运营特点、风控手段、发展规模及行业所处的位置，此外还对众筹所涉及的细分市场（如影视、科技、农业等）的行业现状及众筹平台运营现状进行了研究。❶

北京大学彭冰主要对美国的股权众筹进行了研究。在其《投资型众筹的法律逻辑》一书中，对美国的公募型众筹、私募型众筹、州的众筹以及P2P进行了详细探讨。在该书中，作者认为现行法律规定是众筹发展面临的法律障碍，因此美国国会和州的立法机构纷纷对现行的证券法律框架进行修订，以便为投资型众筹的发展提供支持。对于公募型众筹，美国主要是通过JOBS法案第三章赋予股权众筹注册豁免的形式便利发行人的融资，但是为了投资者保护，法律同时规定了发行人的信息披露义务、投资者限额、平台义务等内容，从而造成发行人和平台负担的增加。法律的这种规定使公募型众筹面临失败的风险，引起了理论界关于公募型股权众筹的争议。同时，作者对美国、意大利、英国和法国的股权众筹立法进行了对比研究，认为多样性的众筹法律制度使得众筹的制度竞争变为可能，中国应当根据自己的实际，积极吸取国外先进的立法经验，从而创建符合我国国情的股权众筹法律制度。❷毛海栋在《股权众筹规制问题研究》中对美国、欧盟和英国的股权众筹监管规则进行比较研究，认为中国股权众筹监管规则的制定应该借鉴国外的立法经验。他进一步指出，股权众筹监管规则的制定，必须首先澄清和确定股权众筹的规制目标，这些目标包括：初创企业的资本形成、保护投资者合法利益、促进普惠金融以及金融公平

---

❶ 袁毅，陈亮．中国众筹行业发展研究2017［R］．上海：上海交通大学出版社，2017．
❷ 彭冰．投资型众筹的法律逻辑［M］．北京：北京大学出版社，2017．

等。因此作者认为股权众筹基本的法律定位应为制定新的股权众筹豁免制度，具体包括公开、小额和互联网平台三个基本要素。❶

(二) 代表性论文

由于中国尚未对股权众筹进行法律规制，从严格意义上来讲，股权众筹在我国并不合法。因此，学者们的研究主要是为我国的股权众筹合法化以及股权众筹监管、投资者保护等提供立法建议。研究的方法主要是对比分析。大多数学者都主张学习以美国为代表的西方国家的立法经验，从而制定符合我国实际的股权众筹监管法律法规。

1. 股权众筹合法化建议

目前，虽然我国颁布了若干互联网金融指导文件，但是关于股权众筹的部分内容只是规制私募股权融资，而我们俗称的股权众筹从严格意义上来讲并不合法。因为根据我国证券法的有关规定，公募融资必须向主管当局注册登记，否则投资便有非法集资的嫌疑。因此，许多学者认为应当在证券法中确定股权众筹的合法地位，以为股权众筹的发展提供法律支持。学者们认为，虽然证券法修订草案明确了股权众筹融资公开发行豁免的条款，并授权证券监管机构制定具体规则。但是为了促进股权众筹的发展，需尽快完善其规范体系，其中最重要的便是确立股权众筹发行人的注册豁免规则。这方面的代表性论文主要有：罗欢平和唐晓雪的《股权众筹的合法化路径分析》❷、马永保的《股权众筹市场准入条件的多视角分析》❸、钟洪明的《论股权众筹发行豁免注册的制度构建——基于美国及台湾地区经验之比较》❹。

---

❶ 毛海栋. 股权众筹规制问题研究 [R]. 厦门：厦门大学法学院，2016.
❷ 罗欢平，唐晓雪. 股权众筹的合法化路径分析 [J]. 上海金融，2015 (8)：62.
❸ 马永保. 股权众筹市场准入条件的多视角分析 [J]. 现代经济探讨，2015 (10)：50.
❹ 钟洪明. 论股权众筹发行豁免注册的制度构建——基于美国及台湾地区经验之比较 [J]. 经济社会体制比较，2017 (4)：139.

2. 股权众筹法律风险及其防范

股权众筹面临的主要法律风险便是公开发行的风险，因为根据我国《证券法》的规定，证券的公开发行必须得到国务院证券监管部门或者经国务院授权的部门的核准才能进行，除非符合法律规定的豁免条件。另据我国《证券法》的规定，公开发行的认定标准为向不特定多数人发行或者向特定投资者发行超过200人。违反此项规定便可能构成刑法中的非法吸收公众存款罪和擅自发行公司企业股权、债券罪等。股权众筹平台面临的法律问题便是地位合法性问题。因为根据我国《证券法》的规定，无论是证券经纪商还是中介机构，必须由证券公司承担。但是证券公司的注册资金为5000万元人民币，这对于股权众筹平台来讲显然难以承担。学者们对于上述风险的规制建议就是在《证券法》中建立小额豁免制度，以赋予股权众筹合法地位。在具体监管规则的构建上，应当借鉴美国JOBS法案第三章的规定，在融资限额、融资人的信息披露、投资者投资限额以及股权众筹平台的监管职责方面作出具体规定。此外，还应当规定发行人、平台、领投人等的民事责任，一旦它们未忠实履行义务，便于投资者追偿。比较有代表性的文章主要有汪振江的《股权众筹的证券属性与风险监管》❶、李琼的《互联网股权众筹有哪些法律风险，如何规避》❷、杨东的《互联网金融风险规制路径》❸、许多奇和葛明瑜的《论股权众筹的法律规制——从全国首例股权众筹融资案谈起》❹、彭真明和曹晓路的《论股权众筹融资的法律规制——兼评〈私募股权众筹融资管理办法（试

---

❶ 汪振江. 股权众筹的证券属性与风险监管 [J]. 甘肃社会科学, 2017 (5): 155.

❷ 李琼. 互联网股权众筹有哪些法律风险, 如何规避 [J]. 人民论坛, 2017 (2): 104.

❸ 杨东. 互联网金融风险规制路径 [J]. 中国法学, 2015 (3): 80.

❹ 许多奇, 葛明瑜. 论股权众筹的法律规制——从全国首例股权众筹融资案谈起 [J]. 学习与探索, 2016 (8): 82.

行）》❶、宋寒亮的《我国股权众筹法律规制的困境与出路》❷、马其家和樊富强的《我国股权众筹领投融资法律风险防范制度研究》❸、白江的《我国股权众筹面临的风险与法律规制》❹、周灿的《我国股权众筹运行风险的法律规制》❺。

3. 股权众筹投资者权益保护

很多学者从投资者权益保护的视角研究了股权众筹立法中应该如何对投资者进行有效的保护。这些学者一般认为，投资者保护是股权众筹融资便利的前提，同时也是股权众筹能够取得成功的保证。在股权众筹领域，投资者面临的风险是多样化的，一般包括欺诈风险、盲目投资风险、股东权益受损风险、投资损失风险等。因此，学者们研究投资者权益保护的视角并非是单一的，而是立体、多层面的。针对投资者面临的投资风险，许多学者都建议学习国外的先进立法理念，特别是发达国家如美国、意大利、日本、英国等，制定符合我国实际的股权众筹投资者保护制度。这些制度主要包括冷静期制度、资金第三方托管制度、市场准入制度、市场征信制度、探索多样化的小股东参与公司治理的途径、构建合格投资者制度等。代表性的论文主要有：陈晨的《刍议股权众筹金融消费者保护之双重路径》❻、闫夏秋的《股权众筹合格投资者制度立法理念矫正与法律进路》❼、许飞剑和余达淮的《股权众筹视角下投资者权益保护法律问题研

---

❶ 彭真明，曹晓路. 论股权众筹融资的法律规制——兼评《私募股权众筹融资管理办法（试行）》[J]. 法律科学，2017（3）：169.

❷ 宋寒亮. 我国股权众筹法律规制的困境与出路[J]. 大连理工大学学报，2017（2）：148.

❸ 马其家，樊富强. 我国股权众筹领投融资法律风险防范制度研究[J]. 河北法学，2016（9）：28.

❹ 白江. 我国股权众筹面临的风险与法律规制[J]. 东方法学，2017（1）：14.

❺ 周灿. 我国股权众筹运行风险的法律规制[J]. 财经科学，2015（3）：14.

❻ 陈晨. 刍议股权众筹金融消费者保护之双重路径[J]. 财政金融，2017（2）：5.

❼ 闫夏秋. 股权众筹合格投资者制度立法理念矫正与法律进路[J]. 现代经济探讨，2016（4）：63.

究》❶、陈晨的《股权众筹投资者适当性制度研究》❷、刘斌的《股权众筹中的投资者利益保护：路径、基础与制度构建》❸、李华的《我国股权众筹投资者权益保护机制之完善》❹、张秀全和蒋英燕的《我国股权众筹投资者适格准入的困境与突破》❺。

4. 股权众筹平台的监管

股权众筹平台是连接发行人与投资者的"桥梁"，因此很多学者认为加强对平台的监管、赋予平台在投资者保护中的职责是股权众筹实现融资便利与投资者保护平衡的关键。国内学者也普遍认为，股权众筹平台作为发行人与投资者之间的信息中介，在股权众筹活动中处于中心地位，是股权众筹监管的核心。虽然各国对股权众筹平台的性质认识不一，但是都无一例外地要求平台向主管机构注册或者获得许可才可以运营。国内学者对股权众筹平台的研究一般从探讨股权众筹的性质入手，认为应当对股权众筹平台的运营实施注册或许可要求，并且将股权众筹平台的注册或者许可的豁免作为例外情况处理，以减轻平台注册或许可的费用。在平台的具体义务规范上，学者一般都认为应该学习西方国家的立法经验，特别是美国的JOBS法案的规定，赋予平台在项目审核、信息披露、投资者风险揭示和教育等方面的义务，以发挥平台在投资者保护方面的作用。代表性的论文主要有：何欣奕的《股权众筹监管制度的本土化法律思考——以股权众筹平台为中心的观察》❻、刘玉的《股权众筹平台法律地位界定及制度构

---

❶ 许飞剑，余达淮. 股权众筹视角下投资者权益保护法律问题研究[J]. 经济问题，2016（11）：42.

❷ 陈晨. 股权众筹投资者适当性制度研究[J]. 上海金融，2016（10）：43.

❸ 刘斌. 股权众筹中的投资者利益保护：路径、基础与制度构建[J]. 中州学刊，2016（5）：60.

❹ 李华. 我国股权众筹投资者权益保护机制之完善[J]. 南京社会科学，2016（9）：101.

❺ 张秀全，蒋燕英. 我国股权众筹投资者适格准入的困境与突破[J]. 上海金融，2016（11）：38.

❻ 何欣奕. 股权众筹监管制度的本土化法律思考——以股权众筹平台为中心的观察[J]. 法律适用，2015（3）：97.

建——基于对美国相关制度的考察》❶、樊云慧的《股权众筹平台监管的国际比较》❷、杨松和郭金良的《股权众筹融资平台的权益保障与行为规制》❸、刘宪权的《互联网金融平台的刑事风险及责任边界》❹。

5. 股权众筹监管规则的国际比较

很多学者认为，主要资本市场国家的股权众筹监管立法可以为我国的股权众筹立法提供有益的借鉴，因此他们从不同的角度对国外的股权众筹法律进行研究，并提出我国可以借鉴的措施。在这方面代表性的论文主要有：董新义的《韩国投资型众筹法律制度及其借鉴》❺、刘明的《美国〈众筹法案〉中集资门户法律制度的构建及其启示》❻、毛智琪和杨东的《日本众筹融资立法新动态及其借鉴》❼、吉月的《欧盟探路众筹监管》❽。

6. 股权众筹的刑法规制

有些学者认为，股权众筹作为一种新型的融资方式，不仅可以为广大中小企业的融资拓宽资金渠道，而且可以为普通投资者的投资开辟新的领域，具有民主性特征，而且符合普惠金融的应有之义，因此意义巨大。但是，我国当前并未对股权众筹作出任何法律规制。虽然《证券法（草案）》中规定了股权众筹的豁免地位，但是毕竟该草案还未通过，使得股权众筹的合法性地位尚且存疑。特别是股权众筹涉及向公众募集资金，很

---

❶ 刘玉. 股权众筹平台法律地位界定及制度构建——基于对美国相关制度的考察[J]. 河北法学，2017（6）：172.

❷ 樊云慧. 股权众筹平台监管的国际比较[J]. 法学，2015（4）：84.

❸ 杨松，郭金良. 股权众筹融资平台的权益保障与行为规制[J]. 中国高校社会科学，2016（6）：131.

❹ 刘宪权. 互联网金融平台的刑事风险及则责任边界[J]. 环球法律评论，2016（5）：78.

❺ 董新义. 韩国投资型众筹法律制度及其借鉴[J]. 证券市场导报，2012（2）：4.

❻ 刘明. 美国《众筹法案》中集资门户法律制度的构建及其启示[J]. 现代法学，2015（1）：149.

❼ 毛智琪，杨东. 日本众筹融资立法新动态及借鉴[EB/OL]. [2016-12-01]. http://www.sohu.com/a/118113768_498795.

❽ 吉月. 欧盟探路众筹监管[EB/OL]. [2016-12-01]. http://www.weiyangx.com/41719.html.

容易触发刑法中的非法集资，非法吸收公众存款、擅自发行公司股票债券罪等。但是刑法的过度介入势必会阻滞甚至是扼杀股权众筹蕴含的基本价值。因此应当健全相关的法律制度，对股权众筹的发行人、投资者和平台作出规定，把股权众筹纳入规范化的治理路径。此外，应当谨慎适用刑法中相关的罪名，一旦出现借股权众筹之名、行犯罪之实的情况，那么就需要刑法介入，以追究当事人的刑事责任。这方面代表性的论文主要有：陈晨的《股权众筹的金融法规制与刑法审视》❶、刘宪权的《互联网金融股权众筹行为刑法规制论》❷。

7. 信息工具视角

有的学者从信息工具的视角审视股权众筹融资面临的问题。他们一般认为，股权众筹面临的最主要的问题是信用问题，而信用问题的根本在于信息。因此加强对股权众筹的监管和投资者保护必须对股权众筹市场信息不对称现象进行规制，提高市场的透明度。但是我国现行管制型立法对互联网金融信用风险规制失灵，因此，股权众筹监管立法应当以规制市场信息不对称为基础，只有如此，才能在融资便利与投资者保护之间达到平衡，并贯彻证券市场"买者自负"的基本原则。这方面代表性的论文主要有杨东的《互联网金融的法律规制——基于信息工具的视角》❸。

（三）博士论文

目前，已经有博士生开始对股权众筹问题进行研究，研究的角度和方法各式各样，对我国股权众筹规则的制定提出许多有价值的建议。

易燕在其博士论文《股权众筹投资者权利保护法律问题研究》一文中，从投资者、融资者和平台的角度探讨投资者保护的基本措施。从投资者的角度来讲，监管者应当制定投资者的准入制度、投资者区别保护、加强投资者教育和鼓励投资者参与治理等措施。从融资者的角度来讲，作者

---

❶ 陈晨. 股权众筹的金融法规制与刑法审视［J］. 东方法学，2016（6）：133.

❷ 刘宪权. 互联网金融股权众筹行为刑法规制论［J］. 法商研究，2015（6）：61.

❸ 杨东. 互联网金融的法律规制——基于信息工具的视角［J］. 中国社会科学，2015（4）：107.

认为应当规定融资者的资格要件、加强融资者资格的审查和认定、规定融资者的融资方式、数额、信息披露义务等。从平台的角度来讲，应当对平台的准入、监管职责进行规制。但是，作者认为股权众筹市场的"买者自负"的基础（信息平等）并不存在，应当适用"买者自负"原则的例外规定。本书对此不敢苟同，证券市场不存在严格意义上的信息平等。传统证券市场奉行"买者自负"的基本原则，但是我们并不能因此认为传统证券市场存在信息平等。信息不平等是证券市场的常态，法律要做的便是使上述"信息不平等"受到最大程度的规制，以便发挥信息在证券价格形成、投资者理智决策中的作用。❶

雷华顺在其《众筹融资法律制度研究——以信息失灵的纠正为视角》一文中，以信息失灵纠正为视角对众筹市场存在的问题进行深入研究。雷华顺认为众筹融资面临着诸多法律风险根源于市场的信息失灵，包括刑事法律风险，非法吸收公众存款罪，擅自发行公司股票、债券罪，集资诈骗罪等。作者认为，众筹市场规制方法无法根本解决众筹市场的信息失灵问题，因此需要从制度上入手，并借鉴欧美国家的立法经验，完善我国众筹市场信息失灵规制的相关制度。但是，作者并未对欧美国家的股权众筹监管制度的效果进行分析。许多欧美的学者从股权众筹立法伊始便对立法者制定的股权众筹监管制度进行严厉批判，认为立法者制定的上述制度与股权众筹市场的实际并不契合，如果不加以调整，将会使股权众筹的发展不切实际。股权众筹合法化后发展的现状也进一步证明，欧美国家实施的股权众筹监管制度还存在很多不足。因此，我们应当对欧美国家的股权众筹监管制度进行批判性继承，以便使我国制定的股权众筹监管制度能够扬长避短，真正发挥股权众筹在促进中小企业融资、提高就业率方面的作用。❷

杨硕在其论文《股权众筹法律问题研究》中对股权众筹面临的法律问题进行全方位的研究。他认为公募股权众筹的核心困境在于解决投资者的

---

❶ 易燕. 股权众筹投资者权利保护法律问题研究 [D]. 北京：对外经济贸易大学法学院，2016.

❷ 雷华顺. 众筹融资法律问题研究——以信息失灵的纠正为视角 [D]. 上海：华东政法大学法学院，2015.

非理性投资行为,而私募股权众筹的核心困境是如何解决互联网背景下天使投资人和风险投资者的信用问题。因此,公募股权众筹的解决路径应该是发挥群体智慧的作用,而私募股权众筹的解决路径应该是引入信用中介。但是,作者并未对公募股权众筹市场能否产生群体智慧进行深入研究。群体智慧的产生是有条件的,要满足独立性、多样性等的要求才会产生。但是就公募股权众筹的现状而言,虽然投资者之间可以借助股权众筹平台产生的交流工具进行信息和观点的交流,但是群体智慧要求的独立性、多样性、分权化等条件并不具备。另外,对于股权众筹的监管,作者认为应当移植美国JOBS法案的规定,也没有对其实施效果进行进一步的分析。❶

王建雄在其《股权众筹融资法律问题国际比较研究——对美国和意大利监管规则的分析与借鉴》一文中对美国和意大利两国的股权众筹监管规则进行了详细的对比,然后对股权众筹应当适用的监管规则提出自己的观点。他认为,应当给予股权众筹发行的注册豁免资格,这样才可以使发行人利用股权众筹筹集资金成为可能;同时,作者认为,应当赋予平台在促进融资便利和投资者保护方面的监管职能,以避免法律对股权众筹的过度干预;此外,应当对发行人的年度融资总额和投资者的投资金额进行限定,以避免投资者遭受较大的投资损失。作者对美意两国现有规则的立法成因及不足进行了详细的微观分析,重点讨论股权众筹如何与传统的证券发行机制相区分,即在有效防范欺诈的前提下保持适度监管的问题。❷ 但是,作者侧重于对两国股权众筹监管规则的比较和解读,并未对股权众筹投资者保护方面的问题进行全面、深入的探讨。

第三节 研究范围、研究方法和主要创新

明确概念的含义和范围是学术研究的前提,因为从不同的角度展开研

---

❶ 杨硕. 股权众筹法律问题研究 [D]. 长春:吉林大学法学院,2017.
❷ 王建雄. 股权众筹融资法律问题国际比较研究——对美国和意大利监管规则的分析与借鉴 [D]. 厦门:厦门大学国际经济法研究所,2016.

究，相同概念的内涵和外延都是不同的。本书将运用理论分析方法、比较分析方法和案例分析方法对投资者保护问题进行研究，并力求在前人研究的基础上有所创新。

一、股权众筹概念界定

根据我国监管机构对股权众筹的理解，股权众筹应该分为公募股权众筹和私募股权融资。中国证券业协会于2015年公布的《私募股权众筹融资管理办法（试行）》中将面向合格投资者的众筹称为私募股权众筹，后来为了与面向普通民众的股权众筹相区别，将私募股权众筹称为私募股权融资，而将面向普通民众的股权融资称为股权众筹。根据英美两国的理解，股权众筹可以分为面向合格投资者的众筹（the accredited investor equity crowdfunding）和面向零售投资者的众筹（the retail investor equity crowdfunding）。本书研究的对象为公募股权众筹，因为只有公募股权众筹才属于真正的股权众筹，私募股权众筹不过是私募的互联网化，因此除非本书有特别说明，否则书中所有的股权众筹均为面向普通民众，即零售投资者的股权众筹。

二、本书的逻辑和主要内容

本书遵循以下逻辑思路：首先分析股权众筹立法后的股权众筹市场发展的现状，其次分析出现上述现状的原因，即股权众筹市场的信息失灵问题没有解决。最后分析规制股权众筹市场信息失灵的法律制度的内容、不足，并提出完善的措施。

本书共分为五章。

第一章主要是对股权众筹以及股权众筹合法化问题进行概述。首先对众筹以及股权众筹的基本概念、重要意义进行概述。其次对各国以及国际组织对于股权众筹注册豁免的规定进行介绍。在股权众筹注册豁免的国内立法方面，主要是通过专门立法或者将股权众筹纳入既有的法律框架，以此赋予股权众筹登记注册例外的资格。国际组织主要是通过一些既有的指导原则、法律框架、监管意见等对此加以引导。

第二章对各国股权众筹立法对股权众筹市场的影响进行实证研究，并得出股权众筹投资者保护的关键在于规制信息的结论。本章对因股权众筹发展现状引发的学者之间的争论进行简要概述，主要分为股权众筹否定论和支持论两种观点。本书认为股权众筹否定论和支持论的根本分歧在于融资便利和投资者保护能否平衡。据此，文章提出融资便利和投资者保护是相互促进、相互统一的关系，而投资者保护的关键在于纠正股权众筹市场的信息失灵。

第三章主要对股权众筹强制性信息披露制度进行分析和探讨。首先对各国股权众筹法律中的强制性信息披露制度进行概述。其次对股权众筹强制性信息披露的效果进行分析，并认为当前各国的强制性信息披露制度无论是在融资便利方面，还是在投资者保护方面均无法达到令人满意的效果。最后提出股权众筹强制性信息披露制度应当以重大性为标准，而不是很多学者认为的以投资者为导向的观点。

第四章主要是对各国股权众筹监管法律中的股权众筹平台的义务规范进行介绍，并对股权众筹平台履行这些义务的效果进行分析。本书认为对股权众筹平台的监管处在正确的道路上，但是还存在改进的空间。并对股权众筹平台的义务规范的完善提出自己的建议。

第五章介绍各国股权众筹监管规则中有关投资者投资限制的措施。本书认为对投资者资格的限制没有意义，因为无论是合格投资者还是普通投资者，均无法作出理智的投资决策。而对普通投资者投资数额的限制措施是股权众筹投资者保护中最具实用价值的措施，但是需要有效的监督机制才能保证其实施效果。针对上述问题，本章最后一节提出构建统一的领投人制度的建议，并对领投人的资格要件、投资者保护的内容以及领投人的利益冲突规制进行探讨。

本书最后部分是对全书内容的总体回顾和简单展望，认为股权众筹监管规则的不足跟股权众筹市场的发展现状、人们对股权众筹市场认识不够深入有很大关系，不能因为股权众筹市场当前的发展现状而否认股权众筹的价值。并且各国对股权众筹监管规则的不断改进说明人们对股权众筹的认识正在逐步深入，股权众筹监管的法律法规必定会越来越完善。接着对中国的股权众筹监管提出建议，希望我国能够学习国外股权众筹立法方面的先进经验，同时吸取教训，以制定符合我国股权众筹市场实际的股权众筹法律法规，争取融资便利和投资者保护之间达到平衡。

三、主要研究方法

本书采用以下分析方法对论题进行深入研究。

（一）对比分析法

对比分析方法主要用于对比各国的股权众筹法律中有关投资者保护的主要制度。通过对比，概括当前股权众筹投资者保护制度的基本内容，总结股权众筹投资者保护制度的发展规律，同时为各种制度实施效果的分析提供参考。

（二）实证分析法

本书的实证分析方法大体分为两类，一类是案例分析方法；另一类是数据分析方法。案例分析方法主要用于对各国股权众筹监管规则中投资者保护制度的实施效果进行分析。通过案例分析当前投资者保护制度中暴露出的主要问题，并通过对相关案例的分析验证本书的基本观点。数据分析方法中采用的数据主要来源于国外和国内一些权威机构经过调查研究发布的报告。数据分析除了证明本书的基本观点之外，另一个目的就是依靠数据的分析得出结论，为下文的分析提供一个基本的前提。

（三）理论分析方法

理论分析方法主要是为本书的分析提供理论支撑。本书综合运用法学和经济学的基本理论，对书中的观点进行反复论证。理论是对客观规律的总结，相比实证分析更为快速、便捷，可以提高论证的效率和可靠度。本书用到的理论主要是信息经济学的一些基本理论，例如，信息失灵理论、有效市场理论、信息过量理论；另外还有行为和心理金融学的一些理论，如群体智慧理论、投资者有限理论等。

第一章 股权众筹监管概述

众筹金融借助互联网技术和网络社交媒体技术的支撑，以 2008 年金融危机为契机，成为 21 世纪伊始资本市场最令人关注的事件。虽然众筹背后的理念古已有之，但是众筹获得广泛关注并迅速成长为重要的融资工具之一，则与当前的时代背景相关。很多人认为，众筹金融特别是股权众筹能够解决当前中小企业广泛存在的资金困难问题。很多国家为了提高股权众筹的实效性，促进中小企业融资的便利，纷纷采取法律措施扫除阻碍股权众筹发展的法律障碍。

第一节 股权众筹与股权众筹注册豁免

一、股权众筹概述

（一）众筹（Crowdfunding）

众筹是指通过向不特定多数人筹集一定的资金（通常数额非常小）用以资助某个项目或者某个事业的一种筹资方式，通常借助互联网众筹网站进行。❶ 众筹的概念虽然是新的，但其背后的理念却早已有之。早在 18 世纪，英国诗人亚历山大·波普（Alexander Pope）便通过寻求众人资助的方式，将古希腊的一些诗集翻译成英语。❷ 美国出版业大亨约瑟夫·普利

---

❶ Crowdfunding, OXFORDDICTIONARIES. COM［EB/OL］. http：//www. oxforddictionaries. com/us/definition/american-english/crowdfunding, 2015-02-08.

❷ 此次活动共有 750 人参加，平均每人承诺捐献 7 基尼。See Justin Kazmark, Kickstarter Before Kickstarter［EB/OL］. http：//perma. cc/N4Y7-MR6K, 2015-07-18.

策（Joseph Pulitzer）于 1885 年同样通过众筹的方式从 1.6 万名投资者中筹集了 101 091 美元，以修建用于安放自由女神像的基座。❶ 虽然通过众筹筹集资金并不是一种新的筹资方式，但是其获得流行却是在 2008 年金融危机之后。❷ 2008 年金融危机爆发后，发达市场国家和地区特别是美国和欧盟均面临着较大的经济压力。在此背景下，受到金融危机影响的国家纷纷施行货币紧缩政策，同时银行也提高了贷款的条件，使得中小企业原本筹资难的状况进一步恶化。反过来，中小企业发展的滞缓又造成各国国内经济发展缓慢、失业率居高不下。面对此种形势，许多中小企业家选择互联网这一新兴的技术手段，通过互联网向一般社会公众筹集资金。在政府的默许或鼓励下，众筹这一新型的筹资方式得到迅速发展。可以说，众筹这种筹资方式的产生是资本市场的能动反应，并且伴随着技术的支持和政府的推动与鼓励。❸

根据国外学者的研究，现代众筹的产生并非天才的构想，而是充分吸收了微型金融（Microfunding）和众包（Crowdsource）的基本理念，是两种理念结合的产物。❹ 微型金融是指专门针对贫困、低收入人口和微型企业而建立的金融服务体系。❺ 微型金融与股权众筹的操作理念正好相反，

---

❶ 此次活动中，75%的投资者的投资额在 1 美元以下。See The Statue of Liberty: A Pioneering Example of Crowdfunding, COTEC[EB/OL].https://www.actbycotec.com/en/media.104/articles.168/thestatue-of-liberty-a.pioneering_ exampleof_ crowdfunding.a528.html, 2015-03-03.

❷ BRADFORD, C. STEVEN. Crowdfunding and the Federal Securities Laws [J]. COLUM. BUS. L. REV., 2012（1）: 1.

❸ 互联网的发展，特别是社交媒体的出现，可以使人与人之间不受地域限制和阶级差别进行交往。这种互联网和社交媒体应用到经济领域，推动了众筹的产生和发展。BOWMAN, BLAIR. A Comparative Analysis of Crowdfunding Regulation in the United States and Italy [J], Wis. Int'l L. J., 2015（33）: 319.

❹ FIEGERMAN, SETH. Kickstarter Alternatives You Should Know About [EB/OL]. http://mashable.com/2012/12/06/kickstarter-altematives/, 2015-12-06.

❺ 微型金融产生于 20 世纪 70 年代，由世界银行在全球推广，其发起成立的"扶贫咨询委员会（CGAP）"是国际上最权威的微型金融研究和推广机构。微型金融是专门针对发展中国家贫困、低收入人口和微型企业而建立的金融服务体系。自成立以来便在全球得到迅速发展，成为许多发展中国家正规金融的有效补充。Grameen Bank 是最为著名的金融服务机构，目前为止已经向全世界 8.1 万个村庄提供了超过 150 亿美元的贷款。Grameen Bank Monthly Update in US ＄: August, 2014, GRAMEEN BANK: BANK FOR THE POOR[EB/OL]. http://www.grameen.com/index.php?option=comcontent&task-view&id = 1339&ltemid=84, 2015-09-07.

前者是指某一机构向符合条件的不特定多数人提供资金支持，后者则是不特定的多数人向同一特定的机构或者项目提供发展资金。❶ 众包并不是一种筹资活动，它是不特定的大多数人在自愿的基础上（通常是无偿的），通过共同努力致力于某一事业的发展或者目标的实现，最著名的例子便是维基百科。❷ 众筹在这一点上与众包类似，都是不特定大多数人共同努力推动某个目标的实现，只不过众筹的参与者更多的是以资金支持的方式参与。

众筹发展至今，已经衍生出多种筹资模式。不同众筹网站的经营模式也各不相同。学者们依据不同的标准对众筹的分类也存在差异。比如，依据筹资的时间不同，可分为事前众筹和事后众筹等。❸ 最普遍并且最能体现各类众筹之间区别的是依据投资者能够得到的补偿所做的分类。根据该标准，众筹可分为四种模式：捐赠型众筹（donation-based crowdfunding）、回报型众筹（reward-based crowdfunding）、借贷型众筹（debt-based crowdfunding）和股权众筹。❹

捐赠型众筹是指出资人对某一项目或者事业的出资并不期待任何回报，一般用于非营利性的一些项目，目的是促进社会公益事业的发展。回报型众

---

❶ FINK, ANDRREW C. Protecting the Crowd and Raising Capital Through the CROWDFUND Act [J]. U. DET. MERCY L. REV, 2012, 90 (1): 7.

❷ 众包是一个互联网概念，主要是指通过众人借助网络促进某一项目的发展和完善（通常是某种劳力而非资金），提供劳力者通常不是某公司的雇员或者分包商，而是在自愿基础上的一种无偿劳动。SCHWARTZ, ANDREW A. Crowdfunding Securities [J]. NOTRE DAME L. REV, 2013 (88): 1457, 1459.

❸ 事前众筹是指筹资活动出现在某一结果或者事件之前进行；事后众筹是指筹资活动发生在某一结果或者事件之后进行。KAPPEL TIM. Ex Ante Crowdfunding and the Recording Industry: A Model for the US? [J]. LoY. L. A. ENT. L. Rev, 2009 (29): 375.

❹ 有的学者将众筹分为五种类型，分别为：捐赠型众筹、回报型众筹、借贷型众筹、股权众筹以及预购型众筹。BRADFORD, C. STEVEN. Crowdfunding and the Federal Securities Laws [J]. Colum. Bus. L. Rev, 2012 (1): 7. 日本的相关机构认为众筹应分为三种大的类型，分别为：捐赠型（寄付型）众筹、预购型（购入型）众筹，投资型众筹。借贷型众筹属于投资型众筹的一种。参见国内クラウドファンディングに関する法律や規制に関する金融庁の動きと変遷 [EB/OL]. https://www.en-jine.com/blog/articles/971, 2016-03-05.

筹是指出资人出资的目的是获得某一非金钱性质的回报。该回报可以是有形的，也可以是无形的。有形的回报主要是指一些可以接触到的物品，比如衣服、样品、海报等。无形的回报主要是指一些非物质的奖励，比如 VIP 使用权、姓名识别等。这种回报的价值往往与出资人的出资是不成比例的。借贷性众筹是指借贷人从多个借款人处获得贷款，贷款一般附有利息，且每个借款人的出资额一般都比较小，还款的时间和条件一般由双方共同约定。股权众筹也称投资型众筹，是指发行人出让公司一部分股份，用以换取投资者的投资，投资者据此可以获得企业股权并分享企业利润。❶

以上四种众筹是最为常见的众筹类型，虽然实践中不断创造出新的众筹种类，如收益权众筹等，❷但都是从四种类型众筹中衍生出的，可以归入其中。众筹自产生以来，发展之快令人瞩目。❸ 其中捐赠型众筹最能体

---

❶ BRADFORD, C. STEVEN. Crowdfunding and the Federal Securities Laws［J］. COLUM. BUS. L. REV, 2012（1）：15-34.

❷ 鉴于股权众筹风险较大，且受到证券法的监管，发行人负担较重，并且许多众筹平台都对投资者转入设定了较为严格的资产或其他条件，使得平台的开放性不够。在此情况下，有些平台为了规避风险和证券法的监管，创造出收益权众筹。具体是指，出资人向企业某个项目或者企业出资，并不获得企业的股权，而是获得企业未来利润的收益权，其标的是未来收益分红。比较常见的有餐饮众筹、影视众筹等。参见收益权众筹会取代股权众筹吗？［EB/OL］. http：//news. p2peye. com/article-490131-1. html, 2017-04-17. 特许权众筹（licensing-based crowdfunding）属于知识产权众筹的一部分，另外还有版权众筹（royalty-based）等，主要是指参加者参加发行人举办的一些活动，如原创歌曲大赛、项目设计大赛等，获得成功后，将该项目的知识产权或者特许权转让给发行人，并获得相应的报酬。KAPPEL, TIM. Ex Ante Crowdfunding and the Recording Industry：A Model for the US?［J］. LoY. L. A. ENT. L. Rev, 2009：（29）：375. 工资众筹（income crowdfunding）主要是指出资人向特定的个人提供资金，以资助其完成某项事业，比如学业等，并获得被资助人将来某段时间工资的一定比例作为补偿。ENSIGN, RACHEL LOUISE. "Crowdfunding" College Costs［EB/OL］. http：//online. wsj. com/article/SBI0000872396390444657804578048461063769132. html, 2016-10-09.

❸ 另外，根据世界银行发布的《发展中国家众筹发展潜力报告》，发展中国家在 2025 年的众筹规模将会在 900 亿~960 亿美元之间，潜力巨大。Crowdfunding's Potential for the Developing World［R］. WORLD BANK, 2013：43-44. http：//perma. cc/4URN-83H7, 2015-09-02.

现众筹的基本理念,并在众筹发展的初期占据主导地位。❶ 回报型众筹规模最大,最为人熟知。❷ 借贷性众筹发展较为迅速,❸ 股权众筹虽然还未形成规模,但是因具有投资性的特征,受到各国政府和学者的高度关注,希望其能拓宽传统融资的渠道,为中小企业的融资提供便利,因此被认为是最有前途的众筹类型。❹

(二) 股权众筹(Equity-based Crowdfunding)

根据研究,股权众筹起源于英国,然后才发展到美国和其他国家。❺ 较之其他三种类型的众筹,股权众筹形成较晚,并且是从回报型众筹发展而来。❻ 虽然不同学者对于股权众筹概念的阐述不尽相同,但是其内涵没有本质区别。即投资者通过股权众筹平台或者第三方中介机构向发行人投资,目的是获得企业的股权。❼ 目前而言,股权众筹虽然规模不大,但是其对传统融资工具的创新和对传统证券法的冲击,使得股权众筹成为各国政府、证券监管机构、企业家以及众多学者关注的"焦点"。抛开其他因

---

❶ 2011 年,捐赠性股权众筹筹集的资金占 49%,几乎是所有众筹融资的一半。ANDERSON, SUW CHARMAN. Crowdfunding Raised $ 1.5bn in 2011, Set To Double In 2012 [EB/OL]. http://www.forbes.com/sites/suwcharmananderson/2012/05/11/crowd-funding-raised-1-5bn-in-2011-set-to-double-in-2012/, 2016-08-04.

❷ The Ultimate Crowdfunding Guide [EB/OL]. http://www.crowdfund insider.com/the-ultimate-crowdfunding-guide/, 2016-03-10.

❸ U.S. Leads World in Burgeoning Crowdfunding Trend [EB/OL]. http://www.forbes.com/sites/groupthink/2013/04/12/u-s-leads-world-in-burgeoning-crowdfunding-trend/, 2015-07-05.

❹ IBRAHIM, DARIAN M. Equity Crowdfunding: A Market for Lemons? [J]. Minn. L. Rev., 2015-2016, (100): 563.

❺ KIRBY, ELEANOR&WORNER, SHANE. Crowd-Funding: An Infant Industry Growing Fast [EB/OL]. http://www.iosco.org/research/pdf/swp/Crowd-funding-An-Infant-Industry-Growing-Fast.pdf, 2016-09-08.

❻ BUYSERE, KRISTOF DE. A Framework for Eoropean Crowdfunding [EB/OL]. http://www.crowdfundingframework.eu/images/EuropeanCrowdfundingFramework Oct. 2012.zip, 2016-08-19.

❼ SCHWARTZ, ANDRESW A. Crowdfunding Securities [J]. NOTRE DAME L. REV, 2013 (88): 1458.

素不谈,就股权众筹本身的理念而言,它确实是证券市场的一大创新,给传统的融资市场和证券法带来积极影响。

但是,股权众筹不同于其他众筹。捐赠型众筹、回报型众筹以及预购型众筹由于并不涉及证券发行,所以并不受证券法的管辖。而对于借贷性众筹而言,是否受证券法管辖需要具体问题具体分析。❶ 但是股权众筹由于发行人让渡的是企业的一部分股权,或者说是投资者基于投资期望得到的相应的回报,各国一般将其视为具有证券的属性,需要受到证券法的监管。

二、股权众筹发展的积极意义

(一)理论意义

1. 投资民主性

在传统私募市场,无论是风险投资还是天使投资,都对投资人的资产要件有较高要求。各国在其证券法中一般会设定合格投资者条件,对投资者的风险承担和识别能力进行限制,从而将绝大多数普通投资者排除在外。风险投资成为"富人"的特权,而普通公众无法充分享受经济发展带来的实惠。但股权众筹可以打破这一不公平的现象。因为股权众筹发行人很难得到传统投资方的青睐,不得不将希望寄托于普通投资者,而互联网和社交媒体的发展又使这一希望成为可能。投资者利用股权众筹平台,自由地处置自己的闲散资产,并能通过平台提供的交流渠道充分地参与投资,从而使投资更具民主性。

2. 普惠金融

普惠金融(inclusive finance)的概念由联合国在 2005 年提出,主要是

---

❶ 捐赠型众筹,出资人并不期待任何回报;回报型和预购型众筹,虽然出资人出资的条件是得到某种形式的回报,但是并不是投资产生的受益,而属于金融消费的一种。借贷性众筹如果含有利息条款的话,就要受到证券法的管辖,如果不涉及利息的话就不会受到证券法的管辖。BRADFORD, C. STEVEN. Crowdfunding and the Federal Securities Laws [J]. Colum. Bus. L. Rev, 2012 (1): 31-32.

指金融服务的发展要惠及所有的群体,特别是要保证社会弱势群体能够得到相应的金融服务。❶ 随着社会经济的发展,各地区的发展很不均衡,贫富差距越来越大。其中作为经济发展"血液"的金融发展不平衡是造成这种现象的主要原因之一。金融的发展主要集中于发达国家、发达城市,而广大的发展中国家、欠发达地区的金融长期处于落后状态,因此这些国家、地区以及人口无法从金融的发展中获得实惠,有违经济发展的公平正义原则。此外,金融发展的不平衡性还造成金融服务的不公平。企业的实力越强,其融资的难度越低,造成社会上奇缺的资金源源不断地配置于大企业之中;而广大的中小企业、初创企业却面临资金短缺的发展瓶颈。资源的配置不合理使市场缺乏充分的竞争力,最终将导致金融服务水平的下降。

互联网金融特别是股权众筹则是解决和发展普惠金融的有效手段。股权众筹以互联网技术和社交媒体为依托,不依赖金融基础设施的建设。只要拥有一台电脑或者智能手机,发行人或者投资者便可以参与其中,大大降低了交易成本。对于广大中小企业而言,他们可以突破传统融资的局限,即不再依赖银行贷款、天使投资等传统融资工具,借助互联网技术便可以接触到广大的"普通民众",极大扩展了融资的范围,降低融资的搜寻成本。对于投资者来讲,投资有潜力的中小企业也不再是"富人"的特权,他们可以任意选择自己认为有前景或者感兴趣的项目进行投资,从而充分参与到企业发展、社会发展之中,共享经济发展的成果。

(二) 现实意义

众所周知,中小企业对于一国的经济发展、就业等问题起着非常重要的促进作用。但是中小企业资金短缺又严重制约其发展,使得大量的中小企业因资金短缺而失败,这也是中小企业失败率高的一个主要原因。❷ 这

---

❶ 根据联合国提出的概念,普惠金融是指以可负担的成本为有金融服务需求的社会各阶层和群体提供适当、有效的金融服务,小微企业、农民、城镇低收入人群等弱势群体是其重点服务对象。

❷ What Are the Major Reasons for Small Business Failure? [EB/OL]. http://perma.cc/LQH6-AK2B, 2017-01-11.

种中小企业发展的瓶颈反过来又对国内经济起着消极的影响，造成国内经济的创造力不足。有证据显示，中小企业发展不振是危机后的欧美各国经济恢复缓慢、失业率居高不下的重要原因。❶ 中小企业迫切需要发展资金，各国也希望借助中小企业的发展解决国内经济发展中的许多问题。但是，由于中小企业特别是初创企业经营管理不规范、尚未或者很少产生营业利润、是否经营成功存在一定的变数等原因，很难得到传统资金如银行贷款、风险基金、天使投资的青睐。虽然中小企业可以依靠亲友资助、自有存款等方式为企业的启动和发展解决一部分资金问题，但是毕竟融资渠道狭窄，难以满足企业发展对资金的需求。❷ 而股权众筹则为广大的中小企业提供了一条可行的融资渠道。借助众筹平台，发行人可以不受地域限制地将自己的融资需求展现给广大的投资者，不仅扩大了融资渠道，而且可以降低融资成本，减轻企业的融资负担。❸ 同时，发行人在发行活动开始之前，通过与潜在的投资者充分交流，可以充分听取他们的一些建议、异议，对自己的创业理念等进行修订，以便更能满足市场的需求。❹

总之，股权众筹是证券市场的一大制度创新，具有巨大的理论和实践意义，如果监管得当有可能是改变证券市场现状的一种"革新力量"，因此必须坚持和发展股权众筹。当前股权众筹的发展之所以未尽如人意，是因为制定的股权众筹法律法规并不符合股权众筹发展的实际，而非股权众筹本身的问题。

---

❶ 李天德. 当前世界经济的变动趋势、机遇与挑战 [J]. 西南金融，2011（12）：15.

❷ 研究发现，美国每月设立的 50 万个初创企业中，得到天使投资的为 0.91%，得到风险基金支持的仅为 0.05%。大部分的初创企业的资金都来源于亲朋好友的资助（38%）、自有资金（57%）。ENTIS, LAURA. Where Startup Funding Really Comes From (Infographic) [EB/OL]. https：//perma.cc/T3KF-HWKL，206-06-04.

❸ 有学者指出，如果没有互联网的运用，发行人向多数投资者筹资的成本会非常高，使股权众筹变得不可行。BRADFORD, C. STEVEN. Crowdfunding and the Federal Securities Laws [J]. Colum. Bus. L. Rev, 2012（1）：8.

❹ 股权众筹不仅拓宽了融资渠道，而且还可以在市场中检验创业时期的理念和产品，促进一国国内创新性社会的产生。HU YING. Regulation of Equity Crowdfunding in Singapore [J]. Sing. J. Legal Stud, 2015（47）.

第二节 股权众筹注册豁免

一、股权众筹注册豁免的原因:由两则案例谈起

2009年11月,米格里奥齐和弗拉托(Migliozzi & Flatow)合作创办了BuyaBeerCompany.com website,并打算通过众筹的方式筹集3亿美元以购买 Pabst Brewing Company 的股权。他们向投资者承诺,每个投资者将会得到一份所有权证明和与其投资价值相等的啤酒。之后6个月内,他们通过各种宣传手段从多达500万个投资者中得到了2亿美元的投资承诺。但是之后,SEC终止了该公司的筹资活动,认为该筹资活动违反了美国的证券法。SEC认为该活动涉及证券的发行,而根据美国《1933年证券法》Section 5(c)的规定,证券的发行必须要向证券主管当局登记注册,并提交相应的文件,除非符合某项注册豁免的要件。❶

我国也出现过类似的案例。2012年10月至2013年1月,美微传媒在淘宝店出售会员卡,购买会员卡就是购买公司原始股票,单位凭证为1.2元,最低认购单位为100股。❷ 这种高调的"叫卖式"的融资方式不仅使美微赚足了眼球,而且还成功地筹集了387万元的资金。但就在此时证监会约谈了美微传媒的负责人,叫停了该项目。证监会认为美微传媒并不具备公开募股的条件,违反了我国证券法关于公开募股的规定。❸

由上述两则案例可以看出,监管机构认为股权众筹符合证券法关于证

---

❶ Order Insititution Cease-and-Desist Proceedings Pursuant to Section 8A of the Securities Act of 1933, Making Findings, and Imposing a Cease-and-Desist Order, SEC Release No. 9216.

❷ 美微传媒筹资被叫停背后:众筹在中国是否可行,http://tech.sina.com.cn/i/2013-03-22/09578172527.shtml,2016-09-27.

❸ Order Insititution Cease-and-Desist Proceedings Pursuant to Section 8A of the Securities Act of 1933, Making Findings, and Imposing a Cease-and-Desist Order, SEC Release No. 9216.

券的定义，其发行必须符合证券法的规定，并受到证券监管当局的监管。根据各国证券法的规定，证券的发行一般分为公募和私募两种。但就股权众筹的性质而言，无论是将其定性为公募或者私募都是不可行的。公募发行必须要向证券主管当局登记注册或者得到主管当局的批准，并且需要提交大量的信息披露文件，否则便违反法律的规定。但是通过公募融资的成本是很高的，作为本来就缺乏资金的中小企业和初创企业来讲显然难以承担。❶ 如果将股权众筹定性为私募，那么它的发行对象必须是合格投资者，并且不得公开宣传。这无疑限制了资金的来源，无法根本解决中小企业融资难的问题，并且也不符合股权众筹的基本理念。因此如何将股权众筹纳入到现有的证券监管框架之中，成为各国证券主管当局关注的主要问题。

二、股权众筹注册豁免的立法进路

在上述 BuyaBeerCompany. com website 和"美微传媒案"案中，发行人虽然违反了证券法关于公开募股的规定，但是证券监管当局并未就当事人的违法行为作出严厉处罚。在 BuyaBeerCompany. com website 案中，SEC 仅仅要求米格里奥齐和弗拉托（Migliozzi & Flatow）停止通过上述方式融资并保证不会再有违反证券法的行为；❷ 而"美微传媒案"中，证监会仅仅责成美微传媒立即停止出售会员卡并退还资金。❸ 从证券监管当局对这两

---

❶ 根据美国 GAO 的一份调查报告，如果企业需要通过公募筹资资金，需要向 SEC 缴纳 9914 美元的注册费，16 万美元的会计费用，20 万美元的律师费，10 万美元的打印费等。小企业并未因为自身规模较小而在费用方面有较大降低。U.S. GOV'T. ACCOUNTABILITY OFFICE, GAO, GAO/GGD-00190, Small Business: Efforts to Facilitate Equity Capital Formation [EB/OL]. http://www.gao.gov/products/GGD-00-190, 2016-03-17.

❷ Order Insititution Cease-and-Desist Proceedings Pursuant to Section 8A of the Securities Act of 1933, Making Findings, and Imposing a Cease-and-Desist Order, SEC Release No. 9216.

❸ 美微传媒筹资被叫停背后：众筹在中国是否可行，http://tech.sina.com.cn/i/2013-03-22/09578172527.shtml, 2016-09-27.

起案件"软处理"的情况来看，监管当局对于股权众筹并未持完全否定的态度，只是股权众筹与传统证券法并不契合，需要寻求将股权众筹纳入证券法监管的新的方法。许多国家为了将股权众筹这种新的融资方式纳入监管范围之内，开始了新一轮的证券法修改活动。

美国虽然不是第一个实施股权众筹监管法案的国家，但却是最先考虑对股权众筹予以豁免立法的国家。由于危机爆发后大量中小企业出于对资金的迫切需求，它们纷纷将股权众筹视为企业发展的"救命稻草"。许多政府机构、学者也都希望股权众筹能够解决中小企业资金短缺的问题，给危机后萎靡不振的资本市场带来一场颠覆性的"革命"。但是，传统证券法的相关规定成为股权众筹发展的障碍，因此如何改革证券法的规定、给予股权众筹注册豁免的资格成为股权众筹支持者关心的问题。

美国第一份股权众筹豁免建议草案是可持续经济发展中心（Sustainable Economies Law Centre）于 2010 年制定的，有意思的是该草案本身就是在众筹网站 IndieGoGo 被众筹资助的结果。该草案建议，对于 10 万美元以下的发行赋予豁免注册资格，每个投资者的投资不得超过 100 美元。同时该建议还对股权众筹豁免提出了一些限制条件：发行人必须是美国公民；每个发行人在一定时间内只能进行一次发行；发行文件必须包含免责条款，声明全部投资损失的可能性和谨慎评估。❶ 该草案引起了 SEC 的高度关注，并开始接受社会公众的评价。❷ 2010 年年末，美国中小企业委员会提出了另一个股权众筹豁免建议草案，该草案中，建议将发行人的最高筹资限额规定为 100 万美元，投资者的最高投资额为 1 万美元或者上一年度收入的 10%；并且该建议还规定，投资者必须完成网上测试，才能在平台上

---

❶ Sustainable Economies Law Ctr., Request fcr Rulemaking to Exempt Securities Offerings Up to ＄100,000 With ＄100 Maximum Per Investor From Registration ［EB/OL］. http：//www.sec.gov/rules/petitions/2010/petn4-605.pdf, 2015-06-24.

❷ SPINRAD, PAUL. Crowdfunding Exemption Action：File No. 4-605 ［EB/OL］. http：//www.boingboing.net/2010/07/03/sec-crowdfunding-exe.html, 2015-09-30.

进行投资。❶ 随后，许多企业家、❷ 国会议员❸都对股权众筹注册豁免提出了相关的立法建议，白宫❹也发表了声明。SEC 虽然没有提出立法建议，也没有对上述建议草案表明自己的态度，但是却一直在思考股权众筹的待遇问题。经过不断的研究和论证，上述股权众筹豁免建议草案成为 JOBS 法案的基本蓝本。美国众议院于 2012 年 3 月 27 日通过了参议院对于 JOBS 法案草案的修改意见并提交总统签署。美国时任总统奥巴马于 4 月 5 日签署了该法案，从而使其正式上升为法律，❺ 从法律上正式确立了股权众筹的注册豁免资格。根据美国 JOBS 法案的规定，股权众筹豁免注册资格，但前提是：股权众筹必须通过在线平台或者证券经纪商进行；企业 12 个

---

❶ 2010 ANNUAL SEC GOVERNMENT - BUSINESS FORUM ON SMALL BUSINESS CAPITAL FORMATION, FINAL REPORT [EB/OL]. http：//www.sec.gov/info/smallbus/gbfor29.pdf, 2015-10-09.

❷ 企业家 Sherwood Neissm 提出了股权众筹豁免建议，认为发行人的最高筹资额应为 100 万美元，并且企业前三年的营业收入不应超过 500 万美元；所有的投资者必须完成问卷调查、回答一系列问题以确定他们有足够的知识和经验参与投资；非合格投资者的限额不得超过 1 万美元。Exemption Framework 1, STARTUP EXEMPTION [EB/OL]. http：//www.startupexemption.com/exemption-framework#axzzlidaRGVy9, 2015-12-09.

❸ 美国众议院与 2011 年 8 月通过了《企业融资法案》（H.R.2930）法案，Entrepreneur Access to Capital Act [EB/OL]. http：//democrats.rules.house.gov/sites/democrats.rules.house.gov/files/documents/112/text/112_ hr2930_ txt.pdf, 2015-11-15. 参议院议员 Scott Brown 与 2011 年 11 月提交了《融资民主化法案（Senate Bill 1791）》, https：//www.govtrack.us/congress/bills/112/s1791/text, 2015-11-15. 2011 年 12 月，Jeff Merkley 提交了《在线融资法案》（Senate Bill 1970）. The Capital Raising Online While Deterring Fraud and Unethical Non - Disclosure [EB/OL]. https：//www.govtrack.us/congress/bills/112/s1970/text, 2015-11-15.

❹ 2011 年 8 月，白宫发表了一份声明，"联邦政府认为应赋予股权众筹注册豁免的资格，发行人的最高筹资额应为 100 万美元，投资者最高投资额应为 1 万美元或者年收入的 10%"，但是，这份声明中并未提及股权众筹豁免的其他条件。White House Office of the Press Secretary issues Fact Sheet and Overview for American Jobs Act [EB/OL]. http：//www.whitehouse.gov/the-press-office/2011/09/08/fact-sheet-and-overview, 2016-12-27.

❺ 鲁公路，李丰也，邱薇. 解析美国 JOBS 草案 [EB/OL]. http：//www.bisf.cn/zbscyjw/yjbg/201405/53156ac2542c4efdae868eb04c014072.shtml, 2017-03-04.

月内的筹资额不得超过 100 万美元。

美国虽然最早制定了股权众筹注册豁免资格的 JOBS 法案，但是由于该法案的实施需要 SEC 制定具体的监管规则，因此 JOBS 法案被上升为法律之后并未马上实施。世界上第一个实施股权众筹监管规则的国家是意大利。意大利议会于 2012 年 12 月通过了股权众筹法案，并授权证券监管委员会（the Commissione Nazionale per le Società e la Borsa，CONSOB）制定具体的监管规则以实施该法案。意大利 CONSOB 根据授权制定了具体的监管规则并予以实施。之后世界上许多国家和地区［如美国（2016）、英国（2014）、法国（2014）、德国（2016）、澳大利亚（2016）、日本（2015）、韩国（2015）、加拿大魁北克省和萨斯可彻温省（2016）等］都陆续开始实施股权众筹监管的法律法规和文件。一些国际组织如欧盟、国际证监会组织、世界银行等也对股权众筹豁免发布了一些法令、文件或者意见。但是由于各个国家之间的法律环境、文化等方面的差异，加之对股权众筹的理解不同，从而导致各国家之间在给予股权众筹豁免资格时采用的立法模式不尽相同。

三、股权众筹注册豁免的立法模式及其条件

通过已经对股权众筹采取立法活动的国家的实践来看，目前股权众筹豁免的立法模式主要有两种。第一种是制定专门的股权众筹豁免法律，但是要依赖证券监管机构制定具体的监管规则才能实施，如美国、加拿大的魁北克省和萨斯喀彻温省、新西兰等；第二种是将股权众筹纳入现有的证券发行豁免的范围内，主要是在私募发行豁免和小额公开发行豁免的范围内创制某些规则赋予股权众筹有限的豁免资格，同时发布一些指导意见、评论等以推动股权众筹的发展，如英国、法国、德国等欧盟国家以及澳大利亚等。

（一）制定专门的股权众筹规则

制定专门股权众筹豁免规则的国家一般认为股权众筹既不能适用于证券法中公开募股的规定，也无法适用既有的私募融资豁免规则。以美国为

例，根据美国《1933 年证券法》的规定，股票的公开发行必须向证券主管当局登记注册，并提交相关的文件，除非能够适用既有的豁免规则。但是美国学者认为，股票登记注册的高昂费用使股权众筹的发行人难以承担。既有的私募豁免规则如《D 规则》《A 规则》等对公开发行、非合格投资者方面的限制与股权众筹并不契合，因此需要制定专门的规则以促进股权众筹的发展。除了美国，制定专门的股权众筹豁免规则的国家还有意大利、加拿大魁北克省和萨斯喀彻温省、新西兰等。

1. 意大利

意大利议会于 2012 年通过投票决定实施 Decreto Crescita Bis（被称为意大利的众筹法案）。2013 年 6 月，CONSOB 通过了实施 Decreto Crescita Bis 的监管细则（以下简称《18952 号规则》），从而使意大利的"众筹法案"正式生效。根据 Decreto Crescita Bis 的规定，有资格通过股权众筹筹资的企业必须是创新型企业。创新型企业主要是指创新和科技类企业，并且：该类企业的存续未超过 4 年；主要营业地在意大利；公司 51% 的股份为个人持有；未分配利润；年生产总额不超过 500 万欧元；不是因为其他公司合并或者分立而成立；公司拥有知识产权；30% 以上的经费预算是科研费用，或 30% 以上的成员是 PHD 获得者或者候选人，或 1/3 以上的团队成员至少有三年的科研工作经历或者具有专利证书。但是意大利已于 2016 年 12 月通过了《2017 预算法案》(The Italian Stability Law 2017)，废除了只有创新型融资企业才能适用股权众筹的规定，目前意大利所有的中小企业都可以通过股权众筹进行融资。❶ 同时，意大利对发行人的融资额同样进行了限定，即规定发行人在 12 个月内的融资不得高于 500 万欧元。❷

---

❶ https：//www.croudfand insider.com/2016/12/93968 - italian - croudfund，2017 - 04-26.

❷ GAJDA, OLIVER & FLORANGE, TANJA ASCHENBECK & DREFKE, THORGE. Review of Crowdfunding Regulation 2017 [R].Brussels: European Crowdfunding Network AISBL, 2017: 369.

2. 加拿大

加拿大没有统一的证券监管机构,该权力由各省的证券主管当局享有。因此,加拿大的证券监管规则非常复杂,一省的监管规则往往只在特定地区有效,各省之间的规则一般存在一定的差别。股权众筹豁免规则也是如此。目前,加拿大的股权众筹规则主要有三个版本,分别是:《初创企业股权众筹豁免规则》(Startup Crowdfunding Registration and Prospectus Exemptions)(下称 CSA Notice 45-316)、《股权众筹多边融资豁免规则》(Multilateral Instrument 45-108 Crowdfunding)(下称 MI 45-108)、《初创企业豁免规则》(Startup Business Exemption)(下称 ASC Rule 45-517)。❶

CSA Notice 45-316 是由萨斯喀彻温省、不列颠哥伦比亚省、马尼托巴省、新不伦瑞克省、新斯科舍省和魁北克省证券当局共同制定,该建议以萨斯喀彻温省的《股权众筹豁免规则》为蓝本。2015 年 5 月,上述六省批准了修改后的《初创企业融资豁免规则建议》,正式公布了 CSA Notice 45-316。根据该规则,有权获得该规则豁免的企业只能是小企业,小企业可以在 1 年内通过股权众筹网站筹集最多 50 万加元的资金,但是每一次发行不得超过 25 万加元。目前该规则适用于批准该规则的省份。❷

安大略省与萨斯喀彻温省的证券主管当局在股权众筹豁免方面存在一些分歧,因此安大略省并未参与上述众筹豁免规则的制定过程,而是着手制定本省的众筹豁免规则。2015 年 11 月,安大略省、魁北克、新不伦瑞克、新斯科舍以及曼尼托巴省通过了修订后的股权众筹豁免规则,称为 MI 45-108。该规则规定:发行人在 12 个月内可以筹集最高 150 万加元的资

---

❶ ALOIS, JD. Dead in the Water:Canada's Crowdfunding Exemptions [EB/OL]. https://www.crowdfundinsider.com/2016/07/88484-dead-in-the-water-canadas-crowdfunding-exemptions/,2017-04-25.

❷ YOSHIMURA, MIDORI. In Canada, Crowdfunding Approved By Six Provinces;Ottawa To Develop Separate Standards [EB/OL]. https://www.crowdfundinsider.com/2015/05/67851-in-canada-crowdfunding-approved-by-six-provinces-ottawa-to-develop-separate-standards/,2016-12-09.

金；投资者每年的投资限额为 1 万加元，但是每个项目不得超过 2500 加元；合格投资者对每个项目的投资限额提高到 2.5 万加元（安大略省为 5 万加元）。❶ 目前为止，除了上述五省批准了该豁免规则以外，萨斯喀彻温省也在随后采纳了该规则。安大略省主持制定的 MI 45-108 与其他六省先前制定的 CSA Notice 45-316 并不冲突，后者只适用于批准该规则省份的企业和投资者，而前者适用对象则为加拿大所有的企业和投资者。因此该规则也被称为"统一的股权众筹豁免规则"（integrated crowdfunding exemption）。❷

面对上述七省如火如荼的股权众筹立法活动，亚伯达省（Alberta）作出了回应，于 2015 年 10 月发布了《初创企业融资豁免规则建议》（The Proposed Start-up Business Exemption）。该规则草案相较于上述七省较为保守。它规定：企业或者个人 1 年内可以通过股权众筹进行两次融资，但是每次不得超过 25 万加元；并且企业或者个人通过股权众筹筹集资金的总额不得超过 100 万加元；个人投资者 1 年内的最高投资额为 1500 加元，但是如果投资者主动的接受注册中介商（registered intermediary）建议的话，最高投资额可以增加到 5000 加元；企业可以通过众筹平台或者其他注册中介商进行。该规则于 2016 年 7 月通过并立即实施，该规则吸收了《初创企业股权众筹豁免规则》大部分内容，并作了一些改进。同时，亚伯达省证券监管委员于 2016 年 10 月决定采纳 MI 45-108，以与先前制定的 ASC Rule 45-517 相互补充。

（二）利用现有的监管框架

利用现有监管框架的国家一般分为两种情况。一种是国内的证券

---

❶ Ontario, Manitoba, Quebec, New Brunswick & Nova Scotia Publish Final Form of Crowdfunding Exemption ［EB/OL］. https：//www.crowdfundinsider.com/2015/11/77012-ontario-manitoba-quebec-new-brunswick-nova-scotia-publish-final-form-of-crowdfunding-exemption/，2016-05-18.

❷ Dead in the Water：Canada's Crowdfunding Exemptions ［EB/OL］. https：//www.crowdfundinsider.com/2016/07/88484-dead-in-the-water-canadas-crowdfunding-exemptions/，2017-05-09.

法中含有小额发行规则，而将股权众筹置于小额发行豁免之下，以利用既有的规定而节省立法成本，同时针对股权众筹的特殊情况单独制定若干规则，如德国、韩国等；另一种是倾向于将股权众筹定位于非公开发行的模式，以利用证券法中私募发行的规定，如法国、英国、新加坡等。

1. 法国

法国将股权众筹定义为"参与性融资"（le Financement Participatif）。2013年法国时任总统奥朗德在企业家论坛闭幕会上（closing Forum on Entrepreneurship）宣布将会制定众筹融资的监管框架。2014年年初，法国政府发布《参与性融资法令》，根据该法令的规定，股权众筹获得豁免的条件是：通过股权众筹发行的债券只能是普通股或者固定利率债券；股权众筹的发行需通过满足条件的证券众筹顾问（conseillers en investissements participatifs）或者投资建议顾问（intermediaires en financement participatif）进行；企业通过股权众筹融资的上限为100万欧元。[1] 该法令生效之后，法国政府为了扩大股权众筹的适用范围，发挥股权众筹在融资方面的积极作用，分别于2015年和2016年进行两次修订，主要是扩大企业证券的发行方式和融资范围。根据对该法令修订的结果：企业除了发行普通证券和固定利率债券外，还可以发行优先股（preferred shares）、参与凭证（participatory notes）、可转换债券（convertible bonds）；企业一年内的最高融资额为250万欧元。[2]

2. 韩国

受美国、英国、日本等国股权众筹立法的推动，韩国也在积极探求股权众筹合法化的路径。2013年6月，由10位国会议员联合提议修改现行的《资本市场与金融投资业法律》，并提交了投资型股权众筹法案草案。根据该草案，有资格通过股权众筹筹资的企业必须为成立7年以下的中小

---

[1] 顾晨. 法国众筹立法与监管制度评述［J］. 金融服务法评论，2015（1）：100.

[2] TIRRUS, THERESE. France's 2nd Regulatory Reform Enlarges the Scope of Crowdinvesting & Crowdlending［EB/OL］. https://www.crowdfundinsider.com/2016/10/91855-frances-2nd-regulatory-reform-enlarges-scope-crowdinvesting-crowdlending/，2017-09-10.

企业或者初创企业，但是文化产业、高新技术产业等不受成立 7 年以下条件的限制；企业 1 年内通过股权众筹筹集的资金不得高于 7 亿韩元。❶ 该草案经过 16 次审议后，于 2015 年 6 月获得通过，并于 2016 年 1 月 25 日正式生效。❷ 根据最终的股权众筹规则：有资格利用股权众筹融资的企业为成立 7 年以内的企业和获得创业企业执照的企业；企业 1 年内的最大筹资额为 7 亿韩元，但是超过 5 亿韩元需提交经过审计的财务报告。❸

3. 英国

股权众筹起源于英国，英国政府从一开始便对这种新型融资模式表明了积极支持的态度。因此迅速在原有的私募框架内出台了相应的监管措施以规范股权众筹的发展和加强投资者保护。但与美国、意大利等国不同，英国的股权众筹豁免建立在非公开发行的基础之上，主要是通过限定投资者资格达到股权众筹豁免的目的，因此英国的股权众筹监管规则并未对企业的类型和融资限额作过多要求。英国的股权众筹活动主要受到《2000 年金融服务与市场法》（Financial Services and Markets Act 2000）的规制，发布的若干股权众筹监管规则只是对上述法律文件的微调。❹

2013 年 10 月，英国金融行为监管局（The Financial Conduct Authority,

---

❶ 자본시장법시행령일부개정안입법예고 [EB/OL]. http：//www.fsc.go.kr/know/law_ prev_ view.jsp? bbsid = BBS0120&page = 1&sch1 = content&sch2 = &sch3 = &sword = %ED%81%AC%EB%9D%BC%EC%9A%A0%B0%EB%93%9C%ED%8E%80%EB%94%A9&r_ url = &menu = 7410100&no = 31249，2016-12-28.

❷ 박상휘, 크라우드펀딩도입' 자본시장법…본회의통과 [EB/OL]. http：//news1.kr/articles/?2316195, 2017-03-09.

❸ 자본시장법 시행령 일부개정안 입법 예고 [EB/OL]. http：//www.fsc.go.kr/know/law_ prev_ view.jsp? bbsid = BBS0120&page = 1&sch1 = content&sch2 = &sch3 = &sword = %ED%81%AC%EB%9D%BC%EC%9A%A0%B0%EB%93%9C%ED%8E%80%EB%94%A9&r_ url = &menu = 7410100&no = 31249, 2016-12-28.

❹ FCA 在 2015 年发布的一份调查报告中认为，尽管股权众筹发展迅速，但是还没有必要对现有的监管框架进行大的变动，现有的监管框架足以达到投资者保护和融资便利的目的。A Review of the Regulatory Regime for Crowdfunding and the Promotion of Non - readily Realisable Securities by Other Media [EB/OL]. http：//docplayer.net/9970835-A-review-of-the-regulatory-regime-for-crowdfunding-and-the-promotion-of-non-readily-realisable-securities-by-other-media.html, 2017-05-26.

FCA）发布了关于《股权众筹和其他类似行为的监管规则》（The FCA's Approach to Crowdfunding and similar activities），详细说明了 FCA 对经营众筹平台的公司或者其他类似公司的监管方法，为规范众筹行为提供了若干建议。❶ 该规则发布之后收到许多反馈意见，FCA 根据这些反馈意见，于 2014 年 3 月 6 日发布《网络众筹和促销不易变现证券的监管规则》（crowdfunding over the internet, and the promotion of non-readily realizable securities by other media），根据该规则，英国倾向于通过限制投资者资格达到股权众筹豁免的目的，除了传统证券法中专业投资者的投资不受限制以外，特殊的零售投资者（retail investor）也不受限制。其他的股权投资者则必须遵守投资额、投资经验等方面的限制。❷

4. 日本

进入 21 世纪以来，日本国内经济发展日趋缓慢，通货紧缩的压力使得国内投资低迷，大部分中小企业因无法筹措到资金而发展缓慢。为了改变这一状况，安倍上台之后便提出了发展众筹等多样化资金募集方式、促进对新创成长企业的风险资金提供的计划，希望借助中小企业的发展促进国内经济复苏和就业率的上升。但是受到《金融商品取引法》（以下简称《金商法》）限制，对中小企业筹集资金有重大作用的股权众筹的发展遇到了法律阻碍。为了改变这一状况，日本金融厅于 2013 年提出了修改《金商法》的《有关新创·成长企业风险资金供给方法等工作报告》（简称《WG》），提出了发展投资型众筹的立法建议。2014 年 5 月日本国会通过金融厅起草金商法修订案，并于 2015 年开始实施。❸ 根据修订后的《金商法》的规定，发行人发行总额不足 1 亿日元的股票募集，免除其提

---

❶ The FCA's Approach to Crowdfunding and similar activities［EB/OL］. http：//communityshares. org. uk/sites/default/files/resources/microgenius_ response_ -_ cp13. 13_ fca_ approach_ to_ crowdfunding_ -_ final_ submission_ 0. pdf, 2016-11-09.

❷ 具体见本文第三章第三节。

❸ 日本証券業協会，株式投資型クラウドファンディング及びグリーンシート銘柄制度等に代わる新たな非上場株式の取引制度のあり方について［EB/OL］.http：//www.jsda.or.jp/katsudou/kaigi/jisyukisei/gijigaiyou/houkokusyo_ 0617.pdf, 2016-12-16.

交有价证券备案书等的义务，不适用金商法有关信息披露的公示规则。同时，为了促进股权众筹业务的发展，《金商法》还放宽了股权众筹平台登记注册的要求，注册为第一种电子募集取扱业者最低资本金由原来的5000万日元降低到1000万日元，并且无须提交宣誓书和不适用金商法有关第一种金融商品交易业者的兼业规范、标识揭示义务、自有资金比率规范、责任准备金储备义务规范等规则；注册为第二种电子募集取扱业者最低资本金由原来的1000万日元，降低到500万日元，在其营业所或办公室等免于标识揭示义务。❶

5. 新加坡

新加坡的股权众筹豁免规则深受英国的影响，也是通过限制投资者的资格达到股权众筹豁免的目的。2015年2月16日，新加坡货币管理局（The Monetary Authority of Singapore）发布了《股权众筹监管建议草案》（MAS Sets Out Proposals for Securities-based Crowdfunding）。根据该草案，新加坡监管当局倾向于将股权众筹的发行对象限制在合格投资者和机构投资者的范围内，并不鼓励向普通投资者发行。另外，同日本一样，为了促进股权众筹，新加坡也降低了股权众筹平台的注册资格。❷ 经过一年多的反馈，新加坡货币管理局于2016年6月发布了修订后的《股权众筹监管建议》，该监管建议最大的变化便是允许股权众筹平台向普通投资者开放。只要发行人在12个月内的筹资额不高于500万新元，便可以豁免提交相关发行文件的资格；同时发行人依然可以只向合格投资者和机构投资者融资，并获得相应的豁免。❸

---

❶ 日本《金融商品取引法》第二十九条。

❷ MAS Sets Out Proposals for Securities-based Crowdfunding [EB/OL]. http://www.mas.gov.sg/news-and-publications/media-releases/2015/mas-sets-out-proposals-for-securities-based-crowdfunding.aspx，2016-08-18.

❸ Factsheet on Mas' Proposals For Securities-Based Crowdfunding（SCF）[EB/OL]. http://www.mas.gov.sg/~/media/resource/news_room/press_releases/2016/FACTSHEET%20ON%20MAS%20PROPOSALS%20FOR%20SECURITIESBASED%20CROWDFUNDING%20SCF.pdf，2017-04-15.

6. 澳大利亚

澳大利亚作为比较重要的资本市场国家，一直对互联网金融持开放和鼓励的态度，希望借助互联网金融的发展解决中小企业融资难的问题。所以，澳大利亚早在 2014 年就提出股权众筹的监管方案，在政府发布的一份报告中，提出股权众筹的三种监管模式：企业与市场咨询委员会型、新西兰型和不作任何更改。在后来几年，澳大利亚政府、相关学者和实务界人士分别对股权众筹监管方案进行充分的讨论，其中一致的意见便是通过修改公司法将股权众筹纳入现有的小额发行豁免方式之下，以减轻企业的发行负担。❶ 2016 年 11 月澳大利亚议会颁布了《2016 年公司法修正案》（Corporations Amendment《Crowd-sourced Funding》Bill 2016），对股权众筹监管规则作了最终的规定。根据该修正案，股权众筹发行人无需向证券主管机构提交发行注册文件，但是需满足：发行人需为公共公司（public company）且不得为上市公司；公司的主要营业地位于澳大利亚，并且公司的大多数股东都定居于澳大利亚；公司的资产总值和年营业收入不得高于 2500 万澳元；公司不得将资金投资于股票市场或者其他权益；公司 12 个月内的筹资额不得超过 500 万澳元。❷ 该修正案于 2017 年 3 月获得议会通过。

四、国际组织对于股权众筹豁免的态度

股权众筹的产生和发展对资本市场的影响极具"革命性"，因此除了受到各国国内证券监管机构的重视之外，也引起了一些国际组织的注意，如国际证券业协会（以下简称 IOSCO）、世界银行、欧盟等。这些机构虽然还没有制定有关股权众筹监管的具体建议，但是发布的一些报告对股权

---

❶ ALOIS, JD. Australia："Crowd-Sourced Funding" Bill (Document) [EB/OL]. https：//www.crowdfundinsider.com/2015/12/78179-australia-crowd-sourced-funding-bill-document/，2016-04-30.

❷ Corporations Amendment (Crowd-sourced Funding) Bill 2016 [EB/OL]. http：//parlinfo.aph.gov.au/parlInfo/search/display/display.w3p; query = Id% 3A% 22legislation% 2Fbillhome% 2Fr5766% 22#billText，2017-04-30.

众筹的监管具有一定的引导意义。

IOSCO 于 2014 年 2 月发表了股权众筹工作组的调查报告（Staff Wording Paper），以全球化的视野审视了股权众筹的发展状况、面临风险以及监管现状。它着重关注投资者保护的问题，并探讨股权众筹融资是否会对全球金融造成系统性的风险。该报告认为，股权众筹融资具有多种优势：通过向中小企业提供资金促进经济增长；弥补银行信贷留下的融资空缺（credit gap）；为中小企业和投资者提供低成本的融资和收益途径；为多样化投资组合提供一条新的途径等。因此，IOSCO 认为各国在将股权众筹纳入监管轨道时，必须达到融资便利与投资者保护的平衡。❶ IOSCO 虽然没有对如何促进融资便利表达自己的看法，却列举了一些国家和地区股权众筹注册豁免的例子，并认为将股权众筹作为证券法注册豁免的例外是国际上通行的做法。❷

世界银行在《发展中国家股权众筹发展潜力》报告中同样认为，股权众筹对于恢复 2008 年危机之后的经济发展水平非常重要，而且对发展中国家而言，股权众筹可以成为解决发展中国家资金不足的强力手段之一。但是世界银行认为，当前各国的证券法中规定的注册登记义务对于股权众筹发行人来讲显然难以承担，因为注册登记高昂的成本超过了发行人的一般承受能力，所以各国应当对发行人的融资设置较低的准入条件，创设证券法监管的例外。❸

欧盟认为，股权众筹的发展对于解决中小企业融资困境具有重大意义，但是各国制定的股权众筹监管规则可能会阻碍欧盟统一股权众筹市场的建立。因此，欧盟一直在对股权众筹进行研究，期望能够协调不同国家在股权众筹监管方面的不同。但是由于股权众筹还处于行业发展的初级阶段，欧盟尚未制定统一的股权众筹监管的具体措施，而是在既有的监管框

---

❶ KIRBY，ELEANOR & WORNER，SHANE. Crowd‐funding：An Infant Industry Growing Fast [R]. Madrid：IOSCO，2014：21-22.
❷ Crowdfunding：2015 Survey Responses Report [R]. Madrid：IOSCO，2015.
❸ Crowdfunding's Potential for the Developing World [J]. Washington：the World Bank，2013.

架内寻求股权众筹可以适用的共同规则。欧洲证券与市场管理局（European Securities and Markets Authority，ESMA）于 2014 年发布《股权众筹监管建议》（Advice：Investment-based Equity），对股权众筹可能适用的相关欧盟指令进行了梳理。根据《股权众筹监管建议》，股权众筹发行人通过股权众筹平台发行证券，理论上应该按照《招股说明书指令》（The Prospectus Directive，PD）提交招股说明书，除非存在某些例外情况或者豁免。而根据 PD 的规定，对 PD 提交招股说明书义务的豁免主要分为三种情况：筹资额在 10 万欧元以下；筹资额 10 万～500 万欧元之间时，虽然不适用 PD 提交招股说明书的义务，但是成员国对于该发行是否适用国内法规定具有自由裁量权；面向合格投资者发行；除了合格投资者之外，其他个人投资者或者法人投资者少于 150 人。但是上述豁免例外只适用可转让证券，如果发行的是非可转让证券，需要遵守其他指令或者国内法的规定。❶

综上，相关国际组织对于如何促进股权众筹发行人融资便利与各国证券监管机构的观点是一致的，即给予符合条件的股权众筹发行人以注册登记的豁免资格，减轻发行人的融资成本。

---

❶ Advice：Investment-based Equity [R]. Brussels：ESMA，2014：13-14.

第二章 股权众筹投资者保护的关键——规制信息失灵

赋予股权众筹发行人注册豁免的资格是推动股权众筹发展的必然选择，因为中小企业的资本实力显然难以承担登记注册的高昂成本。但是赋予股权众筹注册豁免资格意味着许多传统证券法中的投资者保护制度无法发挥作用，股权众筹投资者无疑承担了更大的投资风险。因此各国在规定股权众筹注册监管例外的同时，又制定了许多替代性的投资者保护措施，包括对融资者的资格和融资额进行限制、融资者的信息披露义务、股权众筹平台的投资者保护义务、限定投资者的最高投资额度等。但是上述替代性投资者保护制度势必会对发行人的融资便利造成影响，从而影响股权众筹的实用性。

第一节 股权众筹立法后的发展现状及争议

一、股权众筹注册豁免后的发展现状：步履蹒跚

由于股权众筹的发展还处于初级阶段，人们对于股权众筹的理解还不是很成熟。各国立法机构和监管机构制定的有关股权众筹方面的法律法规借鉴了传统证券法的大部分内容，能否适应股权众筹市场的实际，还需要观察上述法律法规生效之后对股权众筹市场的影响。

美国在颁布 JOBS 法案之初，无论是政府人士、实务界还是学者都对股权众筹充满期待，认为股权众筹将彻底解决中小企业融资的问题。例如，时任总统奥巴马在签署 JOBS 法案时，认为对中小企业和初创企业来

说，JOBS法案是资本市场的"变革者"（game changer）。因为它允许中小企业和初创企业向潜在的、大量的美国公民融资。而普通的美国公民历史上第一次可以广泛参与对初创企业的融资。❶ 乐观的股权众筹支持者也认为，股权众筹可以为有发展前途的中小企业提供融资的渠道，形成初创企业融资的完整融资圈，即弥补亲友投资、天使投资、风险投资和上市融资之外缺失的一环。❷ 但是SEC颁布的最终的《众筹条例》生效一年之后，有研究机构对美国JOBS法案对美国股权众筹市场的影响做了调查，以便为投资者、发行人、股权众筹平台和政府相关机构提供有用的信息。根据调查，截至2017年6月30日，美国共有399个股权众筹融资项目，其中加利福尼亚州有134个，约占总数的34%，纽约州有30个，田纳西州有29个。从融资规模来看，融资最多的为加利福尼亚州（2030万美元），其次为田纳西州（600万美元），再次为马萨诸塞州（350万美元）和纽约州（270万美元）。从融资活动已经结束并且成功的项目来看，加利福尼亚州有54个项目的融资获得成功，平均每个项目的融资额为25.5万美元。马萨诸塞州有6个项目获得成功，平均融资额为44.5万美元。田纳西州有15个项目获得成功，平均融资额为31.2万美元。而纽约州成功的项目为6个，平均融资额为27.8万美元。❸ 从上述数据可以看出，股权众筹融资并未对中小企业的融资产生实质性积极影响。

英国是股权众筹市场发展最为活跃、最为发达的国家，英国政府从股权众筹诞生伊始便表达了对股权众筹支持的态度。英国股权众筹发展的数据可能更能反映股权众筹市场发展的现状。以英国股权众筹平台巨头

---

❶ President Barack Obama, Remarks by the President at JOBS Act Bill Signing [EB/OL]. https：//www.whitehouse.gov/the-press-office/2012/04/05/remarks-president-jobsact-bill-signing, 2015-12-23.

❷ GROSHOFF, DAVID. Equity Crowdfunding as Economic Development？[J]. Campbell L. Rev, 2016（38）：332.

❸ BEST, JASON&NEISS, SHERWOOD.4 Questions that Show Where U.S.Entrepreneurs are Succeeding with Regulation Crowdfunding [EB/OL].https：//www.crowdfundinsider.com/2017/08/120657-4-questions-show-u-s-entrepreneurs-succeeding-regulation-crowdfunding/, 2017-09-27.

Seedrs 和 Crowdcube 为例，在过去的五年里，Seedrs 共为超过 500 个项目成功进行了融资❶；而在 Crowdcube 平台上成功融资的项目则为 515 个。❷ 但是与 Kickstarter 相比，这些数据就微不足道了。Kickstarter 自实施全球化战略以来，也在英国经营了 5 年，共为多达 2.75 万个项目成功筹集了资金。❸ 由此可见，就英国目前的股权众筹发展而言还远远称不上规模，与股权众筹宣称的能够解决中小企业融资困境的"豪言"相去甚远。

作为股权众筹市场较为发达的英美两国尚且如此，其他国家股权众筹的发展情况更是同预想的情形相去甚远。加拿大三省分别主持制定的股权众筹监管规则生效后，只有非常有限的几个公司选择采用 MI 45-108 进行融资，而 CSA Notice 45-316 和 ASC Rule 45-517 则鲜有人问津。❹ 法国颁布《参与性融资法令》生效之后，通过众筹筹集资金的总额不断增加，2016 年更是达到 6.29 亿欧元，但是筹资额的增长都来自借贷型众筹和捐赠型众筹，特别是附有利息的借贷型众筹，而股权众筹融资额并未因此有较大增加，甚至出现了减少。❺ 日本融资型众筹的规模虽然每年都在增长（2014 年约为 150 亿日元，2015 年约为 322 亿日元，2016 年约为 404 亿日元），但是其中几乎所有的增长都来自借贷型众筹，而股权众筹在这三年

---

❶ More Positive News: Equity Investment in UK Companies Rises in First 6 Months of 2017 [EB/OL]. https://www.crowdfundinsider.com/2017/07/119522-positive-news-equity-investment-uk-companies-rises-first-4-months-2017/, 2017-08-31.

❷ Celebration Time! Crowdcube Surpasses 500 Successful Raises [EB/OL]. https://www.crowdfundinsider.com/2017/04/98144-celebration-time-crowdcube-surpasses-500-successful-raises/, 2017-08-25.

❸ HURST, SAMANTHA. Kickstarter Celebrates Five Years of Crowdfunding in the UK [EB/OL], https://www.crowdfundinsider.com/2017/10/123872-kickstarter-celebrates-five-years-crowdfunding-uk/, 2017-10-21.

❹ Dead in the Water: Canada's Crowdfunding Exemptions [EB/OL]. https://www.crowdfundinsider.com/2016/07/88484-dead-in-the-water-canadas-crowdfunding-exemptions/, 2016-08-31.

❺ GAJDA, OLIVER & FLORANGE, TANJA ASCHENBECK & DREFKE, THORGE. Review of Crowdfunding Regulation 2017 [R].Brussels: European Crowdfunding Network AISBL, 2017: 216.

里几乎停滞不前（约为 33 亿日元）。❶ 韩国与日本的情况类似，新修改的《资本市场法》生效后至 2017 年 11 月中旬，韩国利用股权众筹成功的项目仅为 263 个。❷ 意大利虽然早在 2012 年就实施了股权众筹监管规则，但是截至 2016 年 12 月，股权众筹的融资额仅为 600 万欧元。❸ 其他国家的情形也都大抵如此。

由此可见，虽然各国在制定股权众筹监管法律时都声称其目的是促成融资便利与投资者保护的平衡，但是就近两年股权众筹市场的发展来看，各国法律通过规范股权众筹促进中小企业融资的效果并不是很理想。这种现象也引起了人们对于股权众筹研究的新一轮热潮，并在是否支持股权众筹的发展上产生了争议。

二、股权众筹发展的争议

给予股权众筹豁免资格的本意是减轻发行人的融资负担，但是由于股权众筹并不限制普通投资者的投资，立法和监管机构为了保护这些投资者的利益又制定了若干保护措施，希望能够在融资便利和投资者保护之间达到平衡。只是，无论是从理论上还是从实践上来看，融资便利和投资者保护之间的平衡似乎很难达到，所以很多学者在是否支持股权众筹发展上出现了分歧。有的学者认为股权众筹监管规则既没有便利企业融资，也没有达到投资者保护的目的，应该予以禁止；但是有的学者认为只要制定合适的监管规则就可以达到股权众筹融资便利和投资者保护的平衡。笔者同意第二种观点，由于互联网技术的普及和中小企业融资难的困境，股权众筹是适应资本市场的实际情况而产生，是一种无法避免的现象。因此应当制定合适的监管规则以鼓励股权众筹的发展，为中小企业的融资开辟新的渠道，从而发挥中小企业在促进经济发展中的作用。

---

❶ 融資型クラウドファンディングと購入型クラウドファンディングの違いとは？［EB/OL］. https : //www. en-jine. com/blog/articles/2950, 2017-04-17.

❷❸ 2017 년크라우드펀딩소상공인창업경진대회모의투자자모집 (마감) [EB/OL]. http : //www.mss.go.kr/site/busan/ex/bbs/View.do? cbIdx = 222&bcIdx = 1004222, 2017-11-21.

（一）股权众筹否定论

随着各国纷纷制定股权众筹监管规则，股权众筹逐渐在世界范围内纳入法治的范畴。但是股权众筹并未如同人们想象的那样步入高速发展的轨道，而是处于缓慢的发展状态，因此对于中小企业的融资并未提供实质性的帮助，反而给投资者保护带来一系列的问题。很多学者对此展开研究，并得出了一些消极的结论。

帕特里夏·H. 李（Patricia H. Lee）对股权众筹的前景并不看好，他认为当前的股权众筹监管规则对于发展初期的股权众筹来讲太过复杂、成本太高，成为中小企业融资成本相对较高的融资方式之一，除非监管机构调整相关的监管策略，降低筹资成本，否则股权众筹很难成为一种受人欢迎的筹资方式。❶ 雷扎·迪巴杰（Reza Dibadj）认为监管机构面临着十分尴尬的选择，要么禁止股权众筹，要么对发行人和平台规定较小的限制，否则股权众筹的发展前景不容乐观，另外他还认为可以找到平衡投资者保护和融资便利的监管方式无疑是自欺欺人。❷ 莎伦·亚门（Sharon Yamen）认为，虽然股权众筹监管规则规定了发行人信息披露制度、投资者限额制度，但是由于缺乏有力的监督机制，发行人的信息披露文件、投资者提交的收入证明等都可以作假，导致这些制度的效果大打折扣，因此从投资者保护的角度来看，股权众筹的发展前景并不乐观。❸ 大卫·格罗索夫（David Groshoff）认为，美国的 JOBS 法案是模糊、冗长，充满不确定性的规则，它虽然不限制普通投资者的投资，但是却使 10% 的上层人士受益、而对 90% 的美国人不利，其最终的结果将对美国经济造成持续危害。SEC

---

❶ LEE, PATRICIA H. Access To Capital or Just More Blues? Issuer Decision-Making Post SEC Crowdfunding Regulation [J]. Transactions Tenn. J. Bus. L, 2016 – 2017, (18): 19.

❷ DIBADJ, REZA. Crowdfunding Delusions [J]. Hastings Bus. L. J, 2015 – 2016, (12): 15.

❸ YAMEN, SHARON & GOLDFEDERT, YOEL. Equity Crowdfunding – a Wolf in Sheep's Clothing: the Implications of Crowdfunding Legislation under the JOBS ACT [J], Int'l L. & Mgmt. Rev, 2015 (11): 41.

既没有完成投资者保护的任务，也没有很好地理解与股权众筹相关的法律。SEC 应该花两年的时间去研究股权众筹市场，而不是仅凭借对未来的推测。这样才能制定符合实际的规则，从而对股权众筹实行有效的监管。❶

此外，一些投资者保护组织也表达了反对股权众筹的观点，比较有代表性的便是加拿大投资者保护促进基金会的观点（Canadian Foundation for Advancement of Investor Rights，FAIR）。FAIR 曾经对加拿大安大略省证券委员会（OSC）的股权众筹豁免的观点表达了不满。他们认为股权众筹豁免将会削弱对普通投资者的保护，降低投资者的信心，使资本市场变得"低效"，其最终结果将会使中小企业无法筹集到其所需的资金。并且 FAIR 还认为，股权众筹将会导致市场信息不对称性加强，有效的股权众筹市场不会形成，支持者们所宣扬的所谓股权众筹的价值也不会实现。股权众筹所谓的投资民主其实质便是移除很多保护普通投资者的措施，然后将高风险的、不受监管的金融产品出售给他们。因此，他们认为股权众筹是一个"糟糕的主意"（bad idea）。❷

（二）股权众筹支持论

虽然股权众筹的发展不尽如人意，但是很多学者还是对股权众筹的前景持乐观的态度，认为只要制定出合适的监管规则，股权众筹在解决中小企业融资方面的价值就可以充分发挥，并且股权众筹将同其他融资工具一道成为企业发展过程中不可缺少的融资中的一环。

雅各夫·巴里托（Jacquesf Baritot）认为，虽然现在的股权众筹监管规则还有许多不尽如人意的地方，但是只要制定合适的监管规则，股权众筹一定可以为中小企业的融资提供便利，同时可以使投资者不会暴露在过高

---

❶ GROSHOFF, DAVID & NGUYEN, ALEX & URIEN, KURTIS. Crowdfunding 6.0: Does the SEC's Fintech Law Failure Reveal the Agency's True Mission to Protect-Solely Accredited- Investors？[J]. Ohio St. Entrepren. Bus. L. J, 2014-2015（9）：277.

❷ The Canadian Foundation for Advancement of Investor Rights（FAIR）Opposes Equity Crowdfunding [EB/OL]. https：//www.crowdfundinsider.com/2013/03/12013-the-canadian-foundation-for-advancement-of-investor-rights-fair-opposes-equity-crowdfunding/，2015-05-31.

的风险之下，而通过加强对第三方平台的监管可以使监管机构更容易地监督股权众筹市场，并且不致削弱发行人和投资者的信心。❶ 罗伯特·H. 斯坦霍夫（Robert H. Steinhoff）认为，虽然股权众筹不会取代传统的融资方式，但是对于解决中小企业的融资困难有一定的积极意义。他认为英国的股权众筹市场的发展处于世界领先地位，因此其股权众筹监管制度可以为其他国家提供有益的借鉴。❷ 凯莉·巴修斯（Kelly Mathews）也认为只要对股权众筹进行适当的监管，股权众筹就可以发挥在融资便利和投资者保护方面的作用。❸ 科迪·R. 弗里兹（Cody R. Friesz）认为股权众筹发展潜力巨大，对促进中小企业融资具有很大的积极意义，但是不能对股权众筹发行人和平台进行过度监管，否则会使股权众筹的价值无法实现。为此，不能一味增加发行人和平台的负担以达到投资者保护的目的，应该探寻投资者保护其他措施，以达到融资便利和投资者保护之间的平衡。❹

同时，加拿大股权众筹协会（National Crowdfunding Association of Canada，NCFA）回应了上述股权众筹反对者的观点，认为对股权众筹持消极态度是一个"巨大的错误"（huge mistake），并且违背了当今世界的发展趋势。加拿大 NCFA 并未过多重复强调股权众筹的价值和对中小企业融资的意义，而是列举了高盛投资公司（Goldman Sachs）的一份股权众筹调查报告。根据这份报告，股权众筹的融资额由 2013 年的 4 亿美元发展到 2014 年的 11 亿美元，这充分说明了股权众筹的发展潜力。NCFA 以英国为例，认为英国在 2011 年便采取支持股权众筹发展的态度，发展至今，

---

❶ BARITOT, JACQUESF. Increasing Protection for Crowdfunding Investors under the JOBS ACT [J］．U. C. Davis Bus. L. J，2012-2013，(13)：259.

❷ STEINHOFF, ROBERT. The Next British Invasion is Securities Crowdfunding：How Issuing Non-registered Securities through the Crowd Can Succeed in the United States [J]. U. Colo. L. Rev，2015（86）：661.

❸ MATHEWS, KELLY. Crowdfunding, Everyone's Doing It：Why and How North Carolina Should Too [J]. N. C. L. Rev，2015-2016，(94)：276.

❹ FRIESZ, CODY. Crowdfunding & Investor Education：Empowering Investors To Mitigate Risk & Prevent Fraud [J]，Suffolk U. L. Rev，2015（48）：131.

英国的股权众筹市场并未演变成"柠檬市场",投资者也未遭遇到人们所担心的欺诈等问题,反而发展成为全球最活跃的股权众筹市场。因此,它认为人们应当支持股权众筹的发展。❶

三、股权众筹否定论与支持论的根本分歧

无论是股权众筹的反对者还是支持者,对于股权众筹蕴含的基本价值大致还是持肯定态度的,认为股权众筹确实是对传统融资工具的一种创新,对于完善传统融资工具的不足起到一定的作用。但是两者的区别在于股权众筹能否达到融资便利和投资者保护的平衡。股权众筹反对者认为,考虑到发行人和投资者的性质,融资便利与投资者保护之间的平衡是不可能的;而股权众筹支持者却认为,虽然现在各国的股权众筹监管规则还存在各种问题,但是股权众筹既然是证券市场对融资现状的一种能动反映,那么肯定存在一些方式,既可以便利企业的融资,又可以使投资者得到有效的保护。

(一)似是而非:融资便利与投资者保护是否矛盾

1. 表面上的冲突

美国《1933 年证券法》将融资便利和投资者保护作为该法的主要目标。为了实现两者之间的平衡,立法者将发行人的信息披露作为投资者保护的最重要的手段。通过发行人的信息披露,既可以避免政府的过多介入而增加发行人的负担,又可以充分尊重投资者,使其可以在得到充分信息的基础上作出理智的投资决策。虽然许多学者表达了对强制性信息披露制度效果的质疑,但是不可否认,信息披露在促进融资便利和投资者保护平衡方面起到了重要作用。

对于股权众筹市场现状来讲,融资便利和投资者保护似乎很难达成平

---

❶ Investment Industry Association of Canada CEO Says Scrap Equity Crowdfunding. NCFA Says No Way [EB/OL]. https://www.crowdfundinsider.com/2016/01/80307-investment-industry-association-of-canada-ceo-says-scrap-equity-crowdfunding-ncfa-says-no-way/, 2016-07-19.

衡。因为股权众筹两个重要的参与主体同为证券市场的"弱势群体"。发行人为处于发展初期、规模不大且很难得到传统天使投资人和风险投资人青睐的中小企业，而投资者则为资产较少、知识缺乏、经验不足的普通人。从立法的角度来讲两者都需要"照顾"，但是法律对任何一方的"偏袒"，势必造成另一方成本的增加。考虑到发行人无力承担公募发行的成本，立法者如果想发挥股权在经济发展、促进就业中的作用，就必须给予其注册豁免地位。但是股权众筹豁免地位的取得意味着许多证券法中的投资者保护措施在股权众筹领域无法发挥作用。而股权众筹投资者为"普通人"的事实又使得立法者必须寻找替代性的投资者保护措施，以避免投资者暴露在过高的风险之下。但是每一项投资者保护措施都会直接或者间接增加发行人的融资成本。由此看来，在股权众筹监管规则中实现融资便利和投资者保护的平衡似乎是不可能完成的目标。美国 SEC 一再推迟公布最终的众筹监管规则似乎印证了上述观点的正确性。

2. 实质上的统一

虽然在股权众筹监管规则中融资便利和投资者保护存在一定的冲突。但是证券市场的理论和实践告诉我们，融资便利和投资者保护的目标并不是矛盾的。因为无论是促进融资便利还是投资者保护，其最终目的都是实现经济的发展，而只有实现融资便利和投资者保护的平衡，这种最终目标才能实现，偏向任何一方都会使市场逐渐萎缩甚至消亡，更谈不上发展壮大。所以说，融资便利和投资者保护并不矛盾，两者是有机统一的。

投资者保护可以通过融资便利来实现。因为投资者投资证券市场的目的是将手中的"富余资金"创造出更多的财富。而发行人的融资便利可以更好地实现投资者财富增值的目标。一方面，发行人融资便利可以使更多的优质企业聚集在市场上，这些优质企业是投资者财富增值的首选目标；另一方面，发行人融资便利意味着融资成本的降低，因而发行人可以将更多的资金和精力用于发展上，提高企业发展的水平，而企业的利益和投资者的利益息息相关。此外，根据经济学的经典理论，企业融资便利说明企业的融资效率比较高，而企业的融资效率跟市场的定价效率又是成正比例的，因为价格决定供需，所以融资便利可以促进社会资源的优化配置。❶而根据有效市场假说，证券的价格反映了市场上全部有价值的信息。证券的定价效率高说明市场上信息的获取、传递成本很低，而且证券的价格可以自由、迅速地跟随信息的变化而波动。这可以有效解决信息不对称给投资者带来的潜在危害，有利于投资者的保护。但是融资便利必须具有边界，不能以损害投资者的利益为代价。

同时，投资者保护也有助于融资便利的提高。采取投资者保护的措施，可以使投资者认为他们的权益时时刻刻受到保护，从而增强投资的信心，进而影响发行人融资的效率。投资者信心不足，一方面，可能导致投资者逐渐退出市场，使市场逐渐消亡；另一方面，发行人为了增强投资者的信心，不得不花费较多的时间和资金成本向投资者证明其证券的真实性和价值，从而提高了融资成本。

然而，单纯依靠市场自治是无法有效保护投资者利益的。自由主义认为市场是可以自发解决投资者保护的问题。他们认为政府唯一要做的就是促进融资便利，让股价不断攀升。但是华尔街的对赌协议最终酿成了灾难，而监管者却对此束手无策。市场在发展过程中产生了许多能够对企业产生约束的机制，比如声誉机制、行业协会等，但是这些机制的产生是为了维护企业的利益，而不是投资者利益。评级机构、投资公司等实体的存在也因为利益冲突等原因无法充分有效地保护投资者。因此，在投资者保护方面需要国家公权力的强势介入，通过制定各国制度和规则，使投资者得到有效的保护，这也正是证券法和证券监管机构存在的基础。但是投资者的保护应该是有底线的，不能过度保护。过度的投资者保护会加剧发行人的融资成本，使发行人最终离开市场，市场便不复存在。

由此可见，虽然融资便利和投资者保护在同一部法律内存在一定的冲突，但是由于两者的最终目标是一致的，从有利于目标实现的角度来看，融资便利和投资者保护是可以通过制度设计达成平衡的。

---

❶ 张文强，孙国茂．我国证券市场融资效率问题——基于有效市场理论的分析[J]．金融发展研究，2016（11）：59．

（二）股权规则中融资便利与投资者保护失衡的原因

根据股权众筹合法化后各国股权众筹市场的发展现状可以看出，股权众筹立法并未对股权众筹的发展产生更多的积极影响，在某些方面甚至可能阻碍了股权众筹的发展。这种现象充分说明股权众筹在融资便利和投资者保护方面发生失衡。有学者认为这种失衡主要是由于立法者过度重视融资便利的结果，但是也有学者认为这种失衡主要是因为法律过度重视投资者保护而给发行人融资带来了诸多阻碍。无论如何，作为融资工具的股权众筹的价值毋庸置疑，但是立法者和监管者在制度设计、规则制定方面却出现了问题。笔者认为，各国股权众筹监管规则既没有有效促进发行人的融资便利，也无法有效地保护投资者。

各国在股权众筹立法时，立法者几乎无一例外地将融资便利作为优先考虑的对象，因而给予股权众筹注册豁免的地位，以减轻发行人融资负担。因为发行人的积极参与是市场存在的基本前提。但是由于股权众筹并不限制普通人的投资，因此在给予股权众筹注册豁免资格的同时，立法者又设置了许多投资者保护的措施。这些措施一方面降低了发行人融资的效率，另一方面又给人一种投资者受到过度保护的假象，从而使有些学者认为对投资者的过度保护降低了发行人的融资效率。但是实际上股权众筹监管规则对于投资者的保护是不足的。因为它没有解决投资者保护中最核心的问题，即信用问题。

股权众筹是依托互联网技术而形成的一种融资工具。网络交往的虚拟性使得陌生人社会广泛存在。投资者不得不将自己的资金交付给从未谋面、自己完全不熟悉的陌生人，是否被欺诈或者盈利完全依赖自己的运气和发行人的人品。同时，股权众筹注册豁免、网络交易的去中介化使得许多传统隔离投资者风险的防火墙不复存在，投资者暴露在更大的风险之下，不得不更多地依靠自己的力量进行自我保护。在此背景下，投资者与发行人之间的信用问题将直接影响发行人的融资效率。投资者是否信任发行人其实就是投资者是否具有安全感的问题，而投资者获得安全感的基本前提便是充分获得和理解相关的信息。按照有效市场理论，市场上信息的获取和传递是自由的，但是在实际上却面临着诸多阻碍，这种阻碍主要源于市场参与主体信息占有的不平等。因此证券法的主要功能便是通过一系列的制度设计改变市场信息的不对称状况，使信息发挥在证券定价、优化资源配置方面的作用。

股权众筹市场上，发行人处于信息垄断地位，他们在利益的驱动之下，有可能选择隐藏、夸大甚至虚假宣传某些信息。投资者也因为能力方面的局限，在信息的搜寻、理解方面存在不足，使有关股权众筹市场的信息无法自由传播和流动，导致信息失灵，进而导致股权众筹市场的低效。各国的股权众筹监管规则之所以未能达到融资便利与投资者保护的平衡，其根本原因就在于股权众筹法律未能有效地纠正股权众筹市场信息失灵的状况。因此，在各国纷纷给予股权众筹注册豁免的背景下，股权众筹监管规则中的投资者保护措施必须以纠正信息失灵为导向。因为证券法对于投资者的保护不是一定要使投资者能够"赚钱"，而是要保证资本市场的公正性和投资者决策的自由，而要达到上述目的必须发挥信息的功能。

总之，投资者保护是有效市场的必备因素，这和融资便利并不矛盾，只有提供有效的投资者保护的监管框架才能提高投资者信心，进而降低融资成本、促进真正的融资。❶ 为了实现投资者保护与融资便利的平衡，有效的投资者保护措施必须以规制信息失灵为基础。

第二节 信息失灵规制对于股权众筹投资者保护的意义

"股票有风险，投资需谨慎"，风险是资本市场的特征之一，也是资本市场的魅力所在。国内外的经验已经表明，即便对资本市场进行严格的监管，也无法防止投资风险的发生。股权众筹投资者可能招致的风险与传统证券市场投资者相比，既有特殊性也有普遍性。特殊性的风险主要包括操

---

❶ The Canadian Foundation for Advancement of Investor Rights （FAIR） Opposes Equity Crowdfunding ［EB/OL］. https：//www.crowdfundinsider.com/2013/03/12013-the-canadian-foundation-for-advancement-of-investor-rights-fair-opposes-equity-crowdfunding/，2015-10-26.

作风险、技术风险等;普遍性的风险就是指投资者遭受的经济风险。特殊性的风险主要源自互联网技术的不完备性,需要不断地提高技术要求才能使这种风险逐渐降低。而经济风险的发生则根源于市场的信息失灵。

一、信息失灵概述

(一) 信息失灵的理论基础——有效市场假说 (the efficient capital market hypothesis)

有效市场假说是由尤金·F. 法玛 (Eugene F. Fama) 教授于1970年正式提出,他在《Efficient Capital Markets: A Review of Theory and Empirical Work》一文中认为,如果股票价格反映了所有的信息,这样的市场便是有效的。❶ 该理论提出之后虽然得到众多学者的拥护和支持,尤金·F. 法玛教授也因此获得了2013年的诺贝尔经济学奖,但是对该理论的质疑和反驳从未停息,并形成许多针对性的理论。❷ 其中噪音理论 (noise theory) 对有效市场理论造成较大的冲击。噪音理论是随着行为金融学的兴起而发展的一种新的理论。该理论认为,人并不总是理性的,人的非理性行为便是市场中的"噪音"。人们作出交易或者投资决定可能并非全部基于掌握的与基础价值相关的信息,而是基于一种情感、个人怀疑或者出于对朋友的一种信任。❸ 即便投资者掌握了与基础价值相关的信息,也可能无力作

---

❶ 在法律健全、功能良好、透明度高、竞争充分的股票市场,一切有价值的信息已经及时、准确、充分地反映在股价走势当中,其中包括企业当前和未来的价值,除非存在市场操纵,否则投资者不可能通过分析以往价格获得高于市场平均水平的超额利润。FAMA, EUGENE F. Efficient Capital Markets: A Review of Theory and Empirical Work [J]. The Journal of Finance, 1970 (25): 384.

❷ GLEN, PATRICK J. Efficient Capital Market Hypothesis, Chaos Theory, and the Insider Filing Requirements of the Securities Exchange Act of 1934: The Predictive Power of Form 4 Filings [J]. Fordham J. Corp. & Fin, L, 2005 (11): 114.

❸ 在法律健全、功能良好、透明度高、竞争充分的股票市场,一切有价值的信息已经及时、准确、充分地反映在股价走势当中,其中包括企业当前和未来的价值,除非存在市场操纵,否则投资者不可能通过分析以往价格获得高于市场平均水平的超额利润。FAMA, EUGENE F. Efficient Capital Markets: A Review of Theory and Empirical Work [J]. The Journal of Finance, 1970 (25): 384.

出单独决策,不得不依赖专家的帮助。❶ 因此,市场价格并非反映了所有有价值的信息。❷ 更有人认为,有效市场理论本身就是错误的,因为股票市场价格很不稳定,可能在很短的时间内急剧上升或者下降。❸

但是,无论是噪音理论宣称的人的行为非理性,还是有些学者认为的市场价格的错误性,都可以从反面为有效市场假说提供佐证。噪音理论并不否认市场上可得信息是股票价格形成的基础,但是人的非理性行为可能使股票价格偏离股票的基本价值,而人的非理性行为的形成与市场信息失灵有很大的关系。以股票价格的不稳定否认有效市场理论的正确性更是对有效市场假说的误解。因为有效市场假说从未提出市场价格是正确的观点,只是认为信息是市场价格形成的基础❹,信息的变化将会引起价格的变动。❺ 市场价格的形成取决于人们对未来收益与风险的评估。❻ 但是这种评估有很大的主观性,很容易因为对将来经济状况认知的改变而作出迅

---

❶ LANGEVOORT, DONALD C. Theories, Assumptions, and Securities Regulation: Market Efficiency Revisited [J]. U. PA. L. Rev, 1992 (140): 868.

❷ CUNNINGHAM, LAWRENCE A. From Random Walks to Chaotic Crashes: The Linear Genealogy of the Efficient Capital Market Hypothesis [J]. GEO. WASH. L. REV, 1994 (62): 565.

❸ 有效市场理论无疑是错误的,因为20世纪90年代,由于人们的投机狂热,导致股票的价格远远高于其基础资产价值。LOWENSTEIN, LOUIS. Searching for Rational Investors in a Perfect Storm [J]. 30 J. CORP. L, 2005 (30): 539.

❹ KOCK, MARK. Are Wastefulness and Flamboyance Really Virtues? Use and Abuse of Economic Analysis [J]. U. GIN. L. REV, 2002 (71): 181.

❺ 市场更为有效或者无效,取决于人们对信息变化调整的速度。KLOCK, MARK. Mainstream Economics and the Case for Prohibiting Inside Trading [J]. GA_ ST. U. L. REV, 1994 (10): 297, 301.

❻ 将来的现金流转是理解股市价格变动的关键因素,没有研究股票未来收益的前景就认为市场非理性是不合逻辑的。HALL, ROBERT E. Struggling to Understand the Stock Market [J]. AM. ECON. REV (PAPERS & PROC), 2001, (1): 11. 影响将来现金流量的风险因素也会对股票价格的形成有重要作用。KLOCK, MARK. The Enduring Legacy of Modern Efficient Market Theory after Halliburton V. John [J]. Ga. L. Rev, 2016 (50): 769, 832.

速且重大的调整。❶ 这种认知的准确与否很大程度上取决于决策主体掌握的信息量,信息越充分、准确,对股票收益与风险的评估越准确。但是在资本市场上,信息不充分、不准确是常态,有效市场假设只是理论上的一种假设,各种因素导致的信息失灵使得市场价格往往不能正确的反映股票的基础价值,使投资者往往无法对未来收益与风险进行准确的评估,导致风险的发生。

(二)信息失灵的原因

《1998/1999 年世界发展报告:知识与发展》对信息失灵状况进行分类:一种信息失灵是由于评估质量的困难❷、收集尽可能多的信息的需要、寻找减少上述需要的方法而导致的;另一种来自保证履约的困难、寻找监督交易机制的需要。❸ 应飞虎进一步将信息失灵分为信息不充分、信息不对称和信息不准确。❹

第一,信息不充分。信息不充分反映了决策主体实际掌握的信息与作出正确决策应当掌握的信息总量之间的对比关系。信息不充分将会导致投资者无法根据市场的即存信息作出适当的投资决策。存在这一现象的主要原因与信息本身的属性有关。信息具有公共产品的属性,这使得信息同其他公共产品一样具有非排他性和非竞争性的特征,"信息的再生产成本很

---

❶ 对价值评估的数学精度建立在不牢靠的基础之上:对未来的预期。对未来预期评估依据的主要因素具有不确定性,它们仅仅是一种粗略的估计,或者说对未来的一种猜测。MALKIEL, BURTON. A Random Walk Down Wall Street [J]. 1999 (7):103.

❷ 对商品和服务的质量检测意味着需要掌握该商品和服务的有关信息,但是这种信息的获得成本很高,人们很难有动力去主动收集这些与质量有关的信息,而是依靠分享他人掌握的信息。质量评估的困难在金融市场上更为困难,因为在金融市场上与质量有关的信息更加难以获得,获得成本更高。World bank:Worlds development report:knowledge for development [EO/OL]. http://documents.worldbank.org/curated/en/72977-1468328524815/pdf/184450WDR00PUBLIC00ENGLISH01998099.pdf, 2017-03-26.

❸ World bank:Worlds development report:knowledge for development [EO/OL]. http://documents.worldbank.org/curated/en/72977 1468328524815/pdf/184450WDR00PUBLIC00ENGLISH01998099.pdf, 2017-03-26.

❹ 应飞虎. 从信息视角看经济法基本功能 [J]. 现代法学,2001 (6):58.

低"便是指信息的这种属性。信息的公共产品特性使信息生产者或者提供者很难控制信息的传播。随着信息的传播，信息生产者或者提供者当初的信息优势便不复存在，因而无法获得市场竞争的优势地位。此外，信息的公共产品特征，使得信息的获得几乎是无须支付任何成本的，而信息的生产往往会导致信息生产者或者提供者支出较高的成本。因此容易造成信息提供主体之间的"搭便车"现象。久而久之，也就没有私人主体愿意提供信息了。❶

第二，信息不对称。信息不对称是指交易双方由于掌握的信息的不对等导致的交易中的地位不平等的状态，掌握信息比较充分的一方，处于交易中的有利地位，而信息匮乏的人员往往处于劣势。信息的分布本来就是不均衡的，所以信息不对称这一现象古已有之。只是在商品经济不是非常发达的时代，这种现象的影响不是很大，未能引起人们的重视。但是随着商品经济的发展，社会分工日益复杂，不同行业之间的信息差别越来越大。这种信息不对称成为影响市场公平、公正、透明的主要原因。根据信息传播的一般程序，产生信息不对称的原因主要有两个：一个是信息初始阶段的不对称。商品经济时代，特别是信息经济时代，由于信息资源、知识水平、教育程度、技术水平、生活环境、经验等的差异，使交易信息在不同的交易主体之间呈现出非常明显的不对称，出现了信息的优势方和劣势方。这种现象是自然、合法产生的，无法克服，但却是其他信息不对称产生的根源。另一个是基于信息初始不对称，造成信息劣势方收集和处理信息的困难。一方面，信息优势方为了固化信息优势地位，制造人为障碍防止信息的传播，使得交易相对方无法获知相关知识。另一方面，信息劣势方限于自身能力可能无法收集或者掌握相关的信息。另外，信息的收集成本问题可能会迫使信息劣势方在效率和公平之间做出选择，放弃收集信息的努力。

第三，信息不准确。信息的不准确是指信息的不正确或者信息的不完整，无法正确反映或完全反映客观事实的全貌，直接导致决策主体的决策失误。信息不准确的原因既有非人为的原因，如传播工具造成的信息不准

---

❶ 应飞虎. 信息失灵的制度克服 [D]. 重庆：西南政法大学法学院，2002：2.

确,但也有人为的原因。非人为原因造成的信息不准确不属于法律调整的范畴,属于技术领域或者其他领域的问题。❶ 但是在资本市场上,人为原因是造成信息不准确的主要来源。信息优势一方为了获得更大利益甚至不法利益,滥用自己的信息优势地位,故意传播一些不真实的信息或者故意隐瞒重大信息,使投资者的决策建立在错误的信息之上,由此遭受利益损失,恶化双方之间的信息不对称地位。

(三) 信息失灵的危害

信息失灵使市场交易主体之间的地位不平等,信息劣势一方要么在此基础上作出决策,要么付出额外成本以获得其他相关信息。但是无论采用哪种方式,对信息劣势一方都是不利的。信息失灵违反了市场经济自由、公开、公平、透明的原则,使交易主体无法根据"优胜劣汰"的竞争法则作出理性选择,降低了资源的配置效率。久而久之,市场逐渐被分割、失去活力并消亡。信息失灵造成的恶果是多层面的,但从投资者保护的角度而言,信息失灵会给投资者造成以下两个不利后果。

1. 逆向选择

逆向选择最先由美国学者乔治·阿克劳夫(George Akerlof)在其论文《柠檬市场:质量不确定性和市场机制》阐述的"柠檬市场"❷ 的理论中提出,该理论被誉为信息经济学最为重要的开创性贡献。随后逆向选择理论被广泛应用于各种领域。在资本市场上,逆向选择主要表现为发行人利用自己的信息优势地位,故意隐瞒对自己不利的如证券风险的重大信息,或者散布一些不真实的信息,使投资者作出投资决策时依据的信息不充分或者不真实,造成非理智的投资,从而形成劣币驱逐良币的局面。这种逆

---

❶ 应飞虎. 信息失灵的制度克服 [D]. 重庆:西南政法大学法学院,2002:2.

❷ 乔治·阿克劳夫在本书中把逆向选择概念一般化。在旧车交易中,买卖双方关于旧车质量的信息是不对称的,买方因此以旧车市场上车的平均质量为基础出价,这会使质量高的旧车卖主退出市场,从而降低市场上旧车的平均质量,买方了解此信息后,又会降低出价,从而使质量稍好的旧车卖方退出市场,因此形成恶性循环,最终使旧车市场消亡。AKERLOF. The Market for Lemons Quality Uncertainty and the Market Mechanism [J]. Quarterly Journal of Economics, 1972 (84): 488-500.

向选择对于投资者来说极为不利,因为其投资的证券价格未能充分反映与该证券有关的所有信息,投资者可能在不知情的情况下购买了"质次价高风险大"的产品,面临投资损失的风险。长此以往,投资者的信心受到影响,纷纷退出资本市场,造成市场日益萎缩并最终消亡。

2. 道德风险

如果说逆向选择是市场交易主体之间初始信息不对称的后果,那么道德风险则是在信息产生之后、在信息的传播过程中发生的。在信息经济时代,信息是一种稀缺的资源,这种稀缺性赋予信息以一定的价值,也就说谁掌握了信息谁就掌握了创造价值的资源,这种资源能够使其在市场竞争中处于优势地位。但是在利益最大化的动机之下,掌握信息资源的人有可能滥用自己的信息优势地位,损害交易相对方的利益。

在证券市场上,融资者对自己企业的财务现状、盈利情况、发展前景、市场竞争等有着清醒的认识,对自己发行证券的真实价值、风险状况等了解得比较全面。但是,融资者可能会本着"趋利避害"的目的,对这些信息进行选择性披露。为了吸引投资者,融资者还可能会积极传递甚至夸大宣传、虚构对自己有利的信息,比如高回报率、投资保障等;而对自己不利的信息不予披露或者以非常隐蔽的方式进行披露,使投资者无从知晓或者了解。在这种情形下,道德风险就会出现。❶

二、股权众筹投资风险源于信息失灵

在股权众筹市场上,投资者面临着诸多风险,主要有操作风险和经济风险等。其中操作风险随着技术的进步可以得到逐步缓解,但是投资者面临的经济风险却源于信息失灵,这些经济风险主要有:欺诈或者被误导的风险、盲目投资以及投资失败的风险、投资者权益受损的风险等。

(一)欺诈或误导风险源于信息失灵

许多学者都指出,互联网技术普及增加了欺诈或者误导的风险。因为

---

❶ 闻得峰. 论信息不对称的经济规制 [J]. 河南师范大学学报 (哲学社会科学版),2004 (4):59.

互联网技术的虚拟性、即时性，使得交易快速且不易被跟踪，大大降低了交易的违约成本。许多不法分子便利用这一特性，虚构项目、夸大收益，诱使投资者投资。而投资者除了被披露的信息之外，几乎没有其他途径可以搜寻有关发行人和筹资项目的其他信息。即便能够通过其他渠道获取信息，往往也无法验证信息的真实性。因此投资者被欺诈的风险增加了。

发行人在股权众筹平台发布筹资项目之前，股权众筹平台在声誉机制的制约下会对发行人及其提供的信息进行审查，以保障发行人身份和信息的真实性，在一定程度上降低了投资者被欺诈的可能性。但是发行人为了筹资的成功，一方面可能会隐藏对发行人或者企业不利的信息，如违法行为信息、企业的风险信息等；另一方面可能夸大企业的经营规模、利润、收益前景等对投资者吸引力较大的信息，诱导投资者投资。此外，利用股权众筹融资的企业大都是一些中小企业、初创企业，经营管理、财务管理等不甚规范，企业经营过程中产生的信息也极为有限，导致股权众筹平台往往也无法核实上述信息的真实性。即便法律或者平台规定了发行人必须予以披露的信息范围，企业也可以通过极为隐蔽、不易觉察的方式披露一些对自己不利的信息、或者通过比较模糊、容易产生歧义的语言予以披露，使投资者容易被误导。

（二）盲目投资及投资失败的风险源于信息失灵

资本市场奉行"买者自负"的基本原则，但是"买者自负"有一个基本的前提，即投资者可以作出理性的投资决策。理性的投资决策取决于投资者掌握的信息。在传统公募市场，发行人发行股票之前必须向主管机关登记注册，并提交大量经过审核、审计的资产负债表、财务报表等信息披露文件，以国家的强制力和中介机构的专业性、公信力保证投资者掌握大量有效、真实的信息，减少信息失灵给投资者决策带来的危害。私募市场虽然豁免了发行人的注册登记义务，但是却限制了投资者的资格，保证投资者拥有足够的资金和经验应对私募市场可能的风险。并且市场中还存在大量的中介机构，如信用评级机构、证券公司等为投资者提供信息支持。但是在股权众筹市场，大多数国家豁免了发行人的登记注册资格，股权众筹的"去中介化"又使得第三方独立机构的信息支持也大大减少，造成股权众筹投资者掌握的信息量不足，无法作出理智的投资决策。

面对信息不足的状况，投资者可以通过各种途径去搜寻信息。但是信息的收集是有成本的。特别是在互联网背景下，信息呈现碎片化的状态，并且真实性无法保障。互联网技术虽然降低了投资者的信息收集成本，但是使信息的处理成本增加，甚至超过了投资者可能得到的收益。在投资者投资金额受到严格限制的情况下，投资者几乎没有动力花费大量的时间、精力、资金去搜寻相关信息。有些投资者认为在平台的严格把关、领投人的审慎努力下应该不会出现欺诈等情况，所以不会对发行人和融资项目进行过多的调查。还有些投资者对股权众筹缺乏足够的了解，对融资项目没有进行过深入的研究，仅仅凭借发行人的自述、听到的消息或者其他投资者的行为便跟进投资，丝毫不考虑可能遭受的风险。

虽然中小企业经营失败的风险非常高，但是投资者如果在投资之前对发行人和融资项目进行审慎的调查，投资损失的概率将会降低。然而，在股权众筹市场信息不足的情况下，普通投资者鉴于自身能力、信息搜寻成本等的考虑，不能也不愿支出太多成本去主动搜寻相关信息，"搭便车"成为理性投资者的当然选择。

（三）投资者权益受损源于信息失灵

不同的人由于教育、专业、经验、分工等的不同，他们之间存在着绝对的、天然的信息不对称。股权众筹的经营者与投资者之间的信息不对称使得双方之间的地位不对等。经营者掌握着有关企业、资金等所有与经营有关的信息，而股权众筹投资者却因为居住分散、专业知识匮乏等原因处于信息劣势地位。这种信息占有的不平等使经营者在企业的经营、资金使用、利润分配、谈判等活动中具有主动权和支配权，而投资者的权益却因信息的匮乏而可能遭受侵害。

发行人融资成功之后，投资者变成公司的股东，成为公司的所有者。但是在一般情况下，投资者属于公司的小股东。如同股份有限公司中大股东与小股东的权利一样，始终存在信息不对称问题。在公司的实际经营中，公司的大股东和管理者往往出于自己利益的考虑，制定相应的经营策略，自行决定公司的重大事项、利润分配等。小股东虽然享有公司的决策权，但是由于居住分散、交通不便等原因，其掌握的公司经营方面的信息是非常有限的，所以很难对公司提出自己的意见。即便小股东对公司的经营、利润分配等情况有自己的看法，其主张也容易被大股东忽略。所以在实际上，股权众筹项目一旦融资成功，投资者虽然在表面上成为公司股东，但是能否有效参与企业的管理完全取决于大股东或者公司管理者的决定。

同样由于信息失灵的原因，股权众筹投资者退出权利受到极大限制。很多股权众筹平台在风险揭示一栏中都有关于股权众筹流动性的风险信息，即由于股权众筹二级市场的缺乏，投资者通过股权众筹购买的证券可能很难转让，即便存在可以交易的市场，也可能因对企业的发展前景不看好而无法交易。在这种情况下，转让和公司回购就成为投资者收回投资的主要方式。但是在转让和公司回购过程中，股价如何确定便成了关键问题。在股权众筹领域，由于信息的不对称，市场上又缺乏专门的评估机构和评级机构，投资者很难对自己所持股份进行准确定价。因此，购买人和公司可能会基于投资者急于变现的心理，故意压低证券的价格，使投资者的权益受到损害。

综上，信息失灵是股权众筹投资者面临诸多投资风险的根本原因，因此纠正股权众筹市场的信息失灵状况就成为股权众筹投资者保护的关键。信息失灵纠正的方法主要有市场自治和法律规制两种。许多研究股权众筹的学者认为，由于股权众筹市场处于行业发展的初期，市场尚未发展成熟，因此不建议法律过早介入，以免影响股权众筹的健康发展。他们认为，当前股权众筹市场面临的信息失灵问题应当由市场自身的反应机制去解决，这些机制主要包括声誉机制、群体智慧、行业协会和大数据技术等。诚然，上述市场自治方法对于解决传统证券市场或者其他市场的信息失灵发挥着重要作用，对于解决股权众筹市场的信息失灵状况也具有一定的作用。但是，上述市场自治手段发挥作用是有条件的，而现阶段的股权众筹市场尚不具备或者完全具备这些条件，从而造成上述市场自治手段在股权众筹市场无法充分发挥纠正信息失灵的作用。

第三节　股权众筹信息失灵的市场自治

一、声誉机制

（一）声誉机制理论概述

声誉机制理论最初侧重于如何解决委托代理关系中存在的信息不对称问题，以减少代理人的道德风险与逆向选择。随着声誉机制理论的发展，许多经济学家将动态博弈理论引入到委托代理关系的研究中，论证了在重复博弈的情况下，声誉等隐性激励机制能够发挥激励代理人的作用。随后，大量的经济学和管理学文献研究了声誉问题，将声誉的产生、累计、运作等手段广泛作为激励、约束和惩罚经济主体所作出的制度安排统称为声誉机制。❶

经济学对于声誉机制的研究始于克里普斯（Kreps）、米尔格罗姆（Milgrom）、罗伯特和威尔逊（Roberts & Wilson）建立的标准声誉模型理论。该理论认为，现阶段的声誉往往会影响以后阶段的效用，因此从初始阶段提高经营者的声誉可以达到事半功倍的效果；对于声誉高的经营者可以适当放松管理，因为声誉较高的经营者可以强化自我约束。❷ 塔德里斯（Tadelis）、梅因拉斯（Mainlath）、拉里·塞缪尔（Larry Samuelson）等经济学家发展了标准声誉理论，创立了声誉交易理论。该理论认为，企业声誉是逐步建立并逐渐消失的，因此需要投资和维持。❸ 声誉是企业的一种

---

❶ 皮天累. 国外声誉理论：文献综述、研究展望及对中国的启示［J］. 首都经济贸易大学学报，2009（3）：95.

❷ KREPS D. P MILGROM, RBERTS, R WILSON. Rational Cooperation in the Finitely Repeated Prisons Dilemma［J］. Journal of Economic Theory, 1982（27）：245-252.

❸ TADELIS S. What's in name? Reputation as a Tradable Asset［J］. American Economic Review, 1999, 89（3）：548-563.

无形资产❶，可以在任何市场中进行交易。声誉信息理论与上述两种理论不同，它将声誉视为一种"信息"，主要是研究声誉传播机制对企业的影响。对声誉信息理论的研究始于 20 世纪 90 年代，反映的是行为人历史记录和特征的信息。声誉信息在各个利益相关者之间的交换、传播，形成声誉信息流、声誉信息系统及声誉信息网络，成为信息的显示机制，有效限制了信息扭曲，增加交易的透明度，降低交易成本。❷

企业声誉机制是经济学中一门比较新的研究学科，很多学者采用实证分析的方法对其进行研究。除了上述三个影响较大的理论之外，还有很多学者从其他角度论证企业声誉机制的内在机理。尽管各学者之间研究的角度不同，但是声誉机制理论无不将声誉作为企业发展的一种重要因素。无论是将其视为"资产"还是"信息"，对于减少企业成本、增强企业竞争、促进企业优胜劣汰等方面发挥着重要作用。因此，企业的声誉是企业在生产经营过程中必须予以维持并建立的，这也是市场能够有效配置资源的重要表现之一。

（二）声誉机制纠正信息失灵的积极效果

鉴于良好的信誉可以节约企业成本、增强企业竞争力、获得"声誉溢价"等原因，企业在经营过程中总是注意维护和提高自身的信誉。根据声誉信息理论的理解，声誉其实是企业的一种"信息"，该"信息"是消费者或者投资者作出决策的重要参考，特别是市场上存在多个性质类似的企业或者产品的情况下，该"信息"可能对消费者或者投资者的选择起到关键作用。从这个意义上来讲，声誉机制有助于纠正市场信息失灵的现象。因为信息失灵意味着市场上关于该企业及其产品的信息不充分，使消费者或者投资者无法对其作出评价，其声誉也将受到影响。因此，企业在经营过程中，一般会主动披露与企业或者产品相关的信息，特别是对企业有利的一些信息，企业会积极地披露，以期取得消费者或者投资者的认可。有时企业为了增加自己的声誉，可能会选择加入某个行会或者寻求评级机构对其进行评级，利用第三方的约束，增加企业和产品的公信力。

---

❶ 田新国. 企业声誉的研究综述 [J]. 北方经济, 2010 (8): 51.
❷ 余津津. 国外声誉理论研究综述 [J]. 经济纵横, 2003 (10): 62.

另外，企业的声誉代表着企业过往经营的一些基本信息，比如，企业信誉、产品质量等，它是交易双方重复博弈后的信息积累，企业的声誉越高，这种信息量就越大。并且企业声誉的形成和消失都是一个逐渐演变的过程，这就表明在一个时间段内关于企业的信息特别是信誉、履约能力等方面的信息是固定的。消费者或者投资者无须再投入时间和资金收集这方面的信息，同时企业也无须支出成本以证明企业这方面的能力。因此，声誉机制可以在一定程度上克服信息失灵的问题。

二、群体智慧

群体智慧的概念最初来自于昆虫学家威廉·莫顿·惠勒（William Morton Wheeler）的观测。惠勒（Wheeler）在1911年发现，蚂蚁群之间的协作紧密，像一个动物的细胞，并且具有集体思维，他称为更大的生物，即聚集的蚁群看起来形成了一个"超有机体"。随着人类行为学和心理学的兴起，群体智慧成为人们感兴趣的话题之一，并成功运用到实践当中。依托互联网和社交媒体，群体智慧也被广泛应用到投资、电子商务等领域，成为克服市场信息失灵的重要手段。许多学者认为，股权众筹欺诈事件鲜有发生，原因就在于群体智慧发挥了重要作用。

（一）群体智慧的概念

詹姆斯·索罗斯基（James Surowiecki）在《群体的智慧》一书中认为，尽管群体中的个人存在着有限理性、掌握信息有限、缺乏复杂计算的能力或者意愿，但是在适当的环境下，群体在智力上表现得非常突出，而且通常还比团体中最聪明的人还要聪明。即使一个团体中绝大多数人都不是特别的见多识广或者富有理性，但仍然能作出一个体现出集体智慧的决定。当我们各自并不完善的判断力以一种正确的方式汇聚起来时，我们的集体智力通常表现得十分完美。❶

---

❶ SUROWIECKI, J. The Wisdom of Crowds: Why the Many Are Smarter Than the Few and how Collective Wisdom Shapes Business, Economics, Societies and Nations [J]. Personal Psychology, 2006, 59 (4): 982-985.

群体智慧可以解决个体在以下三个问题上的不足。首先，群体智慧可以解决个人认知能力不足的问题。个体掌握的知识、经验、信息等都是有限的，特别是在社会化大分工的背景下，即便是专家也不可能对所有的领域都非常熟悉。但是组成群体的个体可以利用交流工具进行充分的信息共享和意见交换，权衡利弊、集思广益，从而作出较为准确的决策。其次，群体智慧可以使个体之间的行为更加协调。群体中的个体，不仅要思考他所认为的正确行为或者方法，还要考虑其他个体可能的行为，从而使彼此之间达成共识，协调自己的行动，达到合理利用资源、提高行动效率的目的。最后，群体智慧可以解决个体之间彼此不信任，促进个人协作。经济学家和社会学家的实证研究一再表明，只要个体之间自愿协作，社会和组织机构的运转便十分顺利。群体智慧可以使自私、目的不甚一致的个人在群体相互协作，提高行动的效率。❶

群体智慧理论产生以来被广泛应用到电子商务、证券投资等领域，成为市场自治、投资者自我保护的重要手段。特别是在互联网及其社交媒体兴起之后，群体智慧被认为在解决市场信息不对称方面具有重要作用，可以为投资者的理性决策提供帮助。在股权众筹领域，有的国家的股权众筹监管规则中明确规定，股权众筹平台必须为投资者之间的交流提供必要的工具，以促进投资者之间知识、信息、观点的交流，解决投资者自身信息不足的问题，从而帮助投资者作出理性的投资决策。

（二）群体智慧纠正股权众筹市场信息失灵的积极作用

监管者在制定股权众筹监管规则时，考虑到发行人的实际，除了要求发行人进行一定程度的信息披露外，投资者自我保护成为监管者提倡的投资者保护手段之一。股权众筹投资者虽然大部分都是普通投资者，但是投资者组成的群体却可以运用群体智慧解决市场信息不对称的问题。

许多学者也认为，群众智慧可以较好地运用到股权众筹实务中，股权

---

❶ SUROWIECKI, J. The Wisdom of Crowds: Why the Many Are Smarter Than the Few and how Collective Wisdom Shapes Business, Economics, Societies and Nations [J]. Personal Psychology, 2006, 59 (4): 982~985.

众筹发展至今之所以欺诈率较低甚至没有出现欺诈事件，群体智慧在其中发挥了重要作用。❶ 安德鲁·施瓦茨（Andrew Schwartz）认为股权众筹投资者可以充分利用群体智慧，避免出现欺诈和投资混乱的状况，而且群体智慧可以使股权众筹投资者选择更有价值的融资项目。❷ 琼·海明威（Joan Heminway）指出，虽然还需要进一步的实证研究，但是初步的证据显示，股权众筹投资者具有发挥群众智慧的可能，群众智慧可以减轻发行人与投资者之间的信息不对称状况，并且群体中的专业投资者可以为普通投资者提供有益的建议。❸ 群体智慧在众包中已经发挥了应有的作用，而从众包中发展而来的股权众筹应该可以充分利用群体智慧克服投资者个体信息不足的问题。❹ 根据群众智慧理论，虽然股权众筹投资者在信息获取和理解、风险评估等方面的能力不足，但是只要所有的投资者通过适当的方式组织一个群体，就可以作出甚至比天使投资者或者风险投资者更优的决策。❺ 股权众筹支持者认为，群体智慧不仅可以使股权众筹投资者更好地预防欺诈，而且有助于投资者作出最优的投资决策。❻ 因为投资者通过交流工具，可以分享彼此之间掌握的信息，交换对项目投资的经验和观点。如果群体中的成员足够多，那么群体发现项目欺诈或者质量不高的概

---

❶ 投资者一旦认定某个项目有欺诈或者风险过高的嫌疑，消息就会通过互联网迅速传播，从而将欺诈或者高风险项目排挤出股权众筹市场。The Promise and Perils of Equity Crowdfunding [EB/OL], U. PA.: KNOWLEDGE @ WHARTON, http://knowledge.wharton.upenn.edu/article/promise-perils-equity-crowdfunding, 2015-06-28.

❷ ANDREW A. SCHWARTZ. The Digital Shareholder [J]. MINN. L. REV. 2015, (100): 609, 661.

❸ JOAN HEMINWAY. Equity Crowdfunding: A Market for Lemons? [J]. MINN. L. REV., 2015, (100): 598.

❹ ARMIN SCHWIENBACHER & BENJAMIN LARRALDE. Crowdfunding of Small Entrepreneurial Ventures, in THE OXFORD HANDBOOK OF ENTREPRENEURIAL FINANCE 369, 371-72 (Douglas Cumming ed., 2012).

❺ See C. STEVEN BRADFORD. Crowdfunding and the Federal Securities Law [J]. COLUM. BUS. L. REV. 2012, (1): 114.

❻ RICHARD WATERS. Start-ups Seek the 'Wisdom of Crowds [EB/OL]. FINANCIAL TIMES, http://www.ft.com/cms/s/0/c1f1695c-7da8-11e1-9adc-00144feab49a.html#axzz2ymhhxaXv, 2015-08-09.

率要远大于投资者个体。一旦投资者发现某个项目存在欺诈的嫌疑或者项目的风险过大,这种消息就会在群体之间迅速传播,从而使所有的投资者都可以避免欺诈或者投资失败的风险。❶

三、行业协会

行业协会自古有之,它的出现是社会中从事相同或者相似职业的人为了维护共同的利益而组成的一种自治组织。随着社会的发展,特别是社会化大生产以来,行业协会的作用越来越重要,既起着维护全体成员共同利益的作用,还兼具监督成员行为的功能,成为政府监督的重要补充。行业协会是社会自治的重要体现,在规制信息失灵方面发挥着重要作用。

(一) 行业协会纠正信息失灵方面的积极作用

1. 信息供给

行业协会是社会成员组成的共同体,是为了全体成员的共同利益服务的。因此,为了维护协会的声誉,行业协会制定各种各样的组织章程、行为准则等要求各成员遵守,否则便无加入协会的资格或者被开除出协会。行业协会的该行为本身便向社会传递着这样一个信息:凡是该协会的成员都已经达到了协会的要求或者标准。社会公众通过某实体的协会成员资格便能自然得知该实体的一些关键信息,如组织结构、产品标准等。在协会的存在过程中,协会可能基于某个成员的申请、自己的疑惑或者社会公众的要求,要求某个成员提供一些具体的信息,以便了解该成员的实际状况,从而使该成员的某些信息被披露出来。另外,行业协会往往还通过调查研究对成员的发展前景、风险状况等进行评估,从而使各成员以及社会一般公众掌握该行业或者某个具体成员发展的一些关键信息。

2. 信息的收集和传递

行业协会还承担着信息的收集和传递功能。通过组织调研、成员座谈

---

❶ The Promise and Perils of Equity Crowdfunding [EB/OL]. U. PA.:KNOWLEDGE@WHARTON, http://perma.cc/8SUY-3P2W, 2015-09-29.

会等形式收集有关社会公众较为关注的信息；通过召开年会、例会等形式，将成员召集起来共同探讨成员关心的问题、最新的风险动态和行业动态等。会后以年报、会报的形式向社会公布会议的成果；通过搜集最新的政策、法律信息为成员和社会公众提供该行业的发展动态；如此种种。而且，许多行业协会还起着信息中介的作用。如应消费者的请求调查某成员与该消费者之间的纠纷，收集信息证据并甄别信息真伪；对某一成员的负面信息进行调查，并向社会及时公布，使公众能够及时了解事实等。

(二) 股权众筹行业协会在纠正信息失灵方面的积极作用

股权众筹协会随着股权众筹的深入发展而纷纷建立，目前许多允许开展股权众筹的国家都已经建立了各种各样的众筹协会。在股权众筹还处于初级发展阶段的情况下，股权众筹协会被认为在股权众筹发展、投资者保护等方面发挥着重要作用。目前股权众筹协会主要分为两种，一种是政府监管机构强制要求加入的协会组织。例如，美国SEC《众筹条例》规定参与众筹的中介机构必须在SEC注册并加入美国金融业监管局（Financial Industry Regulatory Authority，FINRA）或其他全国性证券组织会员；日本《金商法》也规定，所有的股权众筹从业者必须遵守日本证券业协会制定的义务规范。这种中介机构一般具有准监管机构的地位，是政府监管机构实施市场自治的重要工具，参加者一般为股权众筹平台。另一种是股权众筹平台自发组成的行业协会，是股权众筹平台之间真正的自治组织，如英国的众筹协会（The UK Crowdfunding Association，UKCFA）、加拿大的国家众筹协会（National Crowdfunding Association of Canada，NCfA）、中国的股权众筹协会等。

股权众筹协会作为各国监管政策不甚完善情况下的一种社会自律组织，在纠正信息失灵、保护投资者基本权益等方面发挥着重要作用。如英国股权众筹协会在其宣言中宣示：股权众筹协会通过协调立法者和监管者的行动维护股权众筹平台和投资者的利益，并制定行为守则要求各成员遵守和实施。❶ 而根据英国股权众筹协会《行为守则》（Code of Conduct）的

---

❶ 英国众筹协会主要职能，https：//www.ukcfa.org.uk/about-us/，2015-09-27.

规定：协会将保证交易的透明度，用户可以得到关于交易的任何信息；协会将会对投资程序、审慎义务等进行详细解释；协会保证和促进各成员遵守法律、法规和本行为守则；协会将会定期对成员的经营进行审计和审查，以确保各成员遵守了相关政策和本行为准则等。❶ 不仅如此，股权众筹协会还担负着预防欺诈、投资者教育等方面的职能。根据加拿大国家众筹协会的规定，协会主要从以下几个方面保护投资者：协会将对影响股权众筹发展的问题进行研究和咨询；协会将会对企业、投资者、公众进行教育，以便其了解行业的发展趋势、监管政策等；协助成员发现欺诈并予以通告；保证成员之间及时和有效的交流等。❷

可见，股权众筹协会通过信息的收集、传播和交流纠正股权众筹市场的信息失灵现象，以达到投资者保护目的。

四、信用评级

随着证券市场的深入发展，发行人与投资者之间的信息不对称现象日益严重，而信用评级机构则是市场对这一现象的能动反应。20世纪70年代以来，美国的信用评级业务发生了重大转折，国际条约、联邦法律法规开始要求包括货币市场基金、银行和监管者在内的众多行为人参考评级，导致评级成为公共产品，而信用评级机构则成为资本市场的"看门人"，取得了准监管机构的法律地位。信用评级机构收集、分析并发布关于发行人资信的信息，缓解发行人与投资者之间的信息不对称，从而促进资本形成并提高市场效率，在金融体系中扮演着至关重要的作用。❸

资本市场奉行"买者自负"的基本原则，但是该原则的前提是投资者可以掌握足以作出理智决策的信息。随着证券结构的日益专业化和复杂化，即便通过强制性信息披露等方式向投资者提供充足的信息，投资者也

---

❶ 英国众筹协会《行为守则》，https://www.ukcfa.org.uk/join-us/code-of-conduct/，2015-09-28.

❷ 加拿大国家众筹协会，http://ncfacanada.org/about-us/，2015-09-28.

❸ 马建威. 美欧信用评级法律监管的发展及启示［J］. 北京社会科学，2015（11）：123.

可能因为自身能力不足等原因无法对这些信息进行准确的风险和价值评估。此时，信用评级机构就成为缩小发行人与投资者之间信息不对称的重要桥梁。就股权众筹市场而言，信用评级同样可以发挥重要作用。

股权众筹市场信息不对称主要有两方面的原因。一个原因是由于发行人一般属于中小企业或者初创企业，自身能提供的信息有限。并且在理性经济人的驱使下，发行人可能会隐藏对自己不利的信息，夸大或者虚构对自己有利的信息，造成股权众筹市场信息不充分、不真实。另一个原因来自投资者自身。股权众筹投资者大都是普通的社会民众，他们既没有投资的专业知识，也缺乏必要的投资经验，无法对发行人及其融资项目进行准确的评估。此外，基于成本与收益的考虑，投资者一般也缺乏主动搜寻信息的动力，往往寄希望于其他投资者的尽职调查，"搭便车"成为个人投资者的当然选择。特别是在"领投+跟投"模式中，一般投资者对于领投人的依赖就更加严重，个体理性很容易造成集体的非理性，从而使投资者的投资受到损失。然而，针对股权众筹的信用评级可以有效降低发行人与投资者之间的信息不对称。信用评级机构可以利用自己业已建立的信息搜集渠道，主动的搜寻与平台、发行人有关的信息，并且利用自己在风险和价值评估方面的经验，通过非常精确的模型，对发行人及其项目的风险、前景进行准确的评估，然后通过简单易懂的符号表示出来，使投资者对拟投资项目的风险状况有一个基本的了解。可以说，针对股权众筹的信用评级，可以大大降低投资者的信息收集成本，有效降低发行人和投资者之间的信息不对称状况，从而帮助投资者作出理智的投资决策，真正践行"买者自负"的基本原则。

五、大数据技术

在市场经济背景下，资本市场的信息失灵是投资者遭遇风险的根本原因。股权众筹市场作为正在形成的资本市场的组成部分也面临着信息失灵问题。但是很多学者认为，由于互联网技术、社交网络等新技术的应用导致大数据的产生，信息失灵现象将会随着大数据技术的应用而得到有效缓解，从而使投资者因为信息失灵导致的投资风险大大降低。股权众筹作为互联网技术、社交网络技术应用的代表,大数据的应用是否会降低股权众筹市场业已存在的信息失灵状况,对于投资者保护政策的制定具有重大的启发意义。

(一)大数据及大数据技术

在信息时代,数据是指在日常生活中可以被观察、收集和处理的信息。❶ 随着互联网技术和社交网络的普及,人们日益通过网络、社交媒体从事学习、交流、研究等日常活动,在网络上留下了大量的"痕迹",当所有的痕迹无法通过传统的技术加以处理时,"大数据"便产生了。❷ 大数据概念首先是由美国著名的咨询公司麦肯锡提出。在此之前,大数据就已经运用到物理学、生物学、环境生态学、军事、金融等领域,近年来却因为互联网技术、社交媒体、电子商务的兴起而得到广泛关注。在经济学领域,所谓大数据主要是指数据集达到无法通过传统的信息工具对其加以储存、分析、加工的数据。❸ 大数据有四个特征,即大量(volume)、高速(velocity)、复杂(variety)、真实(veracity)。❹ 大数据是对具有这四个特征的数据集的统称,而并非是数据内容的概括,因此数量巨大是大数据最主要的特征。但是在实践中,人们所称的大数据并非指直接来源于网络、社交媒体等的原始数据(rough data),而是指经过初步分析和整合的元数据(metadata)。这些元数据成为人们进一步利用大数据的基础。❺ 在信息

---

❶ MEG LETA AMBROSE. Lessons from the Avalanche of Numbers: Big Data in Historical Perspective [J]. ISJLP, 2015(11): 210, 278.

❷ RAHUL TELANG. A Privacy and Security Policy Infrastructure for Big Data [J]. ISJLP, 2015(10): 783.

❸ Big Data: The Next Frontier for Innovation, Competition, and Productivity [EB/OL]. https://www.mckinsey.com/business-functions/digital-mckinsey/our-insights/big-data-the-next-frontier-for-innovation, 2016-12-27.

❹ 大量是大数据的主要特征,随着数据储存、分析等技术的进步,数据集的增长越来越大;高速主要是指数据的更新速度快;复杂主要是指数据的来源较广,内容庞杂;真实主要是指数据的可靠性,在微观层面数据准确性的不足可以在宏观层面得到弥补。See DANIEL L.RUBINFELD; MICHAL S.GAL. Access Barriers to Big Data [J]. Ariz. L.Rev, 2017(59): 346-347.

❺ DANIEL L.RUBINFELD; MICHAL S.GAL. Access Barriers to Big Data [J]. Ariz.L. Rev, 2017(59): 347-348.

经济时代,大数据已经成为核心的经济资产,可以为经济发展和科技创新提供新的动力,并为企业的发展提供竞争优势。❶

虽然大数据的四个特征构成了大数据自身价值的基础,但是数据本身的价值性并不是很高,它的价值主要是通过数据分析工具的收集、储存、分析和整合而形成。❷ 因为大数据的来源极其广泛,可能包含相互之间并不关联的信息,如果不借助数据处理技术根本无法被人们掌握和运用,也就毫无价值。这些数据技术主要包括关联分析技术(association analysis)、数据分割技术(data segmentation)、数据整合技术(data segmentation and clustering)、分类和回归分析技术(classification and regression analysis)、异常检测技术(anomaly detection)、预测模型(predictive modeling)等。❸ 数据处理技术通过数学运算快速而有效地处理海量数据,使二进制数字和字节整合成可得信息,并通过合理的分析和推理工具创造新的有价值的信息,从而被人们掌握和利用。❹

大数据技术最主要的价值便是通过数据的收集、整合和分析,减少市场的信息不对称状况,从而降低信息失灵给市场主体带来的风险。通过大数据技术处理而得到的信息已经在社会各个领域得到广泛运用并产生积极效果。企业可以通过对客户行为和偏好的分析提供更具针对性的商品和服务,根据客户的不同财产状况规定更有针对性的价格。政府可以利用大数据分析技术确定恐怖分子的所在地,减少疾病暴发、环境事故、气候改变导致的危害,并制定符合实际的经济发展、促进就业等的政策。同时,大数据技术对于个人决策来讲也具有重大的意义,个人可以通过对大数据的

---

❶ OECD. Supporting Investment Knowledge Capita, Growth and Innovation [EB/OL]. http://www.oecd-ilibrary.org/industry-and-services/supporting-investment-in-knowledge-capital-growth-and-innovation_ 9789264193307-en, 2016-12-26.

❷ DANIEL L.RUBINFELD; MICHAL S.GAL. Access Barriers to Big Data [J]. Ariz.L. Rev, 2017(59):342.

❸ DANIEL L.RUBINFELD; MICHAL S.GAL. Access Barriers to Big Data [J]. Ariz.L. Rev, 2017(59):346-347.

❹ HAL R. VARIAN. Big Data: New Tricks for Econometrics [J]. J. ECON. PERSP, 3, 5. 2014 (28):3-5.

分析，评估某些决策的利益和风险，从而作出更理性的投资决策，降低风险的发生概率。❶

（二）大数据技术纠正股权众筹市场信息失灵积极作用

众筹金融作为"互联网+"的运用典范，在数据的收集、整理、整合、分析等方面具有明显的优势，因而通过大数据分析技术制定更为符合实际的决策成为各参与主体的当然选择。这种数据分析技术不仅可以减少各主体之间的信息搜寻成本，而且可以有效地解决各参与主体之间的信息不对称状况，减少信息失灵给各主体带来的风险。特别是对于投资者保护而言，大数据技术可以在一定程度上改变投资者信息弱势的地位，从而提高其决策的质量，避免因欺诈、被误导、盲目投资等带来的风险。

1. 股权众筹平台

当前，股权众筹平台在股权众筹活动中主要起着信息中介作用，在投资者保护方面扮演着重要角色。虽然股权众筹平台属于中介机构，却是以营利为目的的组织。因此，提高项目的成功率、增强投资者信心成为平台提高营利水平的努力方向。在营利动机的驱动下，平台广泛的利用大数据分析技术，努力促成股权众筹发行人与投资者之间"匹配"。在这个过程中，直接或者间接为投资者提供了许多重要信息。

筹资活动开始之前，股权众筹平台会要求发行人按照其要求提供相关的信息披露文件和其他相关信息，以保证发行人、筹资项目的真实性以及将风险控制在一定的范围之内，防止投资者受到欺诈和降低投资者的损失。同时，平台本着审慎的目的，为了保证上述信息的真实性和完整性，可以利用数据收集、整合和分析技术，"深挖"与发行人、项目相关的信息，尽可能减少投资者被欺诈和损失的风险。例如，平台可以利用数据收集技术收集企业在社交网络、政府部门等领域留下的（data-mining）有关企业正规性（regularity）、交流性（communicativeness）、营利性（profit）以及遭受的投诉（complaint）等方面的信息，以防止出现欺诈、信息不真

---

❶ DANIEL L.RUBINFELD; MICHAL S.GAL. Access Barriers to Big Data［J］.Ariz.L. Rev, 2017(59)：341.

实等情况的发生,保护投资者及其投资安全。❶

随着股权众筹发行人、项目和投资者基数的增大,各个股权众筹平台逐渐认识到大数据分析技术的重要性。目前 AngelList、Circleup 为代表的平台对大数据的运用已经较为成熟。大数据的运用使得传统的信息提供方式发生了重大改变。平台通过对投资者相关数据的收集和分析,可以推断出投资者的投资偏好、风险偏好等习惯,从而可以为投资者主动提供相关的投资项目,降低了投资者的项目搜索和信息收集成本。同时,平台也可以根据发行人及其项目的实际情况,向发行人推荐潜在的投资对象,以制定对这些潜在投资者有足够吸引力的宣传资料,并充分披露他们较为关注的信息。股权众筹平台通过这种大数据的运用,直接匹配发行人与投资者双方的需求,能够更全面、更谨慎地帮助投资者和发行人审慎决策,降低投资风险。

2. 投资者

在资本市场上,投资者一般属于信息占有的弱势群体。无论是法律制度的设定,还是其他相关机构的设立,无一不是为了克服投资者在信息资源方面的不足,保证投资者投资的公正性和其他相关权益。大数据技术作为新兴信息的收集、储存、传播、分析工具,不仅可以应用在精准营销方面,而且在投资者风险控制方面也能发挥积极作用。

统计学的规律告诉我们,在实验条件不变的情况下,重复实验多次,随机事件的频率等于其概率。这就意味着随机事件的大量发生,是可以发现其内在规律的。而大数据包含的海量信息,就为发现随机背后的规律提供了条件。大数据风控的基本逻辑便是通过对海量数据的分析,掌握风险发生的内在规律,从而预防风险的发生。❷ 从投资者的角度来看,通过公开的大数据,投资者可以收集有关发行人的相关历史信息,包括发行人个人的信用、违法、教育背景、从业经历、职业资格等信息,通过对这些信

---

❶ MIDORI YOSHIMURA. Brief:Big Data is China's New Tool Against Illegal Fundraising, https://www.crowdfundinsider.com/2015/06/70181-brief-big-data-is-chinas-new-tool-against-illegal-fundraising/.

❷ 杜家龙. 试论统计学的研究内容 [J]. 统计与信息论坛,2002(3):15.

息的分析可以对发行人的职业操守和职业素养有一个基本的判断，从而可以决定是否信任发行人并对其融资项目进行投资。同时，投资者通过大数据还可以对融资企业的经营历史、资金使用、营利状况、借贷情况、有无诉讼等各种信息进行整合，从而对企业的发展前景有一个基本的了解。而且，投资者可以利用大数据对同类项目的成功率、收益率、风险状况等情况进行横向对比，从而有利于投资者对该项目的价值和风险作出基本的评估。总之，大数据技术的充分运用可以为投资者的决策提供必要的信息，因而可以减少投资的风险和提高决策的有效性。

六、领投人

领投人制度是资本市场为解决一般投资者经验不足、知识缺乏的一种自治制度。目前绝大多数股权众筹网站都采取"领投+跟投"的模式。领投人不仅可以带来中小企业发展急需的资金、资源，帮助普通投资者进行投后管理，而且在纠正市场信息失灵方面也发挥着重要作用。

（一）背书作用

选择股权众筹投资者一般为普通的民众，投资的知识、经验严重不足，缺乏对融资企业、融资项目、融资人的基本认识，无法对投资的风险和收益进行准确评估，因而无法作出理智的投资决策。而领投人制度则是解决该问题的有效手段之一。领投人一般具有一定规模的资产、丰富的投资知识和经验。如《中国天使众筹领投人规则》中规定：领投人需在某个领域拥有丰富的经验，独立的判断，丰富的行业资源和影响力，很强的风险承担能力。领投人凭借自己掌握的知识、积累的经验、建立的调查途径对融资企业进行充分的调查，以确定投资的可行性。❶ 因此，领投人经过尽职调查挑选的企业一般具有较高的融资成功率和发展潜力。一般投资者虽然缺乏投资的知识、经验，不具备充分调查的能力，但是凭借对领投人

---

❶ 《中国天使投资人领投人规则》，http://b2b.toocle.com/detail——6133087.html，2016-03-29。

声誉的信任，可以通过"搭便车"的形式选择投资，从而解决因投融资信息不对称而造成的不公平。此种情况下，领投人的投资相当于对融资项目的"背书"，告知其他的投资者该融资项目的真实性和可行性。

（二）投后管理

对于投资者权益保护而言，股权众筹成功的关键不在于前期的融资阶段，而在于投后的管理。然而，由于信息不对称的存在使得股权众筹投资者很难对投资企业进行有效的管理，投资者的权益面临着随时被侵害的风险。然而，领投人属于专业的投资者，并且投入的资金远高于普通投资者，他们有知识、经验、时间和动力参与企业的日常管理。因此，领投人参与企业的管理可以在一定程度上预防信息失灵给普通投资者权益造成损害。领投人参与企业的管理过程中，通过与普通投资者充分的交流，可将普通投资者的意见、建议反映给企业的管理层，从而使普通投资者间接参与企业的管理。在企业的一些重大事项上，如合并、发行新股，领投人可以代表普通投资者与企业的管理层进行谈判，从而最大程度维护普通投资者的利益。领投人制度从一定程度上来说，是方便普通投资者"搭便车"的一种制度。

第四节　股权众筹信息失灵的法律规制

一、股权众筹市场信息失灵法律规制的必要性

（一）股权众筹市场自治纠正信息失灵之局限

1. 声誉机制的局限性

声誉是市场对经营者过往信息以及其他信息的一种自发评价，在信息不对称日益严重的资本市场上，声誉机制可以大大降低投资者的信息搜寻成本，降低因信息失灵可能遭受的风险。理论上，互联网以及社交网络的普及可以进一步发挥声誉机制的积极作用。因为借助先进的社交网络，信息的传播速度大大提高，传播途径也日益多样化。因而投资者可以依靠更

多的信息对发行人的声誉作出更准确的评价。但是，声誉机制作用的发挥是有条件的，这种条件可能限制了声誉机制在股权众筹市场中作用的发挥。

（1）熟人社会和重复博弈限制。

根据学者们的研究，声誉机制发挥作用的前提便是熟人社会和重复博弈。在熟人社会中，交易者声誉的提高，可以在熟人之间得到快速传播，从而增加自己交易的机会；反之就会被排挤，丧失交易机会，甚至被迫退出市场。这种熟人社会自发的奖励和惩罚机制使交易者无不对自己的声誉倍加珍惜。而且，声誉机制之所以能够发挥作用就在于长期合作的可能性，即"博弈"必须是"重复"的。❶ 在利益最大化的驱动下，交易者无不希望拥有固定的、长期的交易机会，这样可以大大降低交易成本和对方诚信履约的信息搜寻成本，从而达到利益最大化。一般情况下，特别是在熟人社会中，交易者一般不会选择违约而丧失重复交易的机会，这也是声誉机制能够发挥作用的基础。

但是在互联网时代，市场进一步向虚拟化方向发展。这种改变使市场的广度和宽度大大增加，几乎所有的人都可以通过网络进行自由交易。这种以互联网、社交媒体等新技术为依托的交易，可以大大增加交易双方的匹配速度，降低交易的成本。但是交易便利的代价便是交易双方面临着更大的风险，其中一个很重要的原因就在于声誉机制在互联网时代难以发挥有效作用。❷ 因为网络交易中的"陌生人社会""一次性交易"使得声誉机制发挥作用的基础不再存在，声誉对交易方的威慑作用大大降低。因为交易者一次性违约的成本很低，并且网络的匿名性很容易使交易方隐藏自己的身份，不会再像熟人社会那样面临"千夫所指"的窘况。

（2）股权众筹市场现实对声誉机制发挥作用的限制。

在网络时代，虽然声誉机制存在的基础"重复博弈"和"熟人社会"

---

❶ DARA CHEVLIN. Schemes and Scams: Auction Fraud and the Culpability of Host Auction Web Sites [J]. Loy. CONSUMER L. REv, 2005 (18): 223, 230.

❷ GARRY A. GABISON. The Incentive Problems with the All-or-Nothing Crowdfunding Model [J]. Hastings Bus. L. J, 2015-2016 (12): 511.

不再存在，但是并不意味着声誉机制在网络时代无法发挥其积极作用。重复博弈可能性和熟人社会的奖惩机制虽然使声誉机制在鼓励交易方诚实守信方面发挥了积极作用，但是声誉机制能够发挥作用的最根本的原因并不在于重复博弈和熟人社会本身，而在于其背后蕴含的信息。只要存在充分、有效的信息，声誉机制足以在"一次性交易"和"陌生人社会"中发挥在纠正信息失灵方面的积极作用。

根据学者们的研究，在互联网背景下声誉机制发挥作用需满足三个条件：存在充分、真实的信息；便捷的交流机制；一定规模的市场。❶ 充分、真实的信息是声誉形成的基础，充分的信息不仅是指信息数量方面的要求，还指信息质量方面的要求。同时存在积极和消极方面的信息，这样才可以对交易方作出全面的评价。同时信息必须是真实的，否则对交易方的评价便是不真实的。便捷的交流机制可以使有关交易方的积极信息和消极信息快速、低成本的传播，从而使交易方的声誉迅速在市场上得到反馈。一定规模的市场是指市场必须存在可替代性的交易者，这样才可以对交易方有足够的威慑作用。因为在互联网背景下，交易双方不再局限于熟人社会中，交易双方借助互联网技术突破了地域上的限制，甚至是处在不同的国家之间的双方进行交易。因此传统的救济手段如诉讼、仲裁等难以发挥对失信者的惩戒作用。互联网交易的"一次性"和"陌生人社会"也使得熟人社会自发的奖惩机制难以发挥，因此必须存在一定的惩罚机制才能对交易者有足够的威慑作用。存在一定数量的、可替代性的交易者可以使交易对方选择声誉良好的交易者，从而对心存侥幸的交易方产生一定的威慑作用。

但是考虑到股权众筹的发展现状，显然难以满足上述条件。

首先，股权众筹市场不存在形成发行人、平台声誉的充分信息，并且信息的真实性也无法保障。股权众筹发行人一般为成立时间不长的中小企业，有的国家甚至规定了企业的成立年限、经营收入等要件，例如，韩国

---

❶ CLAYTON P. GILLETTE. Reputation and Intermediaries in Electronic Commerce [J]. La. L. Rev, 2002（69）：1169.

规定利用股权众筹的企业经营年限不得超过 7 年，意大利规定企业持续经营不得超过 4 年且经营收入不得超过 500 万欧元。利用企业在短时间并且不甚规范的经营管理中形成的信息可能无法对其声誉进行全面的评价。❶股权众筹平台作为信息中介机构，更加注重自己的声誉。投资者也一般会选择声誉良好的平台以降低风险。但是各股权众筹平台同样成立的时间不长，在项目成功率、投资者收益率等方面还缺乏权威的数据，因此对于股权众筹平台的评价同样缺乏充分的信息。此外，发行人和平台在利益的驱动下，往往基于保护商业秘密和隐私的需要，对于一些对自己不利的信息如风险信息、借贷信息等不予以披露，使得投资者掌握的信息是不全面的，无法对发行人进行客观的评价。同时，发行人为了筹资的成功，除了隐藏一些对自己不利的信息之外，还有可能虚构或者夸大对自己有利的信息，从而造成一种"前途光明"的假象，吸引投资者的关注和支持。平台虽然具有审核发行人信息的义务，但是对于信息的真实性不承担责任，因此有关发行人及其项目信息的真实性无法保证。

其次，股权众筹平台虽然建立了投资者与融资者之间、投资者之间的交流机制，但是该交流机制往往成为发行人进行广告宣传的一种重要渠道，甚至有的发行人或者发行人关系人伪装成普通的投资者为发行人及其融资项目进行虚假宣传。而且，投资者之间交流机制功能的发挥依赖于投资者参与的积极程度，投资者参与程度较低，也无法促进信息在投资者之间的传播。并且，股权众筹交流机制与其他电子商务的交流机制不同。电子商务中的交流机制注重的是客户的体验，即客户体验过后的真实感受，往往传递的信息是真实的。而对于股权众筹来讲，由于历史信息的缺乏，投资者交流的更多是一种对现状的分析和将来的预测，存在一定的主观性，使得发行人及其企业的声誉无法在交流中形成。

---

❶ 股权众筹发行人一般为成立时间不长的初创企业，它们的经营历史并不长，因此产生的公共信息是极为有限的，这就会导致调查成本的提高。C. STEVEN BRADFORD. Shooting the Messenger: the Liability of Crowdfunding Intermediaries for the Fraud of Others [J]. U. Cin. L. Rev, 2014-2015, (83): 380.

再次，股权众筹市场还远未形成规模，无法发挥市场优胜劣汰惩戒机制的作用。从世界范围来看，众筹市场已经形成了一定的规模，发展速度更是惊人，许多国际组织对于众筹的发展前景持乐观态度，认为众筹市场将是未来资本市场重要的组成部分。但是，股权众筹并未对此贡献太大的力量。与预购众筹和借贷众筹相比，股权众筹的发展速度远远低于众筹发展的平均值，市场规模尚未形成。并且，股权众筹发展前景与其他类型的众筹相比也不甚明朗，原先人们憧憬的股权众筹的急速发展并未随着各国监管规则的制定而出现，反而发展速度和规模陷入停滞，已经有学者主张废除股权众筹这种融资方式。较小的市场规模和"一次性"交易可能性的增加使得市场的优胜劣汰机制对发行人的威慑作用大大降低，发行人"机会主义"的倾向有所提高。

最后，网络时代声誉机制发挥作用除了要求上述条件之外，对于信息的接受者也有一定的要求。信息的接受者必须要有信息收集的动力，包括与潜在的对方交流以获得所需的信息。信息接受者的这种动力可以弥补市场有效信息的不足，有助于对潜在的交易对方做出客观、全面的评价。此外，信息的接受者必须有能力理解接收到的信息，即无论是对于消极的信息还是积极的信息都能作出准确的评估。但是在股权众筹语境下，这种要求显然过高。股权众筹投资者不仅主动搜寻信息的动力不足，而且理解信息的能力也是有限的。股权众筹发行人大多为成立不久的中小企业，在股权众筹实施豁免的情况下，用于评估发行人声誉的信息肯定是不足的，这就需要投资者利用各种手段去搜寻有关发行人的各种信息，以对发行人的声誉有一个基本的了解。但是信息的搜寻是有成本的，特别是在互联网时代的"信息过量"可能会给投资者带来额外负担。在投资额度受到普遍限制的情况下，投资者基于成本收益的考量很难有动力去收集信息，而是往往通过"搭便车"的方式分享其他投资者的信息。另外，股权众筹的投资者一般为普通投资者，他们的知识、经验等很难保证他们能够对接收到的信息进行准确的评估。特别是在信息传播极为迅速的网络时代，投资者能力的不足使其很容易受到虚假信息和负面信息的影响，从而对发行人的声誉作出非客观的评价。

2. 群体智慧的局限

许多股权众筹支持者都认为，群体智慧可以解决市场信息失灵问题，并有助于投资者作出理智的投资决策。但是也有学者认为群体智慧无法在股权众筹中发挥作用，因为个体理性导致群体非理性的例子比比皆是。并且群体智慧作用的发挥是有条件的，如果不具备该条件，那么群体产生的不是智慧，而是"疯狂"。

（1）群体疯狂（the madness of the crowd）。

查尔斯·麦基（Charles Mackay）是第一个提出群体疯狂的学者，他在《大癫狂：群体性狂热与泡沫经济》一书中从一系列历史事件审视群体疯狂的问题。根据他的描述，群体可能从整体上被误导或者作出的行为不符合逻辑，从而呈现集体的"疯狂"状态。公众群体同个人一样，具有独特的妄想和怪癖，当他们不去理性思考他们的所作所为时，便会陷入狂喜和鲁莽的状态。公众群体会突然对某个事件感兴趣并陷入一种近乎"癫狂"的状态，直到他们的注意力被另一件荒唐的事所吸引。❶ 这种观点虽然受到后来学者的批判，但是关于群体心理和行为的一些基本论断却得到越来越多学者的支持，越来越多的实证证据表明，群体可能会按照大多数人或者权威成员的行为作出行动，而不是基于"成本收益"理性的分析。

"群体疯狂"体现的是"群体的无知"（ignorance of the crowd），这种无知不是说群体中的个体都是"无知"的，而是个体在"信息阶流"（information cascades）的影响下导致的个体之间的"羊群效应"（herding act）。根据"信息阶联"理论，当群体中的个体达到一定数量时，个体便会停止思考，而且会依赖他人的行为作出自己的决策。因为个体是理性的，当存在若干成员时，他们往往不会耗费过多的时间和精力去对市场作出评估，而是认为他人已经对此作了审慎的调查，所以采取与别人一致的行为可能是最优的选择。信息阶联实际上是信息失灵的一种表现形式，这在证券市场上表现得最为明显。很多证券投资者作出买卖证券的决定并不

---

❶ JOAN MACLEOD HEMINWAY. Investor and Market Protection in the Crowdfunding Era: Disclosure to and for the Crowd [J]. Vt. L. Rev, 2014（38）：836-839.

是基于对证券的价值分析,而仅仅是根据证券价格的变动。根据有效市场假说,证券价格的变动反映了市场上所有可得的信息。而"信息阶流"理论则表明证券的市场价值可能并未反应所有信息,当个体不再依赖自己的判断作出决策时,有关证券的所有信息便不能发挥应有的作用。

"群体疯狂"表明个体理性并非必然导致群体理性,历次金融危机和经济泡沫事件都表明在很多情况下"群体智慧"并未发挥作用,究其原因就在于"群体智慧"的产生是有条件的。

(2) 群体智慧发挥作用的条件。

根据 Surowiecki 的研究,群体智慧的产生需要具备三个条件,分别是:多样性 (diveisity)、独立性 (independence)、分权化 (decentralization)。❶

①多样性。群体中个体的多样性有助于群体智慧的产生,因为多样性的个体在对事件的认识上会产生认知上的差别,这种差别是不同意义的差别 (meaningful difference) 而不是微小的差别。不同的个体之间正是因为这种差别才会对某个问题产生不同的观点,从而使群体解决问题的方法多样化。群体可以对比不同个体提出的观点,从而决定最优的解决方案。如果群体中的个体类型都是单一的,那么他们对问题的看法差别不会很大,群体也就无法集思广益,有可能导致群体在行动上的非理性。❷

②独立性。独立性意味着个体之间互不影响,无论是专家还是普通个体在观点产生和作出决策的过程中都是独立的。个体对其他个体关注得越少,群体作出的决策越理智。反之个体之间相互之间影响越深、接触越紧密,群体的决策越不明智。个体的独立性可以防止共同的判断失误,避免"羊群效应"导致的群体决策失误。另外,个体的独立性可以保证群体得到最新、最广泛的信息,因为个体之间占有的信息都是独立的,汇集到群体中的信息量应该大于每一个个体所占有的信息。有证据显示,作出最优

---

❶ [美] 詹姆斯. 索罗维基. 群体的智慧: 如何做出最聪明的决策 [M]. 王宝泉,译. 中信出版社,2010:24-25.
❷ [美] 詹姆斯. 索罗维基. 群体的智慧: 如何做出最聪明的决策 [M]. 王宝泉,译. 中信出版社,2010:34-36.

决策的群体往往是由彼此独立的个体组成的。❶

③分权化。分权化是指决策并非是由集权化的中心机构作出，而是由位于不同地区的个体根据自己的专业知识作出。分权化对于"隐性知识"而言是非常重要的，因为"隐性知识"是在特殊地点、特殊工作或者特殊经验中产生的，具有难以概括或者传授的特点，隐性知识对于观点多样性的形成具有非常重要的价值。分权化可以促进个体观点的多样性和保证个体的独立性，如果将多个自利、独立的个体组成一个群体，并且用分权化的方式提出解决同一问题的方法，那么群体最终确定的方案一般要优于单个个体的方案。❷

（3）群体智慧在股权众筹市场的局限。

很多学者认为，对于股权众筹无须进行过多的监管，因为群体智慧可以有效预防欺诈并帮助投资者作出理智的投资决策。他们认为股权众筹至今为止之所以欺诈事故较少，原因就在于群体智慧的发挥有效预防了欺诈的产生。❸ 但是，根据前面群体智慧理论的分析，群体智慧的产生是有条件的，如果不具备上述条件，群体之间产生的不是智慧，而是"疯狂"和"无知"。

根据股权众筹市场的实际情况，笔者认为群体智慧在股权众筹中的发挥受到了极大的限制，理由如下。

首先，群体智慧的产生依赖于投资者个体之间对不同信息的掌握，通过投资者个体对各自掌握的信息的分析产生对发行人及其证券的不同看法，然后通过交流产生群体智慧，从而最大限度地预防欺诈和作出最理智的投资决定。但是在股权众筹市场上，各国股权众筹监管规则均赋予股权众筹发行的注册豁免资格，发行人无须进行详细的信息披露，只需要提交

---

❶ [美] 詹姆斯.索罗维基.群体的智慧：如何做出最聪明的决策 [M].王宝泉，译.中信出版社，2010：48-50.

❷ [美] 詹姆斯.索罗维基.群体的智慧：如何做出最聪明的决策 [M].王宝泉，译.中信出版社，2010：80-83.

❸ ANDREW A. SCHWARTZ. The Digital Shareholder [J]. 100 MINN. L. REV, 609, 661（2015）.

简化的信息披露文件就满足法律要求的发行要件,因此造成股权众筹市场有效信息的不足❶,投资者无法根据有限的信息对发行人及其证券作出准确的评估,也就无法形成多样化的意见和观点,造成群体无法评估项目的质量。

其次,股权众筹平台建立的交流机制虽然可以使投资者之间进行信息的交流和意见交换,对于克服股权众筹市场信息不对称具有一定的作用。但是,该交流机制可能对于群体智慧的产生并没有太大的作用。因为股权众筹投资者大多为普通投资者,他们能够投入的资金非常有限,这就意味着即使发行人融资成功,他们在企业中所占的份额也非常小。如此小的投资金额不足以使投资者主动去搜寻有关发行人及其证券的信息,投资者也没有动力去对发行人作足够的调查。❷ 在此情况之下,投资者很容易受到早期投资者或者专家投资者的影响,他们认为早期的投资者可能已经对发行人进行了审慎的调查,因此他们作出的投资决策是明智的。即便投资者没有对发行人进行尽职调查,或者说即便投资者作了调查并认为是一个糟糕的投资决定,那么他们也有可能因为其他投资者的决定而对自己得出的结论加以否定。❸ 这种早期投资者或者专家投资者的影响使普通投资者丧失了独立性,引发了投资者之间的"羊群效应",使群体智慧发挥作用的独立性要件不复存在。

最后,即便是传统证券市场,群体智慧能否发挥作用也是有疑问的。虽然在传统证券市场上投资者个体多种多样,但是多样化的投资者个体可能无法产生多样化的投资决策,因为投资者买卖证券的依据并非掌握的信

---

❶ JENS ULRIK HANSEN. A Logic Approach to Pluralistic Ignorance[EB/OL]. (PhD student paper, Roskilde University, Denmark) http://phdsinlogic2011.appspot.com/abstracts/jens-ulrik-hansen.pdf, 2016-05-28.

❷ HEALBE HUSTLE. The Full Story of How a Failed Russian Cake Shop Owner Humiliated Indiegogo and Took "the Crowd for over $1m [EB/OL]. https://pando.com/2014/04/12/healbe-hustle-the-full-story-of-how-a-failed-russian-cake-shop-owner-humiliated-indiegogo-and-took-the-crowd-for-over-1m/, 2015-11-09.

❸ DANIEL ISENBERG. The Road to Crowdfunding Hell[EB/OL]. HARV. Bus. REv. https://hbr.org/2012/04/the-road-to-crowdfunding-hell, 2015-08-03.

息，而是证券的价格。❶ 投资者之间的"羊群效应"又削弱了投资者个体的独立性，投资者特别是普通投资者极易受到其他投资者的影响。有时候投资者买卖证券的决定不是建立在自己评估的基础上的，而是建立在其他人行为的基础之上。❷ 根据以上分析，将群体智慧应用到投资领域是不适合的。特别是对于股权众筹来说，运用群体智慧作为投资者自我保护的一种手段更不合适，因为在一个投资群体中，成员并不是很多。而且，个体虽然可能对发行人及其证券有不同的意见，但是基于个体能力的局限，这种意见的不同可能不是"不同意义的"，无法满足群体智慧产生的多样性要件。再者，根据股权众筹实践，股权众筹平台一般实行"或有或无"（all or nothing）的模式，发行人必须筹集到目标筹资额才算筹资成功，否则就不得不将投资认购的投资返还给投资人，这种筹资模式更易使投资者之间产生"羊群效应"。❸

综上，群体智慧产生的条件在股权众筹市场并不具备，也就意味着群体智慧在股权众筹领域无法充分发挥投资者自我保护的作用。

3. 行业协会的局限

股权众筹协会作为各股权众筹平台、发行人、投资者之间的市场自治组织，在纠正信息失灵方面确实可以起到一定的作用。但是，各股权众筹协会在其章程、行为准则中制定的投资者保护措施能否在实践中充分发挥其效果是有疑问的。考虑到股权众筹的发展现状，股权众筹协会纠正信息失灵的实践效果被大大限制了。

（1）功能受限。

股权众筹协会作为股权众筹参加者的自治组织，其信息来源主要有两

---

❶ DARIAN M. IBRAHIM. Crowdfunding Without the crowd [J]. North Carolina Law Review, 2017 (95): 1493.

❷ KEN EISOLD. Investors Following the Crowd [EB/OL]. PSYCHOLOGY TODAY, https://www.psychologytoday.com/blog/hidden-motives/201412/investors-following-the-crowd, 2015-09-16.

❸ DARIAN M. IBRAHIM. Crowdfunding Without the crowd [J]. North Carolina Law Review, 2017 (95): 1494.

个：一个是成员主动提供的信息；另一个是协会通过调研、研究等形式得到的信息。但是，考虑到股权众筹的发展现状，行业协会的信息中介功能被大大限制了。首先，股权众筹发行人多为中小企业甚至是初创企业，其自身能够提供的信息无论是在数量上还是在质量上都是有限的。虽然各股权众筹协会规定了成员应当遵守的行为准则，但是能够达到效果的只是一些"刚性标准"，如技术标准、投资者交流工具等。但是对于一些"柔性标准"，比如信息披露、投资者教育、预防欺诈等，各成员仅仅是承诺遵照实施，但是在实际经营过程中由于受到种种限制，实施的效果还有待检验。并且股权众筹平台成立的时间本身就不长，项目的成功率、投资者收益率、风险模式等还缺乏权威的认定，加之股权众筹协会自身成立的时间也不长，缺乏在统筹股权众筹行业发展和投资者保护方面的权威性，社会对股权众筹协会的认可度还不是很高。

（2）功能异化。

股权众筹协会无法充分发挥信息中介机构功能的另一个原因主要在于其自身属性。股权众筹协会属于市场自治组织，虽然各众筹协会宣称满足条件的投资者也可以加入协会，但是协会的主要参加者是股权众筹平台。众筹协会的日常运营和管理也是由各股权众筹平台选举的机构负责实施，因此维护成员特别是股权众筹平台的利益是众筹协会最重要的职能。股权众筹协会有可能成为各成员维护自身利益的工具，还有可能会隐藏一些对成员发展不利的信息，如项目失败率或者投资者收益率等，夸大行业发展前景，从而吸引投资者的投资。

此外，股权众筹协会作为各参加平台之间的自治组织，很有可能"抱团取利"，垄断市场，对于协会外的一些平台进行打压，危害市场公正和投资者的利益。2015年5月，英国众筹协会对Brewdog通过自筹模式进行股权众筹的行为进行了委婉的批评，认为股权众筹应当通过股权众筹协会中的股权众筹平台进行。因为加入股权众筹协会的股权众筹平台得到了FCA的授权和监管，能够积极遵守FCA制定的监管规则、保证投资的公平、清楚和透明度。并且平台能够按照FCA的要求保证投资者投资的适格性和进行必要的风险预警。因此，通过众筹协会中的股权众筹平台进行筹资活动，可以达到融资便利和投资者保护的平衡。❶ 但是有人却认为股权众筹协会的做法无非是为了维护自己的利益，因为众筹协会不仅对 Brewdog 进行了委婉的批评，而且还寻求 FCA 的支持以对未通过其股权众筹平台进行筹资的行为设置障碍，这与该协会宣扬的"支持和促进股权众筹发展"的理念不一致。❷

4. 信用评级的局限

尽管许多政府主管人员、学者、实务界人士都呼吁建立健全针对股权众筹的信用评级机制，但是由于股权众筹还处于行业发展初期，信息不充分、不真实等原因，将信用评级应用到股权众筹还存在一定的局限。而且，2008 年金融危机爆发以来，信用评级机构自身也暴露出很多缺陷，人们对于信用评级能否有效纠正参与主体之间的信息不对称、起到资本市场"看门人"的作用产生怀疑。

（1）第三方信息评级存在的缺陷。

2008 年的金融危机将许多信用评级机构置于风口浪尖之上，特别是处于垄断地位的三大评级机构标准普尔、穆迪、惠誉更是人们口诛笔伐的对象。其中人们诟病最多的便是第三方评级机构发行付费模式下的利益冲突问题。诚然，信用评级机构实行发行付费模式是适应市场发展的实际，但是由此导致的利益冲突问题并没有得到很好的解决。当信用评级机构的收入主要来源于发行人时，其第三方独立地位是否能够保持是有疑问的。更有甚者，高风险企业有可能与信用评级机构或者信用评级专家勾结，诱使其给予自己较高的信用评级，从而吸引更多的投资者进行投资。❸ 股权众筹领域，发行人多为风险较高且急需资金的中小企业，如果对股权众筹的评级实施发行人付费

---

❶ Brewdog: comment from UK Crowdfunding Association ［EB/OL］.https://www.ukcfa.org.uk/2015/05/08/brewdog-comment-from-uk-crowdfunding-association/，2016-08-24.

❷ TIM WRIGHT. Has the UK Crowdfunding Association finally lost the plot? ［EB/OL］. http：//www.linkedin.com/pulse/has-uk-crowdfunding-association-finally-lost-plot-tim-wright，2016-08-17.

❸ 刘迎霜."发行方付费"模式下的信用评级法律迷局解析［J］.法律科学，2011（6）：137.

模式的话，其与评级机构之间产生的利益冲突会更加严重。

（2）股权众筹信用评级存在的局限。

股权众筹还处在发展的初级阶段，人们对于股权众筹的认识还不够全面，因此利用信用评级对股权众筹发行人、融资项目以及股权众筹平台的评级还存在一定的局限，造成信用评级无法充分发挥在纠正股权众筹市场信息失灵方面的作用。具体说来，这种局限性主要体现在以下几个方面。

第一，对股权众筹的信用评级不够全面。目前，评级机构对于众筹的信用评级主要集中在 P2P 领域。在股权众筹评级方面，评级机构目前主要致力于股权众筹平台的评级，对发行人及其融资项目的评级还未引起评级机构的重视。对于投资者保护而言，平台的资信评级固然重要，因为平台不仅是发行人与投资者之间的信息中介机构，同时也承担着投资者保护的重任。对于信用评级较高的平台，其在项目审查、信息提供、项目成功率等方面具有较大的优势，投资者选择资信评级较高的平台面临的风险相对较小。但是，也应该认识到，股权众筹投资者遇到的风险与发行人及其项目有较大的关联，因此对于发行人及其融资项目的评级也不能忽视。

第二，目前对于股权众筹的评级影响较小、权威性不足。随着众筹的发展，出现了依托互联网和大数据技术的一些网上信息平台，这些平台依靠自身优势逐渐开展对众筹平台的资信评级。但是由于这些平台成立的时间较短，声誉资本无法与传统信用评级机构相提并论，因此作出的信用评级可能无法引起投资者和监管机构的重视。最典型的例子便是 E 租宝事件。早在 E 租宝事件爆发之前，网上搜索平台融 360 便指出 E 租宝存在三大嫌疑：无托管有资金池嫌疑、扑朔迷离的自融嫌疑、虚假标的内控不严。并且将 E 租宝的资信评级降为 C-。但是该评级并未引起投资者的重视，依然有大量的投资者将资金投入 E 租宝平台。如果监管当局和投资者能够重视该份评级报告，虽说不能避免 E 租宝事件的发生，起码可以大大降低投资者的损失。

第三，股权众筹市场信息不够充分。评级的准确性依赖于充分有效的信息，否则无论多么先进的模型和经验丰富的专家也只能"巧妇难为无米之炊"。对于股权众筹而言，信息不充分成为信用评级机构对其评级的最大障碍。这种信息不充分除了来自发行人自身的原因之外，还与信息共享机制的缺乏有关。随着股权众筹平台数量和业务的增多，积累的信息也越来越多，这对于股权众筹的信用评级来说非常重要。但是，各平台之间还缺乏有效的信息共享机制，有的平台将自身产生的一些信息视为商业秘密，并采取一定的措施加以保护，造成一个个股权众筹平台的"信息孤岛"，给股权众筹的信用评级带来很大阻碍。

5. 大数据技术的局限

大数据的运用给经济、社会的发展注入了新的活力。大数据技术将互联网、社交网络等产生的海量信息进行收集、整理、分析，从而将各种各样的数据转变成具有多重价值的信息，降低了社会中的信息不对称状况，为各主体的决策提供了有力支撑。但是，大数据的运用还处于初步阶段，在医疗、电子商务、政府管理等方面应用得比较成熟，在其他领域的应用还面临着诸多问题。具体到股权众筹领域，大数据的运用还存在诸多局限。

（1）数据不存在或不足。

股权众筹的发行人绝大多数为中小企业，并且有相当一部分属于初创企业。它们的经营管理信息、财务信息、审计信息等要么还未生成，要么还不是很完善。并且鉴于它们经营历史不是很长、业务范围还未完全拓展等原因，它们在互联网、社交媒体等公共平台并未留下过多的信息。同时，由于互联网的匿名性，很多人在使用互联网、社交媒体等公共网络时，可能并非登记自己的真实姓名，甚至在不同的社交平台上使用多种名称。这就给大数据的运用带来诸多障碍。因为大数据的有效运用需要海量数据作为支撑，数据不存在或者不足，很难对发行人及其融资项目、企业的真实性、价值和风险进行准确的评估。虽然平台要求企业在筹资之前需提交相关的信息披露文件，但是企业可能为了筹资的成功，隐瞒对自己不利的信息，从而使披露的信息无法反映发行人和筹资企业的全貌，给大数据的运用带来困难。

（2）数据不真实。

真实性是大数据的基本特征之一，构成了大数据价值的基础。但是，在股权众筹语境下，有些数据并不见得是真实的。在当前的背景下，使用股权众筹的企业一般为无法从风险基金、天使投资人处获得资助的中小企业，也就是说专业的投资者对这些企业并不看好。其中一个很重要的原因便是企业的经营、财务、盈利等信息不存在或者不完善，因而无法对其作出准确的评估。"趋利避害"是理性人的必然选择。股权众筹发行人为了筹资成功，可能会故意捏造或者夸大一些对投资者有较大吸引力的信息，如企业的盈利信息、利润分配信息等，以争取投资者的投资。同时，许多众筹平台为了吸引发行人和投资者的目光，也可能散布一些并不准确的信息，比如项目的成功率、投资者收益率等。如果将这些并不真实的数据用于大数据分析，那么结果必然是不准确的。如果投资者采纳这种大数据分析的结果，无疑会面临较大的风险。

（3）数据无法获得。

虽然在互联网时代海量信息存在各个平台，但是这些大都是人们"无意"中留下的，一旦人们意识到某些数据的独特价值，就可能会采取措施防止此类数据的公开或者泄露。立法上也会采取措施，保护这类数据占有者的利益。在大数据时代，人们经常借助法律上的正当理由防止某类数据的公开。最典型的正当理由便是商业秘密和隐私权的保护。❶ 当前，股权众筹的融资主体一般为刚刚成立不久的高科技企业，如软件开发、生物医药等，这些企业虽然规模还不是很大，有的可能还未产生利润，但是这些企业发展的优势在于掌握了某项专利或者技术，有可能在不久的将来依靠这些"优势"将企业发展壮大。因此，企业往往对这些数据采取保密处置，即便平台要求其提供相关数据，企业也往往以保护商业秘密的需要为借口对这些数据不予公开。而这些数据对于评估发行人证券的价值、形成证券价格往往起着关键作用。发行人管理人员的历史信息往往能够评估其是否具有职业操守、能否尽职尽责，管理人员的这些素质对于企业的发展、融资项目的成功起着重要作用。但是在实践中，管理人员往往借口隐

---

❶ 在数据的获取方面，法律上的障碍越来越大，因为这种障碍往往具有冠冕堂皇的理由，如隐私权保护、防止歧视等。See DANIEL L. RUBINFELD；MICHAL S. GAL. Access Barriers to Big Data [J]. Ariz. L. Rev, 2017（59）：359.

私权的保护将一些对自己不利的数据如健康状况、诉讼历史等不予公开，以免造成融资的失败。

另外，存在于公共平台上的数据具有非竞争性的特征，因为这些数据可以被任何进入平台的人所获取，获取的成本也很低，因而这些数据具有低价值的特征。但是对于某些非公开的平台来讲，数据的产生往往具有独特性，对于这些数据的占有者而言，在市场上具有竞争性优势，可以为自己带来垄断利益，因此这些机构或者个人往往不愿意公布自己所掌握的数据。当前股权众筹处于起步阶段，行业布局处于发展之中，各个平台之间的竞争非常激烈，每个平台都希望在未来的市场中占有一席之地。因此股权众筹平台更不愿与其他平台分享自己所掌握的数据，从而造成各个平台之间形成各自独立的"数据孤岛"，加剧了市场的信息不对称状况，这对于投资者保护而言是极为不利的。

6. 领投人制度的局限

在股权众筹市场上，投资者面临着较大的投资风险。领投人制度是股权众筹平台为了弥补普通投资者在投资知识、经验方面的缺乏而引入的一种专家投资者制度，希望借助专家投资者的能力为普通投资者在项目选择、投后管理方面提供必要的帮助，以增强投资者投资的信心。领投人制度是股权众筹平台为解决市场信息失灵问题的一大制度创新，对于投资者保护而言具有重要意义。但是，领投人制度作为市场自治的一种手段，目前还存在着利益冲突、权威性不足、制度不规范等缺点，造成领投人制度在纠正股权众筹市场信息失灵方面存在一定的局限。

首先，领投人的利益冲突问题。领投人制度虽然可以充分利用领投人在投资领域的专业知识、经验、价值评估等方面的优势，弥补普通投资者在信息收集、评估方面的不足。但是领投人制度与其他中介机构一样存在利益冲突的问题。在股权众筹过程中，企业融资的成功，很大程度上取决于领投人的声誉。一个声誉卓著的领投人可以带动更多的普通投资者投资。并且在一定程度上，领投人的利益与筹资的成功也存在一定的关系。因此在此种情况下，发行人与领投人很容易发生利益关联。发行人可能会采取一定的利益输送措施诱使领投人投资，领投人也可能在利益的诱惑下参与投资，从而置普通投资者的利益于不顾。

其次，权威性不足问题。领投人虽然在各自的投资领域拥有丰富的投资知识和经验等方面的优势，但是对于一些不熟悉的领域，这些优势便不复存在。比如对于一个游戏开发项目的发展前景，资深的游戏玩家可能比专业的投资者具有更丰富的价值和风险评估经验。在领投人并不熟悉的领域，领投人的优势无从发挥，也无法达到投资者保护的目的。此外，在"领投+跟投"的模式下，跟投人很容易盲目相信领投人的专业眼光，从而丧失主动调查的动力和独立的判断能力，其权益也容易受到领投人的损害。

最后，领投人制度不规范。虽然大多数股权众筹平台在众筹实务中都施行领投人制度，但是各国众筹监管规则中并未对股权众筹领投人的资格要件、参与程序、权利保障、利益冲突等进行规范。上述内容主要由平台自行规定，从而造成各股权众筹平台之间领投人规范的不一致，有的内容甚至差别很大。例如，我国著名的股权众筹平台天使汇和众投帮关于领投人的规定就有很大的差别。根据天使汇领投人规则，领投人必须符合天使汇合格投资者的条件；必须是在天使汇上活跃的投资人，半年内投资过项目，最近一个月约谈过项目；领投人领投的项目不得超过5个，并且必须有一个项目成功退出。满足上述条件才能作为天使汇的领投人，享受领投人规则规定的特权。❶ 而根据众投帮的领投人规则，领投人必须是符合我国法律法规相关规定的专业机构投资者或者投资经验丰富的专业个人投资者；熟悉股权投资领域，有两个以上成功的股权投资案例和投资经验；在企业遇到重大事项时可以随时沟通和提供一定帮助，可以要求公司董事席位，并能够在董事会上做出有利于企业的决策，能帮助企业协调其他的投资者；能够专业地协助项目方完善商业计划书、尽职调查、投资协议编制，协助项目路演、召集跟投方以及投后管理。❷ 天使汇和众投帮的领投人规则相比，众投帮的领投人资格要件较为宽松，更像是帮助发行人筹资

---

❶ 《天使汇领投人规则》，http：//angelcrunch.com/help/leadinvest，2016-05-26。

❷ 《众投邦领头要求》，https：//www.zhongtou8.cn/main/help/index/id/13，2016-05-26。

的中介者。领投人制度不规范对于投资者而言是不利的。从投资者的角度来看，领投人资格要件越高，就越有利于投资者权益的保护。但是，在股权众筹领域领投人属于一种稀缺的资源，而平台、发行人与领投人之间存在着一定的利益关联。只有融资成功，发行人、平台、领投人三方才能够获得利益。虽然从理论上来讲领投人与投资者是利益共同体，但是在实际上领投人与平台、发行人才是利益共同体。因此，平台为了融资成功的目的，可能会制定较低的领投人准入规则和倾向于发行人的行为准则，使投资者的权益仍然无法得到有效保护。

（二）股权众筹市场信息失灵法律规制的优势

市场在资源配置方面存在固有的缺陷，单靠市场的力量难以对信息失灵进行有效纠正，或者纠正过程较为漫长，容易给市场带来较大破坏。在现阶段，股权众筹市场"羽翼未丰"，还处于不断的发展变动之中，在此情况下，市场自治手段发挥作用的条件显然难以完全具备，从而使得市场配置资源的缺陷被放大。因此，需要法律这只"看得见的手"对其加以纠正，法律制度无疑是最优的选择。❶ 世界银行也在其《发展中国家股权众筹发展潜力》报告中认为，股权众筹能否发挥促进中小企业融资的作用，关键在于是否存在有效的机制将资金分配给急需资金支持的中小企业，而适当的政策和监管规则在应对建立上述机制面临的经济、社会、技术和文化的挑战方面发挥着不可替代的作用，因为政策和监管规则可以移除很多

---

❶ 应飞虎认为，利用制度可以有效克服市场纠正信息失灵之不足，这种制度包括法律、行政、第三方等建立的各种制度。应飞虎. 信息失灵的制度克服论纲 [J]. 深圳大学学报（哲学社会科学版），2007（4）. 曾国安、李秋波认为，除了市场和政府以外，还存在第三方力量——行业协会或者其他民间组织，第三方力量在解决信息失灵方面发挥着积极作用，但是由于其不具有强制力，因此作用是有限的。因此解决市场纠正信息失灵的不足，需要靠政府的力量。曾国安，李秋波. 论解决信息不对称问题中的市场和政府 [J]. 当代经济研究，1995（9）. 笔者认为，法治社会政府需依法行政，政府解决市场纠正信息失灵方面的弊端，应有法律授权并依法行政，归根结底，解决市场纠正信息失灵方面的不足，需要法律制定各种制度纠正权利义务失衡的现状。

股权众筹发展面临的障碍。❶

通过法律规制市场信息失灵具有诸多优势。法律具有确定力，可以将交易双方的权利义务固定下来，防止信息优势方"机会主义"倾向，督促信息优势方必须按照法律规定的最低条件提供有效的、真实的信息，同时为信息劣势方寻求法律救济提供依据。同时，法律具有强制力，通过创设各种制度可以强力纠正交易双方权利义务不对等的现状，一旦信息优势方违反法律的规定，没有向信息劣势方提供信息或者没有提供真实的信息，将受到法律的相应制裁。

然而，如前文所述，许多国家已经制定了规范股权众筹发展的法律法规，其中也创设了规制股权众筹市场信息失灵的若干法律制度，但是却未对股权众筹的发展产生太多积极影响，反而给投资者保护带来诸多争议，使得人们对股权众筹法制化是否会对股权众筹的发展、投资者保护具有积极意义产生怀疑。但是，笔者认为，虽然市场在资源配置中起着基础性作用，但是市场也存在固有的缺陷，因此需要法律这只"看得见得手"对市场在配置资源方面的不足进行干预。同样，对于股权众筹市场的信息失灵问题需要法律进行规制，以弥补市场在纠正信息失灵方面的不足，同时也为市场自治手段发挥作用提供相应的条件。当前各国的股权众筹法律之所以没有发挥促进融资便利、投资者保护的目标，究其原因就在于各国监管者均未对股权众筹市场的实际情况进行详细的研究，而仅仅是将传统证券法中的投资者保护措施适当简化，使得这些制度与股权众筹市场的实际并不完全契合，从而造成股权众筹市场并未如人们设想的那样，因被纳入法治化轨道而迅速发展。因此，应当探寻适合股权众筹市场实际的信息失灵规制措施。

二、股权众筹市场信息失灵法律规制的方式

股权众筹市场信息失灵的原因同传统证券市场是一样的，即由信息不

---

❶ Crowdfunding's Potential for the Developing World [R]. Washington: the World Bank, 2013: 12.

充分、信息不对称和信息不准确造成的，并且在股权众筹语境下，信息失灵的状况比传统市场还要严重。因为传统市场毕竟存在着相对完善的纠正信息失灵的市场自治方法，而股权众筹市场发行人的初创性、投资者的普通性、互联网的"去中介性"等特征使得股权众筹市场的信息失灵状况极为严重。因此，规制股权众筹市场的信息失灵状况需要改变股权众筹市场信息不充分、不对称和不准确的状况。针对上述导致股权众筹市场信息失灵的原因，解决的方式便是增加市场有效信息的供给量，并且针对股权众筹投资者大都为普通投资者的事实，引入第三方中介机构和专家投资者以减少股权众筹投资者对于信息的依赖。

首先，根据传统证券法的经验，增加市场有效信息的供给主要有两种方法，一是强化信息优势方的信息披露义务，强制其向信息劣势方提供某些重要信息；二是鼓励第三方主体特别是中介机构向信息劣势方提供信息，以弥补其主动搜寻信息的能力、动力不足的缺陷。综观当前各国制定的股权众筹法律法规，对于有效信息的供给主要制定了发行人的强制性信息披露制度，规定发行人在进入平台融资之前，必须将与发行人自身以及证券发行相关信息向平台和投资者进行披露，以为投资者的理智决策提供参考。然而，信息的来源渠道如果仅仅限于发行人在披露文件中的表述，那么投资者得到的信息往往是有偏见的、不完整的和范围有限的❶，因此应当鼓励第三方积极主动地向投资者提供额外的其他信息。在此方面，许多国家的股权众筹立法中还规定了股权众筹平台的信息披露义务，希望通过股权众筹信息平台的信息披露，增加市场有效信息的供给。其次，在减少信息的依赖方面，各国的股权众筹立法都寄希望于股权众筹平台，希望股权众筹平台能够履行审慎的审核义务，从而将虚假项目、风险较高的项目筛选出去，使真正有价值的项目进入股权众筹市场。同时，各国法律还规定了股权众筹平台的投资者教育义务，希望通过对投资者的教育，增强

---

❶ PEKMEZOVIC, ALMA & WALKER, GORDON. The Global Significance of Crowdfunding: Solving the SME Funding Problem and Democratizing Access to Capital [J]. Wm. & Mary Bus. L. Rev, 2016（7）：368.

其投资能力，从而减轻市场的信息不对称状况。除此以外，各国的股权众筹监管法律还通过对投资者的投资进行限制，减少信息失灵对投资者可能造成的风险。

然而，股权众筹立法后的发展现状以及股权众筹欺诈事故的发生，似乎表明上述制度并未发挥在融资便利和投资者保护方面的作用。笔者认为，出现上述问题主要有两个方面的原因，一个是与股权众筹本身的特性有关。股权众筹发行人本身为中小企业、初创企业，经营风险较高，股权众筹平台在筛选融资项目时不得不慎重行事，使得股权众筹市场的发展趋于缓慢；另一个是各国的主管当局并未对股权众筹的实际情况进行详细调查，规制信息失灵的制度与股权众筹市场的实际并不完全契合，存在不完善之处，需要进一步调整。此外，虽然投资者限制制度可以减轻投资者可能遭受的风险、提高自身的投资能力，但是由于股权众筹投资者大都为普通投资者，股权众筹平台与投资者之间存在一定的利益冲突，需要在股权众筹投资中引入专家投资者，借助专家投资者的知识和经验减轻普通投资者对于信息的依赖，从而缓解股权众筹市场的信息失灵问题，笔者接下来将对这些问题进行详细探讨。

第三章 股权众筹强制性信息披露制度及其完善

　　强制性信息披露制度是当前各国证券法中投资者保护最为重要的制度。因为强制性信息披露制度不仅可以增加证券市场的信息供应量、解决投融资双方的信息不对称问题，还可以减少法律对证券市场的过多干预，真正践行证券市场"买者自负"的基本原则。目前各国股权众筹监管法律中的强制性信息披露制度对于解决股权众筹市场的信息不充分、信息不对称具有重要意义。但是股权众筹强制性信息披露制度并不是建立在对股权众筹市场进行充分调研的基础之上，而只是对传统强制性信息披露制度的适当简化。股权众筹市场虽然也属于证券市场的组成部分，但是股权众筹市场的网络化、去中介化等特征与传统证券市场有很大的差别，这也就注定当前各国制定的强制性信息披露制度的效果大打折扣。

第一节 股权众筹强制信息披露制度概述

一、强制性信息披露制度的重要意义

　　根据有效市场假说，在一个公开、透明、竞争充分的市场中，所有的信息都反映在证券价格及其走势之中。但是有效市场只存在于理论之中，绝对意义上的有效市场是不存在的。特别是随着社会化大分工和证券市场的发展，人们对于信息的掌握存在很大的差别，市场的信息不对称状况越来越严重。如果不采取某种制度措施纠正市场信息失灵状况，资本市场的公正性将无法保障。而强制性信息披露制度则是信息失灵纠正措施中最重

要的一种。

股权众筹市场存在比传统证券市场更严重的信息失灵状况。因为在传统证券市场，各种市场自治机制在纠正市场信息失灵方面可以发挥一定的功能，而这些机制放在股权众筹市场却受到很多限制。此外，传统证券市场还存在很多中介机构，如信用评级机构、证券投资公司、会计事务所等可以为投资者提供信息支持，有效弥补投资者自身能力不足的问题。但是互联网金融"去中介化"的特征使得上述中介机构无法发挥保护投资者的作用。虽然有人认为互联网技术的普及可以大大降低投资者的信息搜寻成本，社交媒体的普及又可以促使投资者之间进行充分的交流，股权众筹这些技术优势可以有效纠正自身存在的信息失灵的状况。但是投资者的"弱势"地位可能使这些技术优势荡然无存。互联网技术带来的诸多信息有可能超过他们的处理能力，因此他们可能无法对这些信息进行区分、甄别。可以说互联网技术的运用不仅没有有效降低股权众筹市场信息失灵的影响，反而其带来的"过量信息"使股权众筹市场的信息失灵进一步恶化。鉴于此，强制性信息披露制度对股权众筹投资者保护的重要作用不言而喻。

强制信息披露制度是证券法的基石，也是证券市场投资者保护的基础手段。信息披露制度可以有效弥补市场纠正信息失灵的不足，增加信息的供给量，从而使投资者据此做出明智的投资决策、规避欺诈及其他风险，有助于建立公开、透明、健康的资本市场。强制性信息披露制度自美国《1933年证券法》颁布以来，就成为资本市场纠正信息失灵最重要的手段。循此惯例，美国 SEC 在国会赋予股权众筹豁免资格的前提下，将强制性信息披露制度作为纠正股权众筹市场信息失灵、投资者保护的最重要的手段。另外，若干国际组织如 IOSCO、世界银行、欧盟等公布的有关股权众筹监管的文件中也表达了对于信息披露制度适用股权众筹发行的积极态度。其他国家受此影响也纷纷在其制定的股权众筹监管规则中规定了若干强制性信息披露的内容。

二、国际组织对于股权众筹强制性信息披露的规定

IOSCO 认为，股权众筹具有很大的风险，会给投资者保护带来一系列

的问题，各国政府及其监管者将会面临严峻的挑战。其中对投资者较大的风险便是股权众筹市场缺乏透明度，并面临着严重信息不对称。根据 IOSCO 制定的《证券监管的目标和原则》(IOSCO's Objectives and Principles of Security Regulation) 第 19 项的规定，发行人需要将影响投资者决策的财务状况信息、风险以及其他一些重大性信息向投资者进行披露。如果不对这些信息进行披露的话，投资者可能意识不到投资的风险，无法评估自己选择的优劣。IOSCO 作为全球性的证券业机构，其目标便是为证券市场监管制定适当的标准。上述《证券监管的目标和原则》同样适用于各国监管机构对于股权众筹的监管，这是股权众筹的证券属性使然。因此，IOSCO 的成员国应当按照《证券监管的目标和原则》的规定，在其股权众筹监管法律法规中规定发行人相应的信息披露义务，以增强市场透明度。同时，ISOCO 建议各国监管者应当通过标准化的信息披露模板、标准化的会计准则将有关发行人及其证券发行的"硬信息"(hard information) 进行披露。❶

世界银行在其公布的《发展中国家股权众筹发展潜力》中，认为投资者面临着诸多投资风险，比如初创企业失败、缺乏担保、流动性限制等风险。因此，投资者需要相关的信息披露以对上述风险有充分的了解。❷ 这些信息主要包括：发行人的业务、控股股东的有关信息；发行人商业计划以及对收益的使用计划；拟发行证券的类型；发行人出让的公司股份比例；筹资期限；筹资程序等。❸

欧盟也认为，虽然按照 PD 的规定，满足条件的股权众筹发行人可以豁免提交招股说明书的义务，但是适用 PD 的证券类型仅限于可转让证券。如果股权众筹发行的证券不属于可转让证券，但是属于欧盟《金融工具市

---

❶ KIRBY, ELEANOR & WORNER, SHANE. Crowd-funding: An Infant Industry Growing Fast [R]. Madrid: IOSCO, 2014: 26-27.

❷ Crowdfunding's Potential for the Developing World [R]. Washington: the World Bank, 2013: 44.

❸ Crowdfunding's Potential for the Developing World [R]. Washington: the World Bank, 2013: 22.

场指令》（Market in Financial Instruments Directive，MiFID）范围内的金融工具，那么发行人就需要遵守上述指令的信息披露义务。如果股权众筹发行人发行的证券既不属于可转让证券，也不属于 MiFID 范围内的金融工具，那么发行人需要遵守国内法的有关规定。需要注意的是，发行人无须直接承担 MiFID 规定的信息披露义务，因为 MiFID 规定的信息披露义务的主体是经授权的投资公司（the authorized investment firm），在股权众筹领域，信息披露义务在理论上则是施加给了股权众筹平台。❶

三、各国股权众筹强制信息披露制度的主要内容

在各国的股权众筹监管规则中，股权众筹信息披露制度主要有两种模式，一种是以美国为代表的详细列举式，另一种是以法国、澳大利亚为代表的在现有的法律框架内概括列举发行人应当予以披露的信息的模式。

（一）详细列举式信息披露制度

采用详细列举式信息披露制度的国家一般制定了专门的股权众筹法律。股权众筹发行人一般为中小企业甚至是初创企业，它们的管理人员还缺乏在业务管理、财务规范等方面的知识和经验，可能也缺乏信息披露的实践经验。而详细列举式的信息披露制度可以为经验不足的发行人提供清晰的指引，发行人只需根据法律规定的披露要求填写有关信息即可。因此，详细列举式的信息披露制度有利于发行人降低信息披露成本，并且在很大程度上可以避免发行人因重大遗漏而承担信息披露不实的法律责任。在目前的股权众筹监管规则中，美国、意大利、加拿大均采用此种信息披露方式。

1. 美国

根据美国的 JOBS 法案的规定，发行人在其信息披露文件中，必须就发行人的基本信息、拟发行证券相关信息，财务信息、风险信息进行披露。

---

❶ Advice：Investment-based Equity [R]. Brussels：ESMA, 2014：13-14.

发行人以及拟发行证券的相关信息主要包括：证券发行人的名称、法律身份、地理位置和网站地址；董事和高管（任何具有相似职位或履行相似职能的人）以及任何拥有超过20%股份的股东姓名；证券发行人的业务介绍和未来商业计划。而根据JOBS法案的规定，发行人的基本信息还应包括发行人的基本财务状况、目标筹资和筹资期限、证券的价格以及定价方法等。❶

美国JOBS法案对于发行人信息披露关注的重点在于财务信息的披露。目前美国JOBS法案中对财务信息的披露采取分级披露制度，根据融资额的大小确定信息披露的内容。融资额在10万美元以下的，发行人需提交最近一次完整年度的所得税申报表和企业的财务报告，其中财务报告需要发行人主管人员的签字；融资额在10万~50万美元的，发行人需提交经过公共会计师审核的财务报表；融资额在50万美元以上的，发行人需提交经过审计的财务报表。❷

美国JOBS法案对于发行人风险信息披露的要求并不是很多，只是在财务信息披露的规定当中要求发行人告知投资者有关小股东在公司经营过程中可能面临的风险，包括股权可能被稀释、发行人以及发行人资产可能被出售等。❸

2. 意大利

根据意大利《有关金融中介问题的规定》（Testo unico delle disposizioni in materia di intermediazione finanziaria，TUF）的规定，发行人的筹资额在

---

❶ Final Rule 204 of Regulation Crowdfunding.

❷ 包括：（i）发行人此次发行证券的条件和该发行人其他类型证券的条件，包括这些条件的修改方式，以及对各类型证券之间区别的总结，包括所发行的证券可能受到怎样的权利限制、稀释或受到该发行人其他类型证券的权利限制；（ii）描述发行人主要股东的权利行使如何会对本次证券购买者产生负面影响；（iii）持有发行人任何类型的证券超过20%的股东姓名和所有权等级；（iv）本次发行证券的估价方法，以及将来及后续企业经营过程中，发行人对该证券可能采用的估价方法的示例；（v）购买者买入发行人少数股权所承担的风险、与企业行为有关的风险，包括增发股份、发行人或发行人资产被出售，或者与关联人的交易；等等。

❸ JOBS ACT, Title Ⅲ.

500 万欧元以下可以豁免提交招股说明书的义务。❶ 然而根据意大利《18592 号规则》的规定，发行人必须向投资者提供一个简短的投资备忘录（investment memorandom），该投资备忘录中必须包含以下信息：有关发行人的基本信息；有关证券发行的基本信息；发行人的财务信息；投资风险信息。

根据《18592 号规则》的规定，发行人的基本信息主要包括：发行人的名称、地址、成立时间；登记机构名称、登记号码、总部以及区域分支机构的名称和所在地；股东名单、受托人以及控股股东；发行人、管理人及其他工作人员简介；发行人拥有的知识产权情况等。❷ 此外根据意大利法律的规定，发行人还应就自己的消极信息进行披露，投资者由此可以对发行人的经营能力、履约能力进行评估，以决定是否投资。这些信息包括：管理人员在营业过程中是否有犯罪前科、是否受过证券监管机构的处罚、是否存在洗钱动机、是否与黑社会存在关联、是否涉诉等。❸

发行人应当披露的有关证券发行的信息包括：股权众筹发行人应当披露企业的商业计划、拟筹集的资金、资金的使用方向等基本信息；发行人应当告知投资者发行使用的金融工具；❹ 发行人在信息披露文件中应当告知投资者控股股东出售股份的条件；拟发行证券的锁定期、回购协议、出售选择权等；此外发行人还应当告知投资者发行取消的前提条件以及已经承诺认购的专业投资者和《18592 号规则》第 24 条规定的投资者的信息。

在财务信息的披露方面，意大利并未如美国 JOBS 法案一样采用分级披露制度，而是规定所有的发行人应当披露的财务信息。根据意大利

---

❶ GAJDA, OLIVER & FLORANGE, TANJA ASCHENBECK & DREFKE, THORGE. Review of Crowdfunding Regulation 2017［R］. Brussels: European Crowdfunding Network AISBL, 2017: 369.

❷❸ Regulation on "the collection of risk capital via on–line portals (Resolution no. 18952), Annex 3.

❹ 所谓金融工具是指通过股权众筹平台发行的，能够代表投资者占有发行人股份份额的证券或者单位（unit）。Letter thus replaced by resolution no. 19520 of 24.2.2016。

《18592号规则》，发行人应当就自己的财务信息向投资者披露，这些财务信息包括：公司的纯利润和毛利润、公司的盈利情况、公司总资产、无形固定资产所占总资产的比例，审计机构出具的意见等。❶

风险信息披露是各国股权众筹监管规则中特别强调的一个方面，意大利《18592号规则》也不例外，从《18592号规则》的内容中可以窥见意大利证券监管委员会对于股权众筹风险信息披露的强调。但是《意大利18592号》规则并未对发行人的风险信息披露有过多要求，而是仅仅在其ANNEX3.2中特别强调了发行人必须对发行的特殊风险进行专门披露。除此以外，发行人还必须就可能的利益冲突进行披露，包括发行人与股权众筹平台管理者之间的利益冲突，控股股东、管理层、专业投资者和《18592号规则》第24条规定的投资者有关保留份额之间的利益冲突等。❷意大利之所以未对发行人的风险披露进行过多强调，可能是考虑到即便规定了发行人风险信息披露义务，发行人基于自身利益的考量，也可能不会作出如实的披露，因此意大利证券监管机构将股权众筹风险信息披露的义务施加给股权众筹平台。

3. 加拿大安大略省

加拿大安大略省主持制定的 MI 45-108 对于发行人财务信息的披露同样采取分类制度。当发行人的筹资额小于25万加元时，只需要提交主管人员签字的财务报表即可；当发行人的筹资额在25万~75万加元时，需要提交经独立的会计师审核的财务报表；当发行人的筹资额超过75万加元时，发行人提交的财务报表必须经过审计机构的审计。

此外，加拿大安大略省主持制定的股权众筹规则中，发行人在股权众筹招股说明书（crowdfunding offer document）中还应当披露如下信息：（1）股权众筹投资的风险信息，需告知投资者股权众筹投资是一项高风险活动，证券监管机构或者监管者不会对证券价值进行评估，也不会对招股说明书的内容进行审核；（2）有关发行人的基本信息，包括发行人名称、

---

❶❷ Regulation on "the collection of risk capital via on-line portals (Resolution no. 18952), Annex 3.

法律地位（legal status）、公司章程、总部所在地、联系电话、传真、发行人的联系人等；（3）发行人营业活动的基本信息，简要说明发行人的商业活动和筹资的原因；（4）有关发行人的高级管理人员、控股股东方面的信息，包括名称、过去五年的主要居住地、专业背景、教育经历、全职还是兼职、发行人直接或者间接拥有的股份类型和数量等；（5）证券发行方面的信息，包括拟发行证券的类型、证券价格、非基于股份的额外报酬和收益、发行起止时间、招股说明书修改方面的信息、预期收益、最小认购额等；（6）有关发行人的其他信息，包括发行人产品或者服务的性质、行业属性、长期经营目标、发行人资产、发行人相关人员的关系（如是否是家庭成员等）；企业经营和证券发行面临的主要风险、企业的财务信息、资本结构、持续性信息披露等；（7）股权众筹平台的基本信息，告知投资者发行人使用网络平台发行证券的事实，提供关于平台的如下信息：平台姓名、网址、邮件地址、首席执行官、联系人；（8）股权众筹投资者的权利，主要包括损害赔偿请求权和48小时内的撤销权；（9）其他相关信息，主要是指对投资者决策有重大影响的信息。❶

（二）概括列举式信息披露

利用现有的监管框架对股权众筹实施监管的国家一般采取概括列举的方式要求发行人进行一定程度的信息披露。大多数国家除了规定发行人需按照既有法律规定进行披露外，还会发布一些指导性的文件，规定发行人必须予以披露的信息。

1. 澳大利亚

根据澳大利亚修改后的《公司法2001》规定，股权众筹发行人需按照法律的规定进行相应的信息披露，并且发行人的股东以及高级管理人员需在发行文件的制定过程中发挥积极作用，并对发行文件中披露的信息负责。而根据澳大利亚2017年制定的《股权众筹发行人指引规则》（Crowd-sourced Funding：Guide for Public Companies）的规定，发行人在发行文件中至少披露四类信息。第一类是关于股权众筹投资风险提示信息；第二类是

---

❶ Multilateral Instrument 45-108 Crowdfunding, Part 2.

关于公司的一些基本信息，如公司简介、管理结构、资本结构、财务报表、公司及其股东、高级管理人员的一些基本情况等；第三类属于与发行有关的信息，包括股东权利、筹资时间、最大和最小筹资额、筹集资金的用途等；第四类是关于投资权利有关的一些信息，如冷静期、公司的持续性报告、平台交流机制等。以上四类信息是信息披露的最低要求。❶ 如果发行人认为某类信息对于普通投资者的决策有重大影响，也可以在发行文件中予以披露。❷

2. 英国

根据英国的《众筹监管规则》，英国的监管当局认为众筹市场应当建立以信息披露为基础的投资者保护措施。但是《众筹监管规则》并未对如何进行信息披露和需要披露何种信息作出具体规定。英国的监管者认为通过法律强制性的方式规定企业的信息披露的内容和形式是不合适的，因为利用股权众筹融资的企业可能千差万别，其商业模式、风险均有较大差异，规定统一的信息披露规则可能不适应股权众筹市场的实际情况，因此监管者不建议对发行人的信息披露内容和做法作过多限制。在信息披露的理念上，英国监管者提倡发行人应当以投资者为导向进行信息披露。在信息披露的具体操作上，监管者要求发行人在综合考虑投资的性质、可能遇到的风险以及投资者决策需要的信息的基础上进行相关的、精确的信息披露，以向投资者提供合适、有用的信息，避免投资者"信息过量"，同时也减轻发行人的披露负担。

虽然英国的《众筹监管规则》并未对信息披露作出具体规定，但是同时也认为有些信息是必须包含在信息披露文件中的。这种信息主要分为三种。第一种是与发行人有关的各种信息，比如发行人的商业模式等；第二种是与证券发行相关的信息，比如筹资额、最小和最大投资额、利益回报前景、撤销权中止（Suspension of withdrawals）等；第三种是关于投资风险

---

❶ Corporations Amendment (Crowd-sourced Funding) Act 2017, 738M.
❷ Crowd-sourced funding: Guide for public companies, 37.

的信息，这些信息包括二级市场的缺乏、是否具备获得补偿计划安排的要件等。❶

3. 韩国

韩国的股权众筹法案虽然免除了发行人的注册信息披露义务，但是考虑到投资者保护的目的，仍然要求发行人披露与发行人以及发行有关的信息，这些信息主要包括发行人基本信息，财务事项、企业计划书，发行人大股东，高级管理人员的犯罪行为以及其他诉讼事项等。而且发行人需要将每一年度的经营情况、财务决算信息向投资者进行持续性披露。❷ 同美国类似，如果发行人的目标筹资额超过1亿韩元，那么发行人就需要提交经审计的财务报表；如果目标筹资额小于1亿韩元，那么发行人只需要提交财务报表和主管人员的确认函即可。

4. 日本

根据修订后的《金商法》，发行总额不足1亿日元的股票型投资众筹不适用金商法有关信息披露的公示规则，发行人可以自主规定或者按照平台要求进行披露。同时，修订后的《金商法》有关股权众筹的部分并未要求发行人必须进行相关的财务信息披露，这是日本的股权众筹信息披露制度与美国、意大利、韩国等国最大的不同之处。

但是《金商法》同时规定，众筹筹资者以及众筹交易从业者即使没有加入证券业协会，也必须遵守协会的自主规则，以规范股权众筹市场的发展。因此，股权众筹发行人和股权众筹从业者还必须遵守日本证券业协会的有关规定。日本证券业协会于2015年制定了《股权众筹业务规范》，该规范主要是对股权众筹从业者进行规制。但是从股权众筹从业者对发行人

---

❶ CP13/13: The FCA's Approach to Crowdfunding (and similar activities); PS14/4: The FCA's regulatory approach to crowdfunding over the internet, and the promotion of non-readily realisable securities by other media, Feedback to CP13/13 and final rules.

❷ 자본시장법시행령일부개정안입법예고 [EB/OL]. http://www.fsc.go.kr/know/law_prev_view.jsp? bbsid = BBS0120&page = 1&sch1 = content&sch2 = &sch3 = &sword = %ED%81%AC%EB%9D%BC%EC%9A%B0%EB%93%9C%ED%8E%80%EB%94%A9&r_url = &menu = 7410100&no = 31249，2016-12-28.

的审核事项可以窥见发行人应当披露的事项。根据《股权众筹业务规范》第4条的规定，发行人应当披露的事项包括：证明发行人真实存在的基本信息；发行人的财务状况；发行人项目可行性信息；发行人过往遵守法律的情况；发行人与有关人员的利益关联；与证券发行相关的风险信息；筹集资金的用途；目标投资额等。❶

5. 法国

根据法国《货币与金融法典》（the French monetary and financial Code）的规定，满足条件的发起人如果一年内筹资额小于250万欧元，那么就不被视为公开发行证券，也就无须提交招股说明书。❷ 但仍需向平台提供基本信息，包括公司业务、项目计划、风险、所发售证券的有关权利，转让条件等基本信息。具体说来主要包括以下信息：与拟发行证券相关的特殊风险；企业上一年度的财务信息以及对企业财务状况的预测；与证券有关的收益权、投票权和知情权；证券流通的条件和限制；投资者获得发行人相关信息记录复制品的条件等。❸

四、各国股权众筹强制性信息披露制度总结

根据以上分析，各国制定股权众筹规则时无不希望将信息披露作为纠正市场信息失灵、投资者保护的基础性手段。虽然各国在立法模式选择、信息披露的具体内容方面存在很大差别：在信息披露的内容方面，美国和韩国等国专门为股权众筹发行人信息披露的内容作了专门规定，而加拿大、法国和意大利等国为股权众筹发行人提供了信息披露的基本模板；在财务信息的披露方面，美国、法国、韩国、新加坡等国要求发行人提交财务报表，而日本、英国等国的证券法并未对发行人作此强制要求；在持续性信息披露方面，虽然所有国家的股权众筹法律都要求发行人必须将企业

---

❶ 《株式投資型クラウドファンディング業務に関する規則》第4条。

❷ CMF. ARTICLE D. 411-412.

❸ GAJDA, OLIVER & FLORANGE, TANJA ASCHENBECK & DREFKE, THORGE. Review of Crowdfunding Regulation 2017 [R]. Brussels: European Crowdfunding Network AISBL, 2017: 224.

经营的重大情况告知投资者，但是根据澳大利亚《公司法》的规定，发行人的持续性披露义务可以得到一定程度的豁免，例如，如果初创企业的净资产少于500万澳元，那么发行人就无须履行持续性披露的义务。

然而，由于各国的证券法深受美国的影响，而且在此次股权众筹监管立法中，美国的JOBS法案又是第一个规范股权众筹发展的文件，因此各国的股权众筹立法均不同程度的借鉴了美国JOBS法案的内容，使各国的信息披露义务规则呈现一定的趋同性。这种趋同性主要表现在两个方面：一是形式上的趋同；二是内容上的趋同。

从形式上看，各国的股权众筹强制性信息披露制度均是从传统证券法中的强制性信息披露制度发展而来，是传统强制性信息披露制度内容的简化。以韩国的股权众筹规则为例，根据韩国《资本市场法》，一般证券公开发行的发行人需提交包括证券申报书在内的27种资料，小额公开发行中的发行人需提交的资料减少到17种，而互联网小额公开发行的发行人仅需公布证券发行条件、财务信息、事业计划等7项材料。可见，各国一般将传统证券法强制性信息披露制度中可能造成发行人重大负担的内容排除在外，只保留监管机构认为的发行人可以承担的部分。

从内容上看，各国的强制信息披露制度虽然侧重点有所差别，例如，英国强调应以投资者为导向进行信息披露、美国侧重财务信息的披露、意大利更侧重风险信息的披露。但是就披露的具体事项方面，各国的强制性信息披露制度的内容基本上包括以下四个方面：发行人的基本信息，包括姓名、住址、联系方式等；发行人的财务信息，包括总资产、营业利润等；与证券发行相关的信息，包括发行期限、证券价格、最大筹资额、投资者的权利等；风险信息，包括二级市场缺乏、全部投资可能损失等。

股权众筹强制性信息披露制度的趋同虽然说明了证券市场全球化的持续加深，但是同时也说明了美国作为全球资本市场最发达的国家，其立法对各国的强大影响依然存在。诚然，美国发达的资本市场为美国立法机构的立法活动提供了现实基础，其证券法的科学性和逻辑性毋庸赘言。各国通过对美国法的移植可以节约立法成本并能够更好地融入全球化的浪潮之中。但是在股权众筹法律还处于"试错"阶段的背景下，多样性的法律制度比单一性的法律制度更有利于股权众筹法律的完善,因为通过各国立法的实施能够找到更符合股权众筹实际的法律制度。如果法律制度太过单一,一旦法律不符合实际,容易造成"集体性"的市场低迷。单就这两年股权众筹发展的现状来看,这种不幸确实发生了。

第二节 股权众筹强制性信息披露制度的法律效果

信息披露制度的有效性包括两个方面,一个是市场上存在有关某证券及其发行情况的重大信息;二是投资者或者投资专业人士能够获取并分析这些信息,即能够依据该信息对该证券的风险和价值进行准确的评估,以作出是否投资的决策。各国证券监管当局为了在融资便利和投资者保护之间达到平衡,在规定股权众筹豁免的前提下,又施加给发行人一定的信息披露义务。该信息披露义务是保护投资者的重要手段,是各国证券监管立法中的重要组成部分。但就当前股权众筹立法而言,争议最大的也是关于这部分的规定,其中争议的焦点便是股权众筹立法中的强制性信息披露义务规则是否有效。这需要从立法目的入手,即分析当前各国的股权众筹立法中的强制性信息披露制度是否达到它所宣称的融资便利和投资者保护的目标。故本节分两个部分进行论证,首先论证强制性信息披露制度是否促进融资便利,其次分析强制性信息披露制度是否有助于投资者的保护。

一、融资便利难以体现

强制性信息披露是公募市场投资者保护的主要手段,各国的证券法均规定了发行人详细且复杂的信息披露义务规则。各国股权众筹立法中的强制性信息披露规则均参考了证券法中的有关内容。只是考虑到股权众筹的发行人均为中小企业甚至是初创企业的事实,各国的股权众筹立法中均简化了发行人的信息披露义务。所以与传统公募市场的发行人的信息披露内容相比,股权众筹发行人的信息披露义务无疑大大"减轻"。这种简化的强制性信息披露规则的目的便是降低发行人的融资成本,提高融资项目成功的可能性。

但是上述简化的强制性信息披露规则是否有助于融资便利,不仅要观察信息披露规则本身,而且要分析该信息披露规则对发行人的影响。诚然,股权众筹的强制性信息披露规则与传统证券法中的信息披露规则相比确实是非常宽松。如果将股权众筹立法中的强制信息披露义务适用于传统证券中的发行人,无疑会大大地降低他们的融资成本。但是,股权众筹的发行人并不是传统公募市场的发行人。股权众筹发行人之所以利用股权众筹这一融资方式,就是因为其经济实力、风险状况使其无力采用公募的方式,也很难得到传统天使投资者和风险投资者的青睐。因此,股权众筹立法中的强制性信息披露义务是否真的能够促进发行人的融资便利,还需分析发行人的承受能力。

考虑到发行人本身的经济实力和融资规模,当前各国股权众筹立法中的强制信息披露义务无疑超过了发行人的承受能力。美国 SEC 于 2015 年公布了最终的股权众筹监管规则后,许多学者立即对其中的强制性信息披露规则提出质疑,指出发行人的融资成本与融资规模相比显然过高了。虽然股权众筹监管中的强制性信息披露义务与传统公募证券市场相比已经大大简化,但是对股权众筹的发行人而言依然是难以承受的。❶ 美国 SEC 最终监管规则要求发行人按照融资额的大小进行不同程度的披露,同时为了减轻发行人的信息披露负担,允许发行人按照 Form C 进行信息披露。❷ 虽然通过 Form C 的形式进行信息披露可以为发行人节约一部分时间和资金成本,但是还不足以使股权众筹成为有吸引力的筹资工具,因为发行人信息披露的成本依然很高。❸ 根据调查,完成 Form C 规定的信息披露的成本大

---

❶ ALMERICO, KENDALL. Has the SEC Made Equity Crowdfunding Economically Unfeasible? [EB/OL]. http://www.crowdfundinsider.com/2013/11/26291-sec-made-equity-crowdfunding-economicallyunfeasible/, 2015-05-28.

❷ Crowdfunding, 80 Fed. Reg. 71398 (Nov. 16, 2015) (to be codified at 17C. F. R. § 227.201).

❸ JOBS 法案第三章规定的发行人 100 万美元的筹资限额、信息披露义务使得发行人的筹资的成本非常高昂,成为股权众筹发展的一大障碍。PRIVE, TANYA. Why Title Ⅲ of the JOBS Act May Be a Flop, FORBES [EB/OL]. http://www.forbes.com/sites/tanyaprive/2015/11/03/why-title-iii-of-the-jobs-actmay-be-a-flop/, 2016-03-21.

约为 6000 美元;❶ 发行人筹集的资金为 10 万美元时,支出的成本约为 3.9 万美元;发行人筹集的资金为 100 万美元时,支出的成本为 151 660.140 美元;❷ 发行人的筹资额在 10 万~100 万美元之间时,支出的持续性信息披露成本为 1667~13333 美元。❸ 而向天使投资人筹集同样数额的资金,支出的成本仅为 1 万~3 万美元之间。❹ 可见,高昂的筹资成本很难使股权众筹成为中小企业首选的筹资方式,也很难吸引到优资企业进入股权众筹领域。美国 SEC 公布了最终版本的股权众筹监管规则之后的股权众筹市场的发展现状似乎印证了上述推断的正确性。

除了学者们的研究之外,股权众筹平台的业务模式也可以为上述论断提供证据。为了加强投资者的保护,各国均要求股权众筹平台负担审核发行人披露信息真实性的义务,此种规定无疑使股权众筹平台承担了较大的压力。为了规避股权众筹监管的规定,许多众筹平台改变了业务模式,不再对普通的投资者开放,而仅仅对传统私募市场中的合格投资者或者专业投资者开放。这样可以使发行人免除信息披露的义务,同时节约了股权众筹平台审核发行人信息支出的成本。❺ 股权众筹投资者资格要件的提高间接说明当前股权众筹立法中的强制性信息披露规则超过了许多发行人的承

---

❶ ISAACSON, MAX E. The So-Called Democratization of Capital Markets: Why Title Ⅲ of the JOBS Act Fails to Fulfill the Promise of Crowdfunding [J]. N. C. Banking Inst, 2016 (20): 457.

❷ NEISS, SHERWOOD. It Might Cost You $ 39k to Crowdfund $ 100k Under the SEC's New Rules [EB/OL]. http://venturebeat.com/2014/01/02/it-might-cost-you-39k-to-crowdfund-100k-under-the-secs-new-rules/, 2016-04-27.

❸ TSAI, CHANG-HSIEN. Legal Transplantation or Legal Innovation? Equity-Crowdfunding Regulation in TAIWAN after Title Ⅲ of the U. S. JOBS ACT [J]. B. U. Int'l L. J, 2016, (34): 257.

❹ NEISS, SHERWOOD. It Might Cost You $ 39k to Crowdfund $ 100k Under the SEC's New Rules [EB/OL]. http://venturebeat.com/2014/01/02/it-might-cost-you-39k-to-crowdfund-100k-under-the-secs-new-rules/, 2016-04-27.

❺ Indiegogo 最初的业务动态是股权众筹,但是考虑到法律的制约因素,所以改变了业务方向,只面向合格投资者众筹。DESCHLER, GREGORY D. Wisdom of the Intermediary Crowd: What the Proposed Rules Mean for Ambitious Crowdfunding Intermediaries [J]. St. Louis U. L. J, 2014 (58): 1152.

担能力，股权众筹平台不得不采取变通的做法，以吸引更多的发行人选择他们的股权众筹平台进行融资。❶

由此可见，股权众筹规则虽然大大简化了发行人的信息披露义务，但是此义务与发行人自身实力相比还是太重了。特别是要求发行人提供经过独立的公共会计师或者审计机构审核的财务资料的情况下，高昂的费用更是让发行人难以承担。股权众筹发行人融资成本较高是各国股权众筹合法化后股权众筹市场发展缓慢的主要原因。

二、投资者保护无法确定

当前各国股权众筹法律中的强制信息披露制度是否有效不仅要考察该规定对融资便利的影响，更要考察强制性信息披露制度在保护投资者方面是否有效。从立法目的来看，之所以要求发行人必须进行相关的信息披露，主要目的便是保护投资者，这才是股权众筹法律和监管者存在的依据。强制性信息披露制度对投资者的保护主要分为两个方面，一个是该制度是否可以有效预防欺诈；二是该制度对投资者的投资决策是否有积极意义。❷ 如果该制度达到了上述目的，即便对融资便利造成影响，但也可以说该制度是有效的、积极的，毕竟将两个不同的目标规定在同一法律中，势必会造成一定的冲突。

（一）无法有效预防欺诈

1. 理论分析

公募市场强制性信息披露制度的首要目的便是预防欺诈，发行人披露

---

❶ 公募股权众筹法律地位确定之前，许多众筹平台之所以采用私募股权众筹的形式，主要是考虑到传统证券法中的公募发行制度使公募股权众筹变得不可行，而股权众筹立法又存在一定的不确定性。为了避免与现行法律产生冲突，许多平台采用了私募股权众筹的形式。但是，各国制定了公募股权众筹规则之后，原先采用私募股权众筹形式的平台并未改变业务模式，说明私募股权众筹更符合平台利益。

❷ 信息披露的主要价值在于预防欺诈、为投资者决策提供参考、价格评估。HAZEN, THOMAS LEE. Crowdfinding or Fraudfunding? Social Networks and the Securities Laws-Why the Specially Tailored Exemption Must Be Conditioned on Meaningful Disclosure [J]. N. C. L. REV, 2012（90）：1767-1768.

的信息需要经过各中介机构如会计机构、审计机构等的审核,以保证披露信息的真实性,并且需要通过主管机构审核或者向主管机构登记,以便最大限度地保证投资者免受发行人的欺诈。但是该制度在股权众筹领域能否达到相同的效果是有疑问的。公募证券领域有第三方中介机构、国家证券主管当局、证券交易所等机构对发行人披露的信息进行多方位的审核,从而迫使发行人不敢或者不能编造虚假信息,或者夸大与事实不符的信息。证券法还对发行人信息披露不实的法律责任进行详细规定,从责任的角度迫使发行人必须进行真实的信息披露,否则便会受到法律的惩罚。但是,股权众筹的"脱媒化"使得发行人的披露信息无须经过第三方中介机构的审核。同时,各国股权众筹法律中股权众筹注册豁免的规定,又使发行人无须向主管当局提交纷繁复杂的披露文件,国家公权力的审核无法实现。因此,缺少上述防止发行人信息披露不实的两大"防火墙",股权众筹发行人信息披露的真实性无法保证。

由于法律赋予了股权众筹注册豁免的资格并简化了发行人的披露要求,为了在融资便利与投资者保护之间达到平衡,各国均对股权众筹平台规定了较为详细的投资者保护方面的义务。其中之一便是要求股权众筹平台负责审核发行人披露信息的真实性,以预防欺诈。从理论上讲,声誉机制可以促使股权众筹平台认真、负责的履行信息审核的义务,尽力防止因审核不力而给平台声誉造成的消极影响。但是声誉机制理论在2008年的金融危机中已经充分证明其对中介机构的约束是有限的,特别是存在利益冲突的情况下,中介机构可能更加重视短期利益而忽视声誉的存在。❶ 因此,通过"声誉机制"能否保证平台审慎的履行信息审核义务是不确定的。另外,为了避免股权众筹平台与发行人相互勾结,欺骗投资者,法律规定股权众筹平台需进行一定程度的信息披露,以防止可能出现的利益冲突。但是现有的法律规定可能还不足以克服因利益冲突而导致的股权众筹平台背离投资者保护义务的可能性。因为股权众筹平台不论是向发起人收

---

❶ M, EISENHUARDT K. Building Theories from Case Study Research [J]. The Academy of Management Review, 1989 (4): 532-550.

费还是向投资者收费,都以众筹项目的筹资成功为前提。而且法律又规定众筹平台的中介地位,无须就项目失败承担责任。因此在利益最大化的驱动下,股权众筹平台是有可能同发行人勾结、夸大融资项目成功率、盈利前景等对投资者有较大吸引力的消息。由此看来,股权众筹平台的审核义务能否保证披露信息的真实性也是不确定的。

以上仅是就法律条文本身进行的学理分析,有一定的主观色彩。股权众筹强制性信息披露制度防止欺诈的效果还需考察该制度在实践中能否切实发挥作用。

2. 实证分析

股权众筹发展之初,有些反对者悲观地认为,股权众筹市场的欺诈率会是传统证券市场的 1000 倍。但是道格拉斯·长明(Douglas Cumming)等人通过研究发现,众筹市场的欺诈率只有 0.01%,远低于传统证券市场的 14%。❶ 可见,股权众筹似乎对欺诈事故免疫。但是单凭这些数据还难以判定该结果是否可以归结于强制性信息披露制度的实施,因为当前的股权众筹立法在预防欺诈方面不止强制性信息披露制度一种,所以应该对当前股权众筹欺诈较少发生的深层次原因进行分析。另外,还需对已经出现的股权众筹案例进行研究,分析该欺诈案例的出现是否为强制性信息披露制度本身的不足造成的。

(1) 对股权众筹平台数据的分析。

根据各国监管当局和股权众筹平台自身的披露,股权众筹欺诈的案例确实存在,但是鲜有发生。例如,澳大利亚于 2007 年允许众筹融资,到 2014 年 3 月还未有一件欺诈事故被披露;英国自从 2012 年允许股权众筹融资后也未见欺诈事故发生;❷ 美国自从 JOBS 法案生效以来,也只有 1 项

---

❶ CUMMING, DOUGLAS&HORNUF, LARS&KARAMI, MOEIN&SCHWEIZER, DENIS. Disentangling Crowdfunding from Fraudfunding [EB/OL]. http://www.hec.ca/finance/Fichier/Schweizer2017.pdf, 2016-09-15.

❷ WALES, KIM&TUCH, ALON HILLEL. Panel Ⅱ: Crowdfunding at the Fordham Journal of Corporate and Financial Law Symposium: JOBS Act: The Terrible Twos [J]. FORDHAM J. CORP. & FIN. L, 2015 (20): 293, 325, 335.

欺诈事故被披露，即 Ascenergy 公司股权众筹欺诈案。另外，美国 SEC 正在对涉嫌欺诈的 8 项筹资活动进行调查，尚不清楚是否涉嫌欺诈。❶ 股权众筹是一种较晚出现的融资工具，各平台对数据的统计一般为 2012 年以后的数据，是否能够为分析提供充分的证据还存在不确定性。但是仅就众筹项目总数与欺诈项目之间的对比来看，股权众筹的欺诈事件仅仅是个案，未对整个行业造成重大影响。但是股权众筹欺诈事故鲜有发生是否可以归结为强制性信息披露制度实施的效果是有疑问的。

因为股权众筹平台的项目审核、投资者之间的线上和线下沟通等都可以在预防欺诈方面发挥作用。股权众筹平台在"声誉机制"和"责任机制"的双重影响下，一般会对发行人的申请材料进行严格审核，书面审核通过之后，大多数平台也会对发行人的实际情况进行尽职调查，以最大限度地保证项目的真实性。例如，法国的 Wiseed、英国 Seedrs 无不通过各种方式对发行人的项目进行严格的审核。只有那些真实、风险较低、发展前景较好的一些项目才能进入平台融资。❷ 所以说，股权众筹平台的项目审核义务在预防欺诈方面发挥了一定作用。另外，法律还规定平台必须建立投资者之间、投资者与发行人之间、投资者与平台之间的沟通渠道，这种沟通渠道也可以在预防欺诈方面发挥应有的作用。例如，kickstarter 就鼓励投资者之间充分交流，彼此交换有关项目或者项目负责人方面的信息，一旦发现欺诈或者欺诈嫌疑，立即通知平台，由平台将涉嫌欺诈的项目移除出去。

更为重要的是，股权众筹欺诈事故鲜有发生除了监管规则可以发挥一定作用之外，在股权众筹语境下，网络社交媒体创造的开放式的环境（open environment），可以使欺诈者无处遁形。投资者通过社交媒体很容易监督发行人在互联网社交媒体上的活动，从而使得欺诈的成本提高。而网

---

❶ SEC States 8 Cases of Possible Fraud Associated with JOBS Act Exemptions [EB/OL]. https：//www.crowdfundinsider.com/2016/05/85866-acsec-committee-debates-definition-of-an-accredited-investor-sec-states-8-cases-of-possible-fraud-associated-with-jobs-act-exemptions/，2017-06-13.

❷ 详见本章第二节（二）。

络上公共识别系统使欺诈者被发现只是时间问题。根据道格拉斯·长明（Douglas Cumming）、拉斯·霍努夫（Lars Hornuf）、莫恩·卡拉米（Moein Karami），和丹尼斯·施维译（Denis Schweizer）的研究，将筹资活动与个人的Facebook主页相链接可以使欺诈发生的可能性减少到50%。在筹资活动页面上提供一些有关筹资活动的外部链接，例如，将载有筹资活动相关信息的优酷土豆网、领英网、发行人网站链接附在筹资页面上，可以使欺诈活动发生的概率减少34%。❶可见，互联网技术和网络社交媒体的普及创造的公开环境应该是当前股权众筹欺诈事故较少的主要原因。

通过以上分析可以看出，股权众筹活动依托的互联网技术、社交媒体以及股权众筹平台的审核、投资者交流机制对于预防股权众筹欺诈发挥了重要作用。但是还无法得出强制性信息披露制度在预防欺诈方面有效性不足的结论，股权众筹立法中的强制性信息披露制度的效果如何，还需要对相关案例进行进一步的解读。

（2）案例解读。

①Ascenergy股权众筹诈骗案❷

Ascenergy股权众筹诈骗案是美国股权众筹第一案，该案发生后引起社会的广泛关注。Ascenergy是在内华达州注册的有限责任公司，声称主要营业地位于内华达拉斯维加斯市，但是没有在SEC登记。据其描述，Ascenergy成立于2012年，主要营业方向为砂岩地层的油气勘探和开发，它的全权负责人为Gabaldon。2014年1月，Ascenergy通过几个著名的股权众筹平台向合格投资者进行融资，并在自己公司网页和股权众筹平台进行宣传，声称投资者通过投资可以获得五个未开发油气井的开采权益（over-riding royalty interests，ORRI），持有该权益可以使投资者获得企业营业收入的一部分而无须预先支付企业的经营成本。Ascenergy的目标筹资额为

---

❶ Research on Risk Shows Crowdfunding Has Significant Fraud Immunity: Here's Why [EB/OL].https://www.crowdfundinsider.com/2017/05/101121-research-risk-shows-crowd-funding-significant-fraud-immunity-heres/，2017-06-13.

❷ SEC v. ASCENERGY LLC and Joseph (a/k/a Joey) Gabaldon, Defendants, PYCKL LLC and Alanah Energy, LLC, Relief Defendants. 2015 WL 6513864 (D. Nev.).

500万美元，之后提高到700万美元。根据Ascenergy的信息披露：它是几个著名公司的"合伙人"，包括Schlumberger和Baker Hughes（美国两家著名的石油开发公司），并在公司网页上使用它们的商标；管理层已经购买了大量的ORRI；雇用了拥有150年行业经验的团队；已经探明的油气储量价值4000万美元，能够创造100万美元以上的利润；一个或者多个股权众筹网站已经完成93%的筹资目标（目标额为700万美元）；投资的风险极其小，投资收益有所保证，因为会从毛收入中优先支付承诺给投资者的报酬；投资回报非常可观，因为只要能够开发出油气，无论价格如何都会盈利。即使每桶油卖到20美元，该项目也是盈利的，如果每桶能够卖到40美元，投资者的回报将会是其投资的8倍；投资具有高流动性，投资者可以在很短的时间将ORRI转售。除了上述内容以外，Ascenergy还宣称，投资者的全部投资将会用于油气的开发。截至2015年8月，Ascenergy已经从国内和国际投资者手中筹集了超过500万美元的资金。

但是上述信息披露的内容随后全部被证明为虚假信息。根据调查，Schlumberger和Baker Hughes与Ascenergy没有任何合伙关系，也没有授权其使用它们的名称和商标；根据银行记录，Gabaldon和它的管理层也没有购买太多的ORRI；披露的团队成员中只有一人拥有40年的行业经验，但是此人并不为Ascenergy工作，也没有授权其使用他的个人简历；Ascenergy也没有任何已知的石油收入和任何石油储备、勘探或者生产的记录；所谓的低风险项目，其实是一个风险极高的投资项目，投资者不得不承担油气项目开发阶段的所有风险。根据经济学的观点，其声称的高收益也是不合理和不现实的，而且不发达油气井的ORRI很难卖出，几乎没有转售市场。

可见Ascenergy就是为了欺诈投资者所设立的公司，而所谓的信息披露文件全部是一些虚假信息，其目的就是吸引投资的关注，从而骗取他们的投资。

②36氪平台的宏力能源欺诈案

我国关于股权众筹欺诈的案例最为著名、其影响较为广泛的便是36氪平台的宏力能源欺诈事件。宏力能源于2016年通过36氪发起众筹融资，其在路演材料中声称，本次定增600万股，总股本增至7100万元，定增后做市挂牌价在18~28元之间，按2015年预计的3500万利润，其营业收入达到3亿元人民币，市盈利率为37倍。并进一步披露母公司2015~2016年手持10亿元订单，按14%净利润保守计算，未释放利润1.4亿元。发展前景广阔且回报率较高的宣传自然吸引了众多投资者参与。但是宏力能源在2016年4月披露的财务报告显示，其所宣传的2015年盈利3500万元不仅根本不存在，而且该年度亏损额高达2900万元。路演中宣传的3亿元的营业收入实际仅为7000余万元。更令投资者气愤的是，路演中宣称的"定增股"在实际筹资阶段却改成"老股转让"，并提出各种各样的理由。❶ 虽然发行人、平台甚至投资者对宏力能源欺诈事件的发生都负有一定的责任，但是发行人信息披露不实无疑是股权众筹融资风险的关键所在。

③案例分析

上述两则案例虽然都属于面向合格投资者进行的股权众筹融资，但是对于公募股权众筹融资更具启发意义，因为连合格投资者都能被欺诈，那么我们没有理由认为缺乏金融知识、投资经验的非合格投资者可以有效地预防欺诈。而且上述两则案例还具有重要的警醒意义，因为它使人们一直担心的股权众筹欺诈问题从理论发展到了现实，❷ 证明股权众筹对欺诈并没有免疫力，保护投资者免受欺诈仍然是证券立法者和监管者必须予以认真考虑的问题。上述两则案例发生之后，在美中两国甚至国际上都引起了广泛讨论和恐慌，但同时也给审视当前的股权众筹规则提供了宝贵的机会。

Ascenergy案发生于SEC最终的《众筹条例》付诸表决之际，该案发生后人们对于JOBS法案规定的监管规则能否起到应有的效果产生了广泛的怀疑，该案的发生印证了许多学者的担忧，给SEC的《众筹条例》以沉

---

❶ 李非凡. 深度：36氪深陷股权众筹项目"涉嫌欺诈"旋涡 [EB/OL]. http：//finance. qq. com/a/20160603/035932. htm, 2017-05-20.

❷ PEKMEZOVIC, ALMA&WALKER, GORDON. The Global Significance of Crowdfunding：Solving the SME Funding Problem and Democratizing Access to Capital [J]. Wm. & Mary Bus. L. Rev, 2016（7）：352.

重一击，以致 SEC 用极其强烈的语气表达了对 Ascenergy 的不满，因为它可能使 SEC 几年的努力付诸东流。而宏力能源案发生之时，我国已经开始了对股权众筹市场的规制尝试，先后发布《私募股权众筹融资管理办法（试行）（征求意稿）》《关于促进互联网金融健康发展的指导意见》等指导文件以保护投资者利益。这两种案例暴露了股权众筹监管规则中的许多问题，可能为后续立法的完善起到积极作用。

但就股权众筹强制性信息披露制度而言，上述案例起码暴露了该制度的两个缺陷。第一个缺陷是信息披露不充分。为了降低发行人的融资成本，使股权众筹制度变得实际可行，各国纷纷采取股权众筹发行注册豁免制度，大大简化了发行人的信息披露义务。但是这种简化的信息披露义务并没有为发行人提供一条清晰的披露准则。详细列举式的信息披露规则过于僵化，而企业的性质千差万别；概括式的信息披露制度虽然灵活，但是过于简略，这两种信息制度都可能使发行人在信息披露时遗漏掉一些重要信息。第二个缺陷是信息真实性无法保障。股权众筹豁免和互联网金融的"去中介化"使得保障信息真实性的两道屏障不复存在，只能依靠平台的审查和投资者的自我保护。但是基于平台的发展现状，平台还无法保证发行人信息的真实性，而普通投资者基于自身能力的局限似乎更容易受到高额利润的诱惑而不是审查发行人披露信息的真实性。

综上，在各国纷纷给予股权众筹发行注册豁免资格以及股权众筹"去中介化"的背景下，强制性信息披露制度对发行人的威慑作用大大降低。当前股权众筹的强制性信息披露制度基本上演变成发行人市场准入的一种前提条件，更多地发挥着监管者实施监管政策、平台规避责任的一种工具，预防欺诈的功能基本丧失了。

（二）无助于投资者理智决策

根据上述分析，股权众筹强制性信息披露制度在预防欺诈方面还存在缺陷，而且已经被股权众筹的实践所证明。但是强制性信息披露制度在预防欺诈方面的不足还无法充分证明该制度无法实现投资者保护的目标，因为即便是传统证券法中的强制性信息披露制度也无法杜绝欺诈现象的发生、安然、世通等震惊世界的丑闻已经充分证明了这一点。即便该制度无法预防欺诈的发生，但是如果该制度可以使股权众筹市场变得更加透明、公正，有助于投资者作出理智投资决策的话，考虑到股权众筹欺诈的案例仅为个案，那么仍然可以认定该制度是有效的，因为强制性信息披露制度的主要目的之一便是为投资者提供决策依据的信息。

如果强制性信息披露制度对于投资者的投资决策有积极作用，起码要满足两个条件：一个是投资者可以很容易获得决策需要的充分信息；另一个是投资者可以有效地处理信息，即对相关信息进行准确的价值和风险评估。

1. 投资者难以获得充分的信息

投资者是否能够轻易地获得充分信息需要从两个方面进行判断：如果投资者获取信息的成本很低或者基本都是免费的，那么就说明投资者可以轻易地获得信息；如果投资者获得的信息可以为投资者的投资提供足够的支撑，那么就说明投资者获得的信息是充分的。

根据各国股权众筹监管规则的要求，除了发行人需要披露相关信息之外，股权众筹平台也需要将发行人的有关信息披露给投资者。此外，法律一般还要求股权众筹平台必须建立投资者之间、投资者与发行人之间的沟通渠道，以保证信息的透明和畅通。关于信息披露的形式，法律没有过多的要求，股权众筹平台一般会建立信息披露的相关渠道以方便投资者的查阅。而且互联网时代信息传播的多样化，使投资者可以通过各种途径获得发行人及其项目的相关信息，由此看来，投资者似乎是可以毫无困难的获得相关信息的，但是事实并非如此。

股权众筹的发行人一般为中小企业或者初创企业，有的国家甚至要求发行人必须为高新技术企业或者其他科技企业。上述企业的性质就决定着大部分利用股权众筹融资的发行人自身产生的信息是十分有限的，这对于投资者决策需要的信息量而言是不充分的。❶ 而且，有些信息属于企业的

---

❶ JAMES, THOMAS G. Far from the Maddening Crowd: Does the Jobs Act Provide Meaningful Redress to Small Investors for Securities Fraud in Connection with Crowdfunding Offerings [J]. B. C. L. Rev, 2013（54）：1769.

商业秘密，也是企业未来发展的关键，一旦将这些信息披露，企业未来的竞争优势地位将不复存在。因此，企业不仅不会对这些信息进行披露，而且还会采取保密措施。同时，法律虽然要求发行人必须披露相关信息，但是又对某些概念如"重大性""关键性"缺乏清晰的界定。此种情况下，急需发展资金的发行人可能会有意隐藏对自己不利的信息，或者通过非常隐蔽、不易觉察的方式予以披露以避免发行失败。如果发行人有意隐瞒上述信息，投资者即便花费时间、金钱等成本去主动搜寻，也是很难获取的。❶

由此可见，互联网时代信息传播工具的多样化和便捷性可以使投资者获取信息的成本大大降低，但是投资者可能会获得并不充分的信息，导致其投资的非理性。

2. 投资者有效处理信息的能力不足

投资者能否有效处理信息，主要看投资者是否可以对获得的信息进行加工，即通过对信息的理解，评估某类证券的风险和价值，以作出是否投资的决定。

传统证券法认为投资者是完全理性的，强制性信息披露制度便建立在投资者理性的基础之上。支持此种理论的学者认为，即使投资者在评估证券方面会犯一些错误、证券价格也会偶尔错置，但是这些现象都是随机的、持续不了多长时间。❷ 即投资者本着最大化利益的目的，积极主动的收集并评估市场上存在的证券信息，并作出理智的投资决策。投资者理性的理论在证券市场发展的早期可能是合理的，但是在证券市场高度发达、复杂的今天，依然坚持投资者理性的观点显然不合适。金融行为学和金融心理学的大量证据表明，投资者是有限理性的。投资者的有限理性首先来源于自身认知能力的限制。❸ 这种限制使得投资者无法处理所有的信息，

---

❶ GABISON, GARRY A.The Incentive Problems with the All-or-Nothing Crowdfunding Model [J]. Hastings Bus.L.J, 2015-2016, (12): 496.

❷ GILSON, RONALD J&KRAAKMAN, REINIER H. The Mechanisms of Market Efficiency [J]. VA. L. REV, 1984 (70): 581.

❸ 西蒙（Simon）最先提出人的认知能力有限的问题，他在该文中举例说，人的计算能力的局限可能限制一个人的理性选择。SIMON, HERBERT A. A Behavioral Model of Rational Choice [J]. Q. J. ECON, 1955 (69): 101.

也无法准确评估所有选择的优劣，因此他们不得不将某些信息和选择排除在外，以节省时间。❶ 对投资者行为和心理的研究表明，投资者在处理信息和作出投资决策时并不是完全理性的，也就是说投资者对信息的错误评估、证券价值与价格的背离并不是随机的（random），而是与投资者的有限理性有关，并不能通过证券市场中投资者的重复博弈而抵销。

在投资者有限理性的前提下，越来越多的学者对当前证券法中的强制性信息披露的效果产生怀疑。因为当前证券法中的强制信息披露制度仅仅关注是否可以将重大、关键的信息提供给投资者，而并没有重视投资者如何处理信息并作出投资决策。❷ 当前各国股权众筹立法中的强制性信息披露制度显然是从传统证券法中移植过来的，只是做了适当的简化。其目的同样是希望将一些重大的、关键性的信息传递给投资者，希望投资者在这些信息的帮助下能够作出理性的而不是盲目的投资决策。考虑到股权众筹投资者绝大多是普通的投资者，同传统证券市场的投资者一样存在认知能力限制和认知偏差，无法对专业性较强且复杂的公司财务、管理等信息作出准确的解读。因此，各国的股权众筹立法中均强调发行人的信息披露文件必须采用投资者能够理解的文字加以披露。不仅如此，股权众筹监管规则还要求股权众筹平台承担投资者教育、投资者测试的义务，以确保投资者理解投资股权众筹的风险。然而，投资者能够读懂信息披露文件并不代表投资者能够理解该信息所蕴含的内容。披露的信息以投资者理解的文字展示只是投资者处理该信息的基本前提，能否对投资者的投资决策有所帮助，还要看投资者如何使用和处理这些信息，即投资者通过该信息对拟投资项目作何评估。同样，股权众筹平台的投资者教育和测试义务只是告知投资者投资股权众筹的一般风

---

❶ SIMON, HERBERT A. A Behavioral Model of Rational Choice ［J］. Q. J. ECON, 1955（69）：101.

❷ 保罗·斯洛维奇（Paul Slovic）教授认为，合理使用信息是投资者作出投资决策的关键，而当前的信息披露制度确实为投资者、分析家以及其他市场参与者提供了大量的可供参考的信息，但是几乎没有关注如何解释这些信息的问题。SLOVIC, PAUL. Psychological Study of Human Judgment：Implications for Investment Decision Making ［J］. J. FiN, 1972（27）：779.

险,即投资损失和流动性方面的风险。这是股权众筹行业普遍存在的风险,对于投资者能否做出理智的投资决策并无太大的帮助。

综上,当前各国的股权众筹强制性信息披露制度存在有效性不足的缺点。简化的信息披露义务不仅未能有效促进发行人的融资便利,而且对于能否达到投资者保护的目的也存在诸多不确定因素。因此,应当根据股权众筹市场的实际,构建逻辑严谨、标准明确的重大性信息披露制度。

第三节 构建股权众筹重大性信息披露制度

强制性信息披露制度是传统证券法纠正信息失灵的最主要的方式,也是践行资本市场"买者自负"原则的关键所在。股权众筹作为公募发行的一种,立法者在制定股权众筹立法时也将强制性信息披露制度作为投资者保护的基础性手段。然而许多学者在股权众筹立法伊始便表达了对强制性信息披露的质疑,认为强制性信息披露制度不仅会给发行人带来沉重负担,而且对于投资者保护而言并没有太大意义。股权众筹立法后的股权众筹市场的发展现状以及发行人欺诈事件的发生似乎印证了学者们的担忧,因而有学者提出应该废除股权众筹强制性信息披露制度。然而,笔者认为,股权众筹市场需要强制性信息披露制度,因为横亘在发行人与投资者之间信息不对称的巨大鸿沟只有依靠强制性信息披露制度才能缩小,其他投资者保护的制度也只有依靠强制性信息披露制度才能发挥作用。

一、股权众筹强制性信息披露制度有效性不足的原因

(一) 不完全符合股权众筹市场实际

前文 Ascenergy 股权众筹诈骗案和宏力能源案已经充分证明,当前的股权众筹信息披露制度在预防欺诈和促进投资者理智决策方面存在的缺陷,即信息披露不充分和信息真实性无法保障。然而,当前的强制性信息披露制度在纠正股权众筹市场信息失灵方面的无效不在于该制度本身存在无法克服的缺陷,而在于立法者和监管者没有找到适合股权众筹市场实际

的强制性信息披露方法。股权众筹立法之际，正是众筹市场蓬勃发展之时，人们热切盼望立法机构能够尽快通过股权众筹立法以赋予股权众筹合法地位，扫除传统证券法对股权众筹发展的阻碍，并制定符合股权众筹发展实际的制度。因此，各国立法机构和监管机构为了尽快使股权众筹合法化并在社会中发挥作用，并没有对股权众筹市场应当适用什么样的强制性信息披露制度作过多研究，仅仅将传统证券法中的强制性信息披露制度适当简化，试图以此解决股权众筹市场的信息失灵问题。例如，美国最初的JOBS法案草案并没有信息披露的内容，但是在付诸参议院表决时，民主党人考虑到股权众筹市场存在的巨大信息不对称情况给投资者可能带来的风险，要求该法案必须包含信息披露的内容。因此法案的起草者不得不对传统证券法中的强制性信息披露制度进行精减并加入到JOBS法案之中，以使法案能够获得通过。❶再如韩国的《资本市场法》也是将传统证券法中规定的强制性披露的信息由21项精减到7项。然而，股权众筹市场虽然也属于公募市场的一种，但是毕竟与传统公募市场存在本质的差别，直接将简化的传统强制性信息披露制度直接适用于股权众筹市场能否能够达到效果是不确定的。但从股权众筹立法后股权众筹市场发展的现状以及前文所述两则案例的发生可以看出，脱胎于传统证券法并适当简化的强制性信息披露制度同股权众筹市场并不契合，这是当前股权众筹强制性信息披露制度无法充分发挥效果的根本原因。正如美国一位学者所言，SEC应该对股权众筹市场进行几年的研究，然后再制定相应的监管政策，而不是对传统的监管政策的修修剪剪。

（二）股权众筹强制性信息披露内容的"碎片化"

各国的股权众筹强制性信息披露制度普遍存在"碎片化"的特征，无法为发行人提供明确的披露指引。众所周知，传统证券法中的重大性信息披露制度随着司法实践的发展不断得到完善。虽然各国证券法中的信息披

---

❶ THOMPSON, ROBERT B&LANGEVOORT, DONALD C. Redrawing the Public-Private Boundaries in Entrepreneurial Capital Raising [J]. CORNELL L. REV, 2013（98）: 1573-1605.

露制度的具体内容不尽相同，但是基本上都确定了信息披露的基本标准，从而使传统证券法中的强制性信息披露制度体系完整、逻辑缜密。各国的股权众筹监管法律虽然借鉴了传统证券法中强制性信息披露的内容，却没有对信息披露的具体标准进行界定，从而使股权众筹信息披露的具体内容呈现"碎片化"特征，貌似列举了发行人需要披露的所有重大信息，但是缺乏具体标准指引的信息披露制度给发行人履行披露义务带来诸多困惑。根据我国台湾地区 GISA 的监管规则，❶ 发行人必须披露八类基本信息，分别是：公司基本信息；公司控股股东信息；股东会议的时间和讨论事项；财务报表；股利分配；股东会议纪要；公司分配股利、津贴等的时间记录；现金流量。此外，发行人还必须就以下重大信息进行披露：公司声誉丧失；有关公司财务和经营方面的争议，包括诉讼和非诉讼事项；公司经营方向的重大改变；公司较大财产出售；公司高级管理人员的变动；公司合作计划、签订的重大合同，以及这些事项的改变；公司增资或者增股的决议；公司筹资资格的中止；任何其他对股东权利造成影响的事项。从表面上来看，台湾地区的股权众筹信息披露制度大大简化并十分清楚，但是事实并非如此，发行人仍然承担了较重的信息披露义务。有一个发行人的 CEO 就发行人与一个大公司签订的合同是否属于重大信息的问题向 GTSM 咨询时，GTSM 的工作人员也没有给出明确的答案。❷ 由此看见，监管机构对某项信息是否必须予以披露有时也难以确定。❸

综上，各国的股权众筹强制性信息披露制度仅仅是将传统证券法中信

---

❶ 我国台湾地区于 2014 年 1 月成立第一个股权众筹平台 the Go Incubation Board for Startup and Acceleration，GISA Board），但是该平台是由台湾证券柜台买卖中心（GreTai Securities Market M）成立的，而并非私人控制。GISA Board 是一个具有准政府性质的机构，主要功能便是监督台湾地区的股权众筹平台。

❷ TSAI, CHANG - HSIEN. Legal Transplantation or Legal Innovation? Equity - Crowdfunding Regulation in TAIWAN after Title Ⅲ of the U. S. JOBS ACT [J]. B. U. Int'l L. J. 2016 (34): 257.

❸ TSAI, CHANG - HSIEN. Legal Transplantation or Legal Innovation? Equity - Crowdfunding Regulation in TAIWAN after Title Ⅲ of the U. S. JOBS ACT [J]. B. U. Int'l L. J. 2016 (34): 250-256.

息披露的内容进行了适当简化,与股权众筹市场并不是完全契合。而且没有为发行人的信息披露提供一条清晰的准则,导致不同行业的发行人在信息披露时面临诸多困惑,有可能造成发行人披露信息的"遗漏"或者"过量"。因此各国立法者应当对股权众筹强制性信息披露的具体标准进行界定。笔者认为,考虑到股权众筹市场的实际情况,应当构建以"重大性"为标准的强制性信息制度。

二、股权众筹重大性信息披露制度面临的挑战与辩护

如果说强制性信息披露制度是证券法的基石,那么重大性标准无疑是强制性信息披露制度的根基。目前各国的证券法如美国、日本、英国、中国等无不以重大性作为发行人信息披露的依据。但是随着证券市场的发展,特别是20世纪80年代以来许多声誉卓著的大公司丑闻的曝光,人们对以重大性为标准的强制性信息披露制度的效果产生怀疑,从而使其在理论上屡次遭受挑战。很多学者主张证券法中的强制性信息披露制度应当由"重大性"标准转向"以投资者为导向"标准。很多研究股权众筹的学者也认为,股权众筹的强制性信息披露制度也应当以"投资者为导向",以缓解融资者与投资者之间存在的信息不对称现象。然而,笔者认为,考虑到股权众筹市场的实际,股权众筹的信息披露制度还是以"重大性"标准为宜。

(一)构建股权众筹重大性信息披露制度面临的理论挑战

1. 信息披露制度悖论

美国的伊琳·弗兰德和爱德华·斯曼(Irin Friend & Edward S.Herman)认为,信息披露得越全面、范围越广越好,因为完全的信息披露可以避免发行人心存侥幸心理而欺诈投资者,同时可以向投资者提供有关发行人和证券发行的所有重大信息,从而为他们的投资决策提供充分的、有效的信息,减少投资的不确定性。❶然而在信息披露的实践中会存在诸多问题。

---

❶ 孙旭. 美国证券市场信息披露的理论综述 [J]. 东北财经大学学报,2008(2): 13.

从企业的角度来讲,信息披露意味着成本的增加,而且对不利信息的披露会降低企业的市场竞争力,不利于企业的发展。同时过于详细的信息披露有可能泄露企业的商业机密,从而无法获得市场优势地位。因此,企业在进行信息披露时,总是从有利于自己的角度进行,从而使市场有效信息供给不足,无法满足投资者决策的要求。另外,完全的信息披露在实践中会造成信息超载。信息重复、信息过时、非重大信息等充斥于各种披露文件之中,❶ 特别是大数据时代网上信息量巨大,有的信息之间可能还存在各式各样的矛盾,使投资者作出投资决策时无所依凭。同时,现代社会的企业经营模式、涉足领域等都有了深入的发展,公司广泛应用的先进技术、会计准则等日益复杂,信息披露随之也越来越复杂,姑且不论一般的投资者,大多合格投资者也无法充分了解并运用这些信息。

由于上述信息披露悖论的存在,信息披露越多,市场的信息失灵现象会越加剧。基于此,有些美国学者批判了《1933年证券法》的强制信息披露制度,并运用各种方法探讨信息披露的公平与效率问题。

2. 信息披露制度的效率价值理论

自20世纪80年代以来,美国学者对于信息披露的研究已经从要不要信息披露转换到要进行怎样的信息披露。

根据法经济学的分析,效率指的是法律制度能够实现社会资源的最优化配置。根据有效市场理论,如果证券的价格能够反映所有的市场信息,那么这样的市场就是有效的。❷ 据此推知,证券市场是否有效主要是看证券的价格能否反映所有的信息,如果能够反映所有信息并且随着信息的披露而波动,这样的市场就是有效的。但是在实际的证券市场上,无论是一级市场还是二级市场,相关信息在披露、传递、解释和反馈的过程中,都有可能使市场效率下降,使得证券价格无法反应完整的市场信息。因此,证券市场不存在实际意义上的有效市场。应当从投资角度分析交易过程中

---

❶ PAREDES, TROY A. Blinded by the Light: Information Overload and Its Consequences for Securities Regulation [J]. Wash. U. L. Q, 2003 (81): 417–419.

❷ FAMA, EUGENE F. Efficient Capital Markets: A Review of Theory and Empirical Work [J]. Fin, 1970 (25): 383, 413–416.

的信息定价效率。❶ 这种定价效率,减少了证券价格与证券信息的偏离幅度,将会降低证券市场的价格波动,提高资源的分配效率。不仅对于投资者,而且对于所有的市场参与者来说都是有益的。❷

有效率的信息披露必须关注两个方面。一个是市场上必有存在足够多的、能够据此作出投资决策的信息;另一个是投资者或者市场上的投资专家们必须能够获得并了解这些信息,❸ 即投资者或者专家能够根据这些信息评估证券真正的风险和价值,使证券价格真实反映其应有的价值。因此在以上效率视角之下,考虑到证券市场的现实,必须建立以投资者为导向的强制性信息披露制度。因为投资者是证券市场资金的来源,他们做出投资决策必须建立在掌握和了解市场信息的基础之上,可以说是披露信息的最终使用者。披露的信息在多大程度上能够被投资者关注和了解关系到信息披露的效率问题,❹ 同时也与证券的价格直接相关。

3. 投资者有限理性

前述"有效市场假说"假设投资者是理性的,在证券市场发展早期,该假设可能是成立的,因为此时的证券信息结构并不复杂,投资者通过对证券的风险和价值评估便可以作出理智的投资决策。但是证券市场发展到今天,"投资者理性"的观点便很难成立了。今天的证券市场上,证券的结构日益复杂、行业分工持续深入,与证券相关的信息也越来越多,投资者与证券发行人之间信息占有量的差距进一步被拉大。"有效市场假说"

---

❶ 唐震斌. 有效市场理论与我国证券市场的有效性研究 [J]. 河南金融管理干部学院学报, 2006 (3).

❷ C, COFFEE J. Market Failure And The Economic Case For a Mandatory Disclosure System [J]. Virginia Law Review, 1984, 70 (4): 717.

❸ 麦西(Macey)教授在文中分析了信息披露中信息供给侧和需求侧的主要区别,并认为信息披露没有满足信息需求侧的需要是造成安然丑闻和其他财务丑闻的主要原因。MACEY, JONATHAN. A Pox on Both Your Houses: Enron, Sarbanes-Oxley and the Debate Concerning the Relative Efficiency of Mandatory Versus Enabling Rules [J]. WASH. U. L. Q, 2003 (81): 329.

❹ PAREDES, TROY A. Blinded by the Light: Information Overload and Its Consequences for Securities Regulation [J]. Wash. U. L. Q, 2003 (81): 418.

仅仅假设投资者的理性,但是并未关注投资者在信息的获得和处理方面是否理性,即投资者是否会积极主动的获得信息、是否充分理解这些信息并能作出理智的投资决策。正如美国 SEC 委员劳拉·昂格(Laura Unger)所言:SEC 一直在探索新的、能够加强信息披露的工具,但是这些披露的信息是否会对投资者有所帮助,取决于投资者是否理解并有效利用这些信息。获得信息并不等于理解信息。❶

此外,大量的研究表明,证券市场存在大量的"噪音"(noise),这些"噪音"使得投资者在作出投资决策时"偏离"理性的轨道。❷ 造成投资者非理性的因素除了上述投资者认知能力的有限之外,还有风险规避(risk aversion)、❸ 框架效应(framing)、❹ 代表性直觉(responsibility heuristic)、❺ 易得性直觉(the availability heuristic)、❻ 过于乐观(overoptimism)、过于自信(overconfidence)等。这些存在于投资者行为和心理中的"偏见"(bias)均与"有效市场假说"中投资者理性的假设不符。因

---

❶ SEC Commissioner Laura S. Unger, Remarks at the Internet Securities Regulation American Conference Institute [EB/OL]. http://www.sec.gov/news/speech/spch387.htm, 2015-05-28.

❷ FISHER, KENNETH L&STATMAN, MEIR. Cognitive Biases in Market Forecasts [J]. Fall Volume, J. PORTFOLIO MGMT, 2000 (27): 72.

❸ 风险规避是风险应对的一种方法,是指通过有计划的变更来消除风险或风险发生的条件,保护目标免受风险的影响。风险规避并不意味着完全消除风险,我们所要规避的是风险可能给我们造成的损失。一是要降低损失发生的概率,这主要是采取事先控制措施;二是要降低损失程度,这主要包括事先控制、事后补救两个方面。

❹ 框架效应(Framing effects),指人们对一个客观上相同问题的不同描述导致了不同的决策判断。框架效应的概念由特维斯基(Tversky)和卡尼曼(Kahneman)于1981年首次提出。

❺ 代表性直觉是指对某个事物进行评价时,在直觉的引导下,将其与某一类别的心理表征进行比较。通俗的解释就是,"A 在多大程度上能够代表 B,或者 A 在多大程度上与 B 相似"来判断事件发生的可能性,这种原则被称为"代表性直觉"。

❻ 易得性直觉是指如果能够根据映入头脑的现成例证(记忆中现成可得的)做出回答,那么我们就会假定该事件是经常发生的,运用这一认知规则进行判断。简而言之,就是说人们总是喜欢偏向于自己熟悉或者容易提取的信息来对某事进行决策。

此,以"有效市场假说"为基础的强制性信息披露制度能否达到投资者保护、市场透明和公正的目标是有疑问的。特别是面临"信息超载"的情况时,投资者的有限理性特征表现得更为明显。

4. 信息过量

一般来说,信息过量是指个人接受的信息量超过了其能够接受和处理的程度,使其无法对这些信息有效整合、加以运用,从而对个人的生活、工作等产生消极的影响。❶ 虽然有些学者并不承认信息过量的存在,❷ 但是大量的研究表明,信息过量不仅存在于消费领域,如房地产、日用品等,而且广泛存在于金融和会计决策领域。❸

从决策有效性的角度来看,信息过量是指额外信息的数量导致的决策有效性的减少量大于该额外信息的质量导致的决策有效性的增加量,那么此时这些额外的信息便是过量的信息,因为它使决策有效性降低了。❹ 该定义在投资领域具有重要的意义,因为它表明对于投资者而言,信息并非越多越好,一旦信息的数量超过其处理能力,过多的信息反而造成投资决策质量的下降。❺ 研究表明,在复杂情况下,投资者限于认知能力的不足

---

❶ MORGAN, KATIE&MANNHEIMER, MICHAEL J. ZYDNEY. The Impact of information overload on the capital jury's ability to assess aggravating and mitigating facts [R]. Wm. & Mary Bill Rts. J, 2008-2009, (17): 1110.

❷ Grether 认为,人们在面对大量的信息时可以采用简单的决策,以避免信息过量的影响, GRETHER, DAVID M et al. The Irrelevance of Information Overload-An Analysis of Search and Disclosure [J]. S. CAL. L. REV, 1986 (59): 277-278, 287-294.

❸ PAREDES, TROY A. Blinded by the Light: Information Overload and Its Consequences for Securities Regulation [J]. Wash. U. L. Q, 2003 (81): 443.

❹ KELLER, KEVIN LANE&STAELIN, RICHARD. Effects of Quality and Quantity of Information on Decision Effectiveness [J]. CONSUMER RES, 1987 (14): 202.

❺ 信息的数量与决策质量之间的关系可以用"倒 U 型"(inverted-U)表示,当信息披露的数量在临界值(certain point)之前,信息数量与决策质量之间呈正比例关系;当信息的数量超过了临界值,信息的数量与决策质量之间呈反比例关系。STOCKS, MORRIS H&TUTTLE, BRAD. An Examination of Information Presentation Effects on Financial Distress Predictions [J]. ADVANCES IN ACCT. INFO. SYS, 1998 (6): 674.

会利用简单的策略做出决策,比如排除法(elimination-by-aspects)等。❶ 虽然利用上述简单策略作出的决策可能并不坏,❷ 但是这种决策的质量往往得不到保证。而且信息越多,投资者反而会使用更少的信息,因为信息的收集和处理成本会更高,❸ 理性的投资者在处理信息时会选择一些自己认为关键的信息,而将其他信息排除掉。但是根据研究,人们往往被一些无关紧要的信息所干扰而忽略掉一些重大关键的信息。❹ 如果上述研究结果是真实的,投资者在信息过量的情况下作出的信息选择无异使决策质量降低的可能性进一步增加。即使所有的信息都是重大且相关的,决策者依然会受到信息过量的影响,因为超过临界值的信息越多,投资者依靠简单策略作出的决策非最优的可能性越大。由此可见,投资者的理性在信息过量的情况下会受到很大的限制,表现出更多的非理性特征,依靠直觉、经验等比较简单的策略作出投资决策的可能性比较大,从而使投资决策的有效性处于不确定状态。同时在信息过量的情况下,投资者的某些认知偏差也会被放大,比如投资者可能觉得市场上存在更多的信息而更加乐观、自信,忽略了信息的真实性、重复性给投资决策带来的消极影响。同时在信息过量的情况下,投资者基于自身认知能力的限制更容易产生"搭便车"的心理,个体理性导致的集体非理性的可能性加大。

  以上论述充分说明,证券法中的强制性信息披露制度一味扩大信息披露的范围,对投资者的决策来说可能并不会产生效果,甚至说会产生消极后果。强制性信息披露的有效性不仅要关注披露的信息本身,更要关注投资者如何使用和处理这些信息的。否则不仅造成融资成本提高,也会给投

---

  ❶ GARBARINO, ELLEN C&EDELL, JULIE A. Cognitive Effort, Affect, and Choice [J]. CONSUMER RES, 1997 (24): 147, 148.

  ❷ 决策者使用一个简单的策略也可能得出与使用复杂策略近似结果。JOHNSON, ERIC J&PAYNE, John W. Effort and Accuracy in Choice [J]. MGMT. ScI, 1985 (31): 395, 408.

  ❸ JOHNSON, ERIC J&PAYNE, JOHN W. Effort and Accuracy in Choice [J]. MGMT. ScI, 1985 (31): 395, 442.

  ❹ NISBETT et al. The Dilution Effect: Nondiagnostic Information Weakens the Implications of Diagnostic Information [J]. Cognitive Psychol, 1981 (13): 248.

资者的决策带来更多的干扰因素。因此，人们普遍认为，本着融资便利和投资者保护的目的，为了促进市场的公开、透明、公正，应该建立以投资者为导向的强制性信息披露制度。

（二）构建股权众筹重大性信息披露制度的辩护

诚然，对于传统证券市场来说，构建以投资者为导向的信息披露制度可以控制日益扩大的信息披露制度的范围，使信息披露制度的效率得到提高。但是以投资者为导向的信息披露制度可能并不适合股权众筹市场的实际。

1. 股权众筹构建以投资者为导向的信息披露制度的困境

在传统证券市场，越来越多的学者从效益价值的角度研究当前证券法中的信息披露制度在投资者保护方面的作用，认为当前的信息披露制度并未关注投资者的实际需求，使得传统证券市场的信息披露制度无法充分发挥作用。因此很多学者提出应当构建以投资者为导向的信息披露制度。据此，一些学者在研究股权众筹时也认为，股权众筹的信息披露制度应当以投资者为导向，而不是传统证券法信息披露内容的简单罗列。

诚然，从效益的角度来看，以投资者为导向的信息披露制度无疑是效率最高的，因为投资者是信息的最终使用者，根据投资者的需求披露信息不仅可以减轻发行人的成本负担，而且可以避免信息过量带来的决策失误。但是构建以投资者为导向的信息披露制度非常困难，特别是在股权众筹领域，构建以投资者为导向的信息披露基本上是不可行的，原因有以下四点。

首先，构建以投资者为导向的信息披露制度的前提是必须了解投资者对于信息的偏好，即投资者会基于何种信息作出投资决策。投资者的信息偏好不是一个理论问题，而更多的是一个实证问题。因此，如果要构建以投资者为导向的信息披露制度，必须做好充分的实证研究，以确定投资者需要何种信息。但是在实践中，由于投资者的教育背景、投资经历等的不同，投资者对于信息的需求呈现多样化的特点。虽然可以根据每个投资者的需求总结出信息偏好的共同性，但是这种共同性的信息对于单个的投资者来说是不充分的。并且根据实证研究的结果,投资者越多,其对于信息的需求也就越大,最终的结果可能导致以投资者为导向的信息披露要比当前的信息披露义务更重。

其次,构建以投资者为导向的信息披露制度的目的是根据投资者的需求进行相关的信息披露。但是在股权众筹的语境下,大多数投资者特别是普通投资者对于自己需求何种信息并不清楚。他们作出投资决策很多情况下并不是根据实际需求的信息,而是根据自己的兴趣、发行人的描述以及自己对于某个项目的简单预测。此种情况下构建以投资者为导向的信息披露制度便没有充分的实证依据。在实证调查中,普通投资者往往会根据自己所了解到甚至是听说过的一些信息类别作出回答,并未考虑这些信息对于自己决策时的作用。因此在投资者并不了解如何理智决策的情况下,构建以投资者为导向的信息披露制度的效果可能并不理想。

再次,以投资者为导向的信息披露制度效果的发挥依赖于投资者对于披露信息的运用。如果投资者不能有效利用被披露的信息,即使构建的信息披露制度是以投资者为导向的,也无助于投资者的理智决策。当前,各国的股权众筹监管规则都规定了普通投资者只能将自己资产的一小部分用于股权众筹投资,虽然此举可以防止投资者遭受可能的重大损失,但是却无疑削弱了投资者审慎审核的动力,有可能使强制性信息披露制度无甚意义。❶ 特别是对于股权众筹投资者来讲,投资知识和经验的缺乏是投资者理智决策的"硬伤",当前信息披露制度有效性的关键,不在于适不适合,而在于投资者能不能够了解被披露信息的问题。根据实证调查,普通投资者关注的信息很大一部分都是跟发行人的财务信息相关,而这些信息往往是投资者最难理解的。❷ 因此即便根据投资者的需求对这些信息进行披露,投资者能否了解这些信息是不确定的。在股权众筹的"去中介化"背景下,信息披露制度无论是以监管者为导向,还是以投资者为导向,普通投

---

❶ PARSONT, JASON W. Crowdfunding: The Real and the Illusory Exemption [J]. Harv. Bus. L. Rev, 2014 (4): 285.

❷ 黄立新,陈宇,吴姬君,刘灿辉. 构建基于投资者需求的信息披露制度探讨 [J]. 证券市场导报, 2014 (7): 6.

资者可能都无法准确理解所披露的信息。

最后，构建以投资者为导向的信息披露制度虽然可以满足投资者对于信息的要求，但是投资者需求的信息与反应发行人真实情况的信息可能并不一致。也就是说，投资者感兴趣的信息可能无法反映发行人及其拟发行证券的真实风险状况。在这种情况之下，即便投资者得到并理解所需求的信息，也无法对发行人及其发行作出准确的评估，投资者据此作出的决策"理智"但并不"明智"。股权众筹的发行人及其发行项目一般属于高科技或者创新领域的筹资人和筹资项目，普通投资者关注的往往是它的发展前景和创新性，容易忽略项目本身的风险性。如果构建以投资者为导向的信息披露制度，仅仅关注到了投资者对于信息需求的主观性，却容易忽略投资决策需求信息的全面性和客观性。

总之，在股权众筹语境下，一些学者提出的构建以投资者为导向的信息披露制度的条件还不具备。

2. 构建股权众筹重大性信息披露制度可行性

（1）理论上的可行性。

根据效率价值理论和投资者有限理论，信息披露制度应当关注投资者如何使用信息并作出投资决策，即假设投资者有一定的获取某类信息的愿望和作出决策的能力。但是在证券市场上，投资者作出决策依据的往往不是信息，而是证券的价格，并认为证券的价格反映了市场上所有的公共信息。而且投资者基于自身能力和成本的考虑，很容易受到其他投资者特别是专家投资者的影响，从而产生投资者之间的"羊群效应"。因此即便建立以投资者为导向的信息披露制度，并且投资者能够依据这些信息作出决策，也可能受到其他投资者的影响而改变决定。传统证券市场是"真正"的投资市场，投资者投资的唯一的目的就是通过投资某一企业或者项目获得回报，因此维护投资者免受欺诈、避免投资者损失是传统证券法最主要的任务。单从这方面来看的话，投资者为导向的信息披露制度比重大性信息披露制度更能提高投资者保护的水平。但是，股权众筹市场不一样，投资者购买发行人的某一证券可能并非仅仅为了获得回报（虽然这也是一个目的）。大量证据表明，投资者的个人喜好、参与的满足感、好奇以及社会公益目的往往超过了投资者对于回报的期待。这也就意味着投资者即使面对风险较大的项目也可能会全力支持，这方面的例子是很多的。日本某一公司宣布通过众筹的形式筹集资金用以开发一种扑翼蜻蜓（Robot Dragonfly，一种无人机）。该项目在平台公布之后，引起许多投资者的强烈兴趣。投资者只要通过搜索引擎搜索一下，便会了解开发扑翼蜻蜓是一项技术要求非常高的工作，其结构复杂，需要传感器、制动器、机械零件都紧凑装配在开放和闭合环路控制系统中，并且能够彼此精确匹配才能成功。但是公司依然在短时间内筹集了约1亿日元的资金。随后的产品研发中，因企业并没有掌握"扑翼"方面的技术而宣告失败。❶ 由此可见，投资者"非逐利"的动机可能使重大性信息披露制度更适合股权众筹市场。

（2）实践上的可行性。

根据前述，传统信息披露制度的重大性标准之所以广受质疑，原因就在于重大性标准缺乏清晰的厘定。虽然证券价格标准和理性投资者标准为重大性提供了参照，但是这两条标准的认定往往是主观的，即某项信息是否符合证券价格标准或理性投资者标准依赖于法官的认定。这就使发行人在信息披露过程中慑于"信息披露欺诈"的威胁，往往倾向于披露更多的信息，从而使信息披露的范围越来越大，超过投资者的处理能力，因而影响信息披露制度的效率。

然而，传统证券市场的发行人大多为资金实力雄厚、经营管理规范并在社会中存续了一定时间的大公司，本身就在经营管理过程中积累了众多的信息。要在浩如烟海的信息中区分什么是重大信息、什么是非重大信息是非常困难的。因此发行人更容易披露更多的信息。但是股权众筹的发行人与传统证券市场的发行人正好相反，股权众筹的发行人多为中小企业或者初创企业，经营的时间并不是很长，例如，韩国规定有权利用股权众筹的企业经营年限不得超过7年、意大利规定股权众筹的发行人经营时间不

---

❶ 水中での呼吸が可能に!？クラウドファンディングで失敗した実現不可能だった夢の製品たち［EB/OL］. https：//www.en‑jine.com/blog/articles/1153，2017‑02‑04.

得超过 4 年。因此它们本身积累的信息有限，即便让他们披露所有的信息，其总量可能也不会太多，❶ 所以股权众筹构建重大性信息披露制度可以将信息的数量控制在一定的范围之内。

再者，自美国《1933 年证券法》发展至今，尽管很多学者对以重大性为标准的强制性信息披露制度的效果提出质疑，并且发展了很多以投资者为导向的信息披露制度理论，但是各国主管机构仍然坚持当前的信息披露制度。这是因为构建以投资者为导向的信息披露制度是非常困难的。传统证券市场尚且如此，对于股权众筹市场的难度可想而知。但是重大性标准经过这么多年的理论研究、司法实践，其内涵、外延、判断标准等均有了一定的发展，股权众筹可以借鉴传统证券法的经验。可以说，对于股权众筹而言，构建重大性信息披露制度要比构建以投资者为导向的信息披露制度容易得多。

此外，投资者随着知识的增加、经验的积累，对于信息的偏好、信息的处理和决策过程也会有所变化，以投资者为导向的信息披露制度没有考虑到投资者能力的动态变化，似乎更适合发行人的自愿性披露。而根据各国股权众筹法律的规定和股权众筹平台的实践，股权众筹平台一般会建立投资者与发行人之间的交流机制。投资者借助这种交流机制可以向发行人要求其所感兴趣的信息或者疑惑的信息，同时也可以要求发行人对某些信息作出详细的说明。因此，这种交流机制本身就是以投资者为导向的，可以根据投资者的需要提供信息，相比于专门建立以投资者为导向的信息披露制度更加经济、实用和准确。因此在股权众筹已经建立这种交流机制的情况下，没有必要再去专门建立投资者为导向的信息披露制度，毕竟股权众筹投资者的人数与公募市场投资者人数相比，并不是很多。

三、构建股权众筹重大性信息披露制度的建议

证券市场建立信息披露制度的目的是保护投资者，以便投资者在理智

---

❶ BRADFORD, C. STEVEN. The liability of crowdfunding intermediaries for the fraud of others [J]. U. Cin. L. Rev, 2014-2015, (83): 380.

评估的基础上作出投资决策,从而贯彻资本市场"买者自负"的基本原则。在公募市场上,由于发行人往往属于资金实力雄厚的大企业,立法者在设计信息披露制度时以保护投资者利益为中心,合理控制发行人的披露成本。但是在股权众筹市场,发行人为资金实力弱小的中小企业甚至是初创企业,如果一味强调投资者的保护,势必造成发行人难以承担高昂的信息披露成本,从而使股权众筹的实用性大大降低。因此,股权众筹的信息披露制度必须在融资便利与投资者保护之间达成平衡,构建适度的重大性信息披露制度。

(一)遵循股权众筹信息披露的适度性原则

股权众筹信息披露制度除了要遵循传统证券法信息披露制度的真实性、及时性以及完整性等原则之外,必须强调信息披露制度的适度性。这是根据股权众筹发行人和普通投资者现实情况作出的必然选择。[1]

股权众筹发行人一般为中小企业,资金实力有限,无法承担过高的信息披露成本。欧美国家的股权众筹立法实践充分说明,即便是简化的信息披露制度,也可能超过了发行人的承受能力。只有充分考虑发行人的实际,使发行人的信息披露成本与利用股权众筹的收益达到一定的比例,才能使股权众筹成为发行人乐于选择的融资工具,从而使股权众筹的作用充分发挥。对于投资者特别是普通投资者来讲,投资者的有限理性使得股权众筹信息披露制度必须坚持适度性原则。过多的信息披露很容易超过投资者的信息处理能力,从而造成"信息过量",降低投资者决策的有效性。另外,过多的信息披露往往造成信息的重复、冗余,形成各种各样影响投资者决策的"信息噪音"。因此,信息披露不是越多越好,只要提供了投资者决策的必要信息,即使信息的数量是有限的,效果却往往是最好的。大量的实证研究也充分证明,过量的信息不利于投资者的理智决策。

因此,股权众筹信息披露制度应当坚持适度原则,努力平衡融资便利与投资者保护的目标。

---

[1] MATHEWS, KELLY MATHEWS. Crowdfunding, Everyone's Doing It: Why and How North Carolina Should too [J]. N. C. L. Rev, 2015-2016, (94): 328-329.

(二) 股权众筹重大性信息披露制度的依据和内容

1. 重大性标准的依据

在证券法领域，重大性标准是在界定"虚假陈述""内幕交易"的过程中逐渐形成的信息披露准则。美国联邦证券交易委员会依据1934年《证券交易法》10b-5规则以及美国的司法实践，❶在重大性问题上基本形成了"影响投资者决策标准"和"影响发行人证券市场价格标准"两条规则，即当某项信息对理性投资者的决策有重大影响时，或者该项信息会使证券的市场价格产生较大波动时，该项信息便满足重大性的标准，信息披露义务便会产生。而根据英国《1986年金融服务法》第146条的规定，公司上市信息披露应包含投资者及其专业咨询人员为了对公司的资产负债、财务状况、损益情况和发展前景做出评估而合理所需并正当期望的全部信息。❷

在信息的重大性与否方面，美国坚持双重标准，并且其"影响投资者决策标准"更多的关注某项信息对投资者决策的影响。而英国的重大性信息标准倾向于投资者及其专业咨询人员作出评估的"正当期待"。❸尽管美国与英国关于信息的重大性标准方面不尽相同，但是有一点是一致的，即重大性的信息必须是对投资者的决策产生重大影响的信息。根据股权众筹的实际情况，以"影响投资者决策标准"作为重大性信息的判断依据无疑是最合适的，更有利于投资者的保护。IOSCO在其《证券监管的目标原则》第19项原则中也认为，发行人应将影响投资者决策的相关信息披露给投资者。

投资者决策标准比价格标准更能保护处于绝对弱势的普通投资者的利益。在价格标准下，发行人往往只考虑自身利益最大化而忽视投资者的利益，这使得普通投资者往往担心投资受损而不敢投资。但是，在普通投资

---

❶ SEC vs. Texas Gulf Sulphur (1986); TCS Industries vs. Northway (1976 "TSC"); Basic Inc. vs. Levinson (1988).

❷❸ 覃宇翔. 浅议证券法信息披露义务中的"重大性"标准 [J]. 商业研究, 2003 (4): 107-108.

者决策标准下，发行人不仅要考虑自身利益问题，更要考虑普通投资者的利益能否得到保障、能否增强股权众筹投资者投资的信心。此外，普通投资者决策标准更有利于受损害投资者进行司法救济。如果采用价格标准，那么受害者必须证明发行人虚假陈述、重大误导或内幕交易等行为对证券价格造成了重大影响，即证明上述违法行为与证券价格变动之间存在因果联系，这对于普通投资者来讲难度过大，进一步降低了股权众筹投资者通过诉讼维权的意愿。但是如果采纳投资者决策标准，投资者只需证明发行人的虚假陈述、重大误导或内幕交易等行为足以影响自己的决策，即可获得法律救济，与价格标准相比较，投资者的诉讼负担和成本大为降低。

2. 重大性信息应当包含的内容

信息披露的重大性标准是一个主观性、实践性比较强的一个标准，不可能从立法层面对其加以详细的规定。因为监管者、投资者和发行人对于重大性信息的理解是不一样的。即便是一个案件中确立的重大性标准，也不可能完全适用于另外一个案件。案件的具体情况不同，重大性信息的范围也不一样。因此很少有国家的证券法对信息的重大性标准作出刚性规定。但是必须对信息的重大性标准规定一个适度的范围，防止重大性标准过高造成投资者无法获得必需的信息，或者防止重大性标准过低而加大发行人的信息披露成本。在股权众筹市场，从投资者决策有效性的角度出发，适度的重大性信息披露制度至少应该包括以下三种信息。

第一，股权众筹信息披露制度应当包含发行人及其与发行有关的基本信息，包括发行人的名称、住址、联系方式；发行人的董事、高级管理人员以及相当于此种职位的相关人员，另外还包括占有一定股份份额的股东等；发行人的业务类别和商业计划；股权众筹的筹资额，使用方式等。股权众筹发行人及其与发行有关的信息披露可以使投资者对发行人及其发行的真实性作出判断，并且根据发行人的描述对发行人的尽职状况、履约情况进行有效的监督，一旦发现发行人失职、违约，可以及时制止或者诉诸法律。

第二，股权众筹信息披露制度还应该包括发行人的相关财务信息。根据实证调查，投资者最为关注的便是公司的财务信息，❶包括发行人的现金流量、盈利、资产负债、所得税申报表、财务报告、财务报表等信息。对发行人财务信息的披露可以使投资者对发行人的经营状况有基本的了解，并且投资者还可以根据发行人的财务信息对发行人的经营前景作出一定的评估。然而，投资者虽然对财务信息最为关注，但是最反感的却是发行人对财务信息的披露流于形式、披露不清、存在错误等，而恰恰当前各国股权众筹发行人对于自身财务信息的披露往往只是简单的罗列一些财务数据，缺少系统性、明确性的说明。因此，除了要求发行人对财务信息的披露必须准确以外，还必须对相关的财务信息进行简单的说明，使不同的财务信息之间存在一定的关联，便于投资者比对。❷但是美国的股权众筹信息披露制度中要求相关的财务信息必须经过第三方中介机构的审核并不可取，因为这会大大加重发行人的信息披露负担，使股权众筹的实用性大大降低。❸虽然经过第三方审核的财务信息的真实性、公信力大大提高，但是不应该成为发行人的强制性义务，而是应该由发行人自主决定其财务信息是否需要经过第三方中介机构审核。考虑到股权众筹发行人的经济实力，发行人的相关财务信息只需要经过其主管人员的签字即可。

第三，股权众筹信息披露制度必须包含前瞻性信息。在股权众筹市场，股权众筹发行人对自己的经营前景、可能风险比任何人都要清楚，因此应当鼓励发行人在诚实信用的基础上对自己的经营前景和风险进行一定的预测，以便投资者在决策时参考。当前股权众筹信息披露的缺陷之一便是对企业经营风险信息的披露不足，只是简单罗列一些数据、资料，缺少分析性的内容。因此发行人必须对企业的经营风险信息进行相关的披露和分析，以便投资者作出投资决策时能够对可能遭受的风险有充分的了解。对于发行人所属行业或者自身独有的一些特殊性风险，发行人在信息披露

---

❶❷ 黄立新，陈宇，吴姬君，刘灿辉．构建基于投资者需求的信息披露制度探讨[J]．证券市场导报，2014（7）：6．

❸ 要求小企业提供经过审计的财务报告，违背了股权众筹的目的。因为它的制作成本非常高，超过了一般企业的承受能力，而且强制企业提供经审计的财务报告，将对企业的现金流和融资水平造成影响。

时必须单独披露，以便投资者能够及时知晓。发行人除了披露相关的风险信息之外，也应该对企业的发展前景信息、行业性信息进行适当的披露，使得投资者能从管理者的角度分析发行人的发展前景，从而可以对发行人的证券价值进行全面的评估。

(三) 坚持强制性信息披露与自愿信息披露相结合的原则

股权众筹适度的、重大性信息披露制度是基于投资者决策的角度规定的发行人应当予以披露的最基本的信息，这种强制性信息披露制度考虑更多的是决策的有用性，而并未考虑投资者对于信息的实际需求。因此，在股权众筹发行人信息披露实践中，必须坚持强制性信息披露与自愿性信息披露相结合的原则，通过自愿性的信息披露，满足投资者对于信息的需求。在股权众筹语境下，发行人可以充分利用股权众筹平台提供的交流机制，了解投资者对于自己以及证券发行感兴趣的信息，并通过平台或者上述交流机制向投资者进行披露，以便投资者在作出投资决策时有更多的参考。

(四) 定期信息披露和临时披露

绝大多数国家的股权众筹监管规则中，都规定了发行人的定期信息披露制度，例如，根据美国 JOBS 法案，发行人至少每年向证券交易委员会申报一次企业的经营和财务等情况。定期信息披露制度对于投资者了解企业的发展状况，筹集资金的使用情况等非常重要。然而，定期报告也是会产生成本的，虽然与发行前的信息披露相比，成本会小很多。但是对于一些初创企业来讲，仍然是不小的压力。而且如果发行人筹集资金后，立即就需要承担定期报告的义务，那么在很多情况下，发行人不得不支出股权众筹筹集的资金，以作为定期信息披露的成本之用，这对于中小企业的发展来讲是很不利的。因此，发行人的定期信息披露义务应当以满足一定的条件为前提。笔者认为，当发行人满足下列条件时，可以要求其提交定期报告：第一，当发行人满足一定的财务要件时，可以要求其提交定期报告，比如发行人产生了一定的现金流、开始获得一定的利润或者企业的资产达到一定水平等。满足某些财务要件的发行人表明其经营状况良好，不仅可以负担定期报告的成本，而且在经营过程中的某些信息需要投资者知晓；第二，发行人再次通过股权众筹筹集资金时；第三，当转售限制期期满后，发行人仍然决定维持转售限制的规定等。

然而，像德国规定的那样，要求发行人进行频繁的定期披露是不可取的，因为定期信息披露的成本虽然不如初始信息披露的成本高，但是仍然占据发行人支出成本的一定比例，如果规定过于频繁的信息披露，将会使发行人不堪重负，不仅对发行人的经营造成影响，还会对整个股权众筹市场产生消极影响。因此，发行人的定期信息披露义务应当借鉴美国JOBS法案的规定，以一年一次为宜。

另外，股权众筹信息披露制度也应当作出临时信息披露的规定。临时信息披露主要是在发行人的经营过程中出现了一些对证券价格、投资者决策有重大影响的事件，比如说涉及发行人的诉讼、持有一定份额股东的变动等。发行人必须将这些突发事件向投资者予以披露，披露的标准除了初始信息披露的"投资者决策标准"之外，还应当坚持"影响发行人证券市场价格标准"，以便投资者能够对企业的经营状况能够及时、全面地了解。

综上，根据股权众筹市场的实际情况，股权众筹的发行人强制性信息披露应以"重大性"标准为宜，而对"重大性"标准的确定以"影响投资者决策"标准更为合适。虽然"影响投资者决策"标准以投资者的理性为基础，而股权众筹投资者更多表现为非理性的特征，但是通过发行人信息披露不实的法律责任、股权众筹平台的项目审核义务、股权众筹平台的投资者教育义务以及引进专家投资者制度等可以大大抵消股权众筹投资者有限理性给信息披露制度带来的消极影响。

第四章 股权众筹平台义务规范制度及其完善

股权众筹平台是在融资者与投资者之间进行匹配的信息中介机构。无论是对于融资者还是投资者，股权众筹平台都可以减轻双方的搜寻成本。融资者利用股权众筹平台可以不受地域、人际关系限制的接触到大量的投资者，而投资者利用股权众筹平台可以阅读融资项目的相关信息，并且利用平台提供的交流机制进行充分的交流，缓解股权众筹市场的信息失灵状况。考虑股权众筹发行人与投资者的现状，各国立法者如果想在股权众筹法律法规中达到融资便利与投资者保护的平衡，就必须发挥股权众筹平台在投资者保护方面的作用。只有这样，才能避免法律设置过多的替代性的投资者保护措施而损害中小企业的融资便利。因此，股权众筹义务规范制度对于保护投资者、规制股权众筹市场的信息失灵状况具有重要意义。

第一节 股权众筹平台义务规范制度概述

在各国纷纷实行股权众筹豁免的前提下，为了促进融资便利与投资者保护的平衡，加强对平台的监管便成为各国监管当局的主要选择，毕竟对平台的监管比对发行人和投资者的监管方便得多，监管成本也会大大降低。因此，各国的股权众筹监管规则中对股权众筹平台规定了较多的义务，希望股权众筹平台能够发挥股权众筹市场"看门人"的作用，不仅成为发行人与投资者之间信息交流的桥梁，同时能够在投资者保护方面发挥重要作用。

一、国际组织关于股权众筹平台义务规范的规定

IOSCO 作为全球性的证券业自律组织,主要是通过《证券监管的目标和原则》对各成员国证券主管机构提供帮助和引导。《证券监管的目标和原则》第 19 项、第 29 项和第 31 项都是关于中介机构监管和行为准则的内容,其中有些内容可以适用于对股权众筹平台的监管。《证券监管的目标和原则》第 8 项规定,监管者应当制定防止、消除利益冲突的措施。当股权众筹投资者使用平台的相关服务,如风险揭示、投资者教育等;或者自动在融资者和投资者之间进行匹配时,监管者就应当注意股权众筹平台与投资者之间可能存在的利益冲突,并采取相关的监管措施,预防并消除有可能产生利益冲突的情形,增强市场的透明度。《证券监管的目标和原则》第 29 项和第 31 项规定,监管者必须为中介机构提供最低的市场准入标准,并且中介机构应当制定内部行为准则,以保护客户的权益和资产,并且要合理控制风险,中介机构对此应当承担主要责任。从上述内容可以看出,加强对平台的监管、施加给平台一定的投资者保护义务是股权众筹市场投资者保护的重要手段。❶

世界银行认为,为了股权众筹的健康发展,必须具有可信赖的互联网技术支撑或者数据网络,因为这些技术可以促进投资者与融资者之间、投资者之间的持续交流。因此,必须为平台设置一定的准入条件,使其在增强市场透明度、投资者保护方面发挥作用。❷ 世界银行认为,股权众筹投资者大都缺乏投资知识和经验,因此平台必须为普通投资者提供投资方面的指导方针,以便他们能够理解什么是合适的投资。同时,通过股权众筹平台可以限制不具备任何金融和技术条件的个人参与股权众筹。但是,平台的长期目标应是通过投资者教育,使所有参与股权众筹投资的个人都能

---

❶ KIRBY, ELEANOR & WORNER, SHANE. Crowd-funding: An Infant Industry Growing Fast [R]. Madrid: IOSCO, 2014: 47-49.

❷ Crowdfunding's Potential for the Developing World [J]. Washington: the World Bank, 2013: 29.

具备相应的投资、金融知识，提高其投资水平。❶ 总之，股权众筹平台的经营需要规则的指导和约束，以便通过平台加强对投资者的保护。❷

根据欧盟 ESMA 发布的股权众筹监管建议，股权众筹平台的业务规范可以适用既有的欧盟指令。具体来说主要有以下三点：第一，适用 MiFID 有关中介机构方面的规定，❸ 前提是平台必须从事 MiFID 范围内的金融服务和活动。❹ 其中第三条规定的豁免可以适用于符合条件的股权众筹平台，这些条件主要包括中介机构不保有客户资金或者证券、中介机构仅仅提供投资建议以及指令的接收和传递服务、受到国内监管等。❺ 当平台在 MiFID 范围内从事经营、却又无法适用相关的豁免规定时，平台要么被授权为投资公司或者信贷机构经营业务，要么作为投资公司或者信贷机构的代理人经营业务。其中，如果平台属于被授权公司的代理人时，MiFID 要求代理人与被授权公司存在关联，并且要为平台的行为负责。❻ 第二，适用《金融服务远程销售指令》（Distance Marketing of Financial Services Directive）的相关规定。根据该指令，适用该指令需满足：存在远距离的供应商和客户；提供了投资合同，规定了撤销权。股权众筹平台完全可以满足适用该指令规定的条件。❼ 第三，适用《ADR 纠纷解决机制指令》[Consumer Alternative Dispute Resolution （ADR）Directive]。该指令主要解决客户与交易者之间有关服务合同方面的争议，可以适用平台与投资者之间的争议。如果该指令适用于股权众筹，那么它的效力就会高于欧盟其他解决争议的立法。❽

---

❶ Crowdfunding's Potential for the Developing World [J]. Washington：the World Bank，2013 (30).

❷ KIRBY, ELEANOR & WORNER, SHANE. Crowd-funding：An Infant Industry Growing Fast [R]. Madrid：IOSCO, 2014：47-49.

❸❹ Advice：Investment-based Equity [R]. Brussels：ESMA, 2014：44-45.

❺ Advice：Investment-based Equity [R]. Brussels：ESMA, 2014：58.

❻ Advice：Investment-based Equity [R]. Brussels：ESMA, 2014：60.

❼ Advice：Investment-based Equity [R]. Brussels：ESMA, 2014：88.

❽ Advice：Investment-based Equity [R]. Brussels：ESMA, 2014：122.

但是 ESMA 同时指出，股权众筹平台适用既有的欧盟指令存在着许多问题。由于遵约成本的存在，股权众筹平台可能会设计能够规避欧盟指令的某种业务类型。比如说采用借贷众筹经营的形式、发行不可转让证券等。股权众筹平台的上述行为对于投资者保护是极为不利的。因此对于股权众筹平台规避监管的活动，应当由国内证券监管机构制定具体的针对性的监管规则。❶

二、各国股权众筹平台义务规范制度的主要内容

（一）美国

根据美国 JOBS 法案的规定，股权众筹平台在信息披露和投资者保护方面负有非常重要的义务。

根据 JOBS 法案的规定，股权众筹平台需提供包括与投资风险和投资者教育材料相关的信息披露，并确保每位投资者审阅和了解有关投资风险和投资者教育的相关信息。而根据 SEC 制定的《众筹条例》，这些风险和教育材料主要是关于：证券的发行、购买程序；与投资有关的风险、证券类型以及该类型证券可能涉及的风险，包括有限投票权、损失整个投资的风险、流动性不足的风险等；转售限制；发行人披露信息的类型，以及将来发行人提交年度报告义务的可能的终止；投资者投资限额；投资者取消投资的条件；投资者购买某项证券是否合适等。此外，平台需确认投资者可以承担投资全部损失的风险。

股权众筹平台应该按照 JOBS 法案的规定采取措施降低交易的欺诈风险，包括对发行人的所有高管、董事或任何拥有超过 20% 已发行股票的股东的背景及其证券执法监管历史进行核查。至于核查的具体方式，平台拥有自主权。平台可以仅根据发行人的陈述作出是否允许其通过平台融资的规定。但是，如果平台经过调查、书面审核，或者其他正当怀疑，可以禁止发行人进入其平台融资，已经开始融资的应该立即停止并移除该发行

---

❶ Advice：Investment-based Equity ［R］. Brussels：ESMA, 2014：94.

人，并将投资者的资金予以返还。

此外，根据 JOBS 法案的规定，股权众筹平台不能向投资者提供投资建议或者推介。❶

（二）意大利

根据意大利《18592 号规则》，平台应当用简单、易于理解并且可以用多媒体播放的形式，向投资者披露有关平台、发行人以及与发行相关的基本信息。这些信息包括：管理者、电话、邮件地址、控股股东、20% 股东等的详细信息；业务活动的解释、项目审核的方法、服务外包的活动情况；发行新股的程序和条件；向投资者收费的相关信息；欺诈风险的防范措施；利益冲突防止；纠纷解决机制；平台的经营历史，包括发行和结果方面的信息；平台对发行人不遵守其管理时将采取的措施等。此外，平台应该提供与发行人以及发行相关的所有信息，以使投资者完全明白投资的性质和风险，权衡利弊作出投资决策。❷

意大利证券监管委员会要求平台在允许发行人进入平台融资之前，必须确保股权众筹投资风险已经告知投资者，并且保证发行人是披露数据和信息真实的唯一负责人。而且，股权众筹平台必须确保发行人与投资者之间的股东协议中含有撤销权条款以及该权利行使的条件，避免发行人融资成功之后将公司的控制权转移给第三方。此外，众筹平台还需审核发行人与投资者之间是否具有交流机制、股东协议是否在发行人主页上进行刊载等。❸

意大利监管机构非常重视平台对于风险信息的揭示，要求股权众筹平台必须提示投资者股权众筹投资的高风险性，并告诫投资者股权众筹投资应当与他们的资产或者收入成比例，避免过度投资而暴露在更大的风险之下。根据《18952 号规则》，平台应当揭示的风险主要包括损失全部投资

---

❶ JOBS ACT, Title Ⅲ.

❷ Regulation on "the collection of risk capital via on-line portals (Resolution no. 18952), Article 5.

❸ Regulation on "the collection of risk capital via on-line portals (Resolution no. 18952), Article 13.

的风险、收益不能兑现的风险、禁止分配利润的风险、减损风险以及撤销权无法行使的风险等。❶

意大利的《18952号规则》与美国的 JOBS 法案不同的是，《18952号规则》并未对投资者教育材料、方式等作出具体要求，而是要求平台必须提供意大利证监会（CONSOB）关于投资者教育网址的链接，以使投资者通过该链接阅读有关投资者教育方面的内容。❷ 但是在意大利证券监管委员为发布的《投资者教育：投资者通过平台投资之前需了解的重要事项》(Investor Education: Important Things to Know before Investing in Innovative Start-up through a Portal) 中规定了投资者投资之前需要了解的12个事项，分别是：（1）众筹和众筹模式；（2）发行人资格；（3）发行人的豁免待遇；（4）创业孵化器的条件；（5）发行人需要披露的信息和对信息的更新要求；（6）在线平台的介绍；（7）在线平台应该披露的信息；（8）个人投资者信息保护；（9）发行人金融工具的条件和限制；（10）投资者查询发行人信息的渠道以及发行成功的要件；（11）发行的条件和撤回权的行使；（12）金融工具的性质及其风险。

与美国类似，意大利的股权众筹监管规则原则上禁止股权众筹平台向投资者提供投资顾问服务，但是如果股权众筹平台属于 MiFID 公司，则不受此限。

（三）加拿大安大略省

根据安大略省的股权众筹监管规则，股权众筹平台必须对自身的报酬情况进行披露，包括申请费用、平台成本以及一些其他的支出情况，以防止平台与发行人之间存在利益关联而危害投资者的利益。❸ 此外，股权众筹平台还必须按照证券法的要求披露其他应该予以披露的事项。

股权众筹监管规则还要求，股权众筹平台必须对发行人的信息披露文

---

❶ Regulation on "the collection of risk capital via on-line portals (Resolution no. 18952), Article 15.

❷ Regulation on "the collection of risk capital via on-line portals (Resolution no. 18952), Article 14.

❸ Multilateral Instrument 45-108 Crowdfunding, Division 2, 35.

件进行核查，以保证信息披露文件中包含了法律和平台规定的所有信息，并确认发行人信息的真实性、公平性，且没有重大遗漏、虚假陈述以及其他误导性的信息。此外，平台在发行人进入平台融资之前必须同发行人签订协议，就双方的权利和义务进行明确约定。同时，平台必须要求发行人提供其高级管理人员、行政人员等有关人员的个人信息，以便于对上述有关人员进行背景调查、是否含有犯罪记录等不良信息。如果发行人提供的上述信息存在不正确、不完整或者具有误导性，必须要求发行人进行改正或者作出不允许其进入平台融资的决定。❶

平台在允许个人或者机构作出投资承诺之前必须保证他们知悉以下事项：发行人的证券发行未得到任何证券监管机构或者监管人员的审核和批准；股权众筹投资具有高风险，投资者有可能会损失全部投资；投资者通过平台可能只会了解到关于发行人的有限的信息；投资者在平台注册之前必须清楚平台的属性：如果平台属于受限经纪商（restricted dealer）就不能提供投资建议。如果平台属于投资经纪商（investment dealer）或者豁免市场经纪商（exempt market dealer）则可以向投资者提供有关投资的建议。❷

（四）法国

法国《参与性融资法令》在"其他服务商"一篇下，创制了"参与性投资顾问"（Conseillersen Investissements Participatifs，CIP，以下简称证券众筹顾问）和"参与性融资中介"（Intermédiairesen Financement Participatif，IFP，以下简称借贷众筹中介）两个新的中介机构。按照规定，参与性投资顾问主要从事股权众筹业务，而参与性融资中介主要从事借贷众筹和捐赠众筹业务。❸

由于法国将从事股权众筹业务的中介机构界定为"参与性投资顾问"，

---

❶ Multilateral Instrument 45-108 Crowdfunding，Division 2，27.

❷ Multilateral Instrument 45-108 Crowdfunding，Division 2，33.

❸ 顾晨. 法国众筹立法与监管介绍［EB/OL］. http://www.jinrong315.com/?action-viewnews-itemid-4383，2016-12-29.

因此法国允许股权众筹平台向投资者提供建议。此外，虽然《参与性融资法令》禁止平台对众筹发行人的证券进行推介，但是如果发行人向金融管理局提交了招股说明书，则可以对其发行人的证券进行相应的推介。❶

根据法国《参与性融资法令》的规定，股权平台需要对发行人的融资请求进行筛选，并制定客观的筛选标准，而且平台不得收取除报酬和手续费之外的认可资金，以防止平台与发行人之间可能的利益勾结。并且平台还要承担一定的信息披露和风险揭示义务。平台自身的信息披露主要是将平台的合法性、操作规范向投资者进行披露，如平台注册号、盈利方式、发行人的融资条件以及发行人的相关信息等；平台的风险揭示义务主要是将投资股权众筹风险如转售条件限制、退出渠道不畅告知投资者，以便投资者衡量利弊作出投资与否的决策。❷

（五）英国

英国的股权众筹规则主要通过限制投资者资格达到投资者保护的目的，因此对于股权众筹平台的硬性要求并不是很多。只是要求平台必须向投资者提供清晰、明确的信息，让投资者充分了解投资风险，以保护投资者的投资安全。英国的股权众筹监管文件明确指出股权众筹监管规则的目的是促进缺乏专业知识、投资经验和资源的普通零售投资者理解投资风险并提高应对风险的能力，以保证普通零售投资者投资的自由，并为其提供符合比例的保护（proportionate protection）。❸

此外，英国股权众筹规则要求股权众筹平台只提供辅助性的服务，不涉及"受监管活动"（regulated activities）。如果平台提供的说明构成投资建议，比如星级评价、最佳投资评比等形式，平台需要向 FCA 申请投资咨询机构的授权。然而平台要想获得提供投资建议的授权非常困难，除了对股权众筹平台的资质要求非常高之外，英国的证券监管法律对投资建议的

---

❶ 《参与性融资法令》第 L547-1 条。

❷ 《参与性融资法令》第 L547-9 条。

❸ The FCA's regulatory approach to crowdfunding over the internet, and the promotion of non-readily realisable securities by other media Feedback to CP13/13 and final rules (PS14/4), 4.4.

内容和法律责任都有严格的规定。

（六）澳大利亚

澳大利亚股权众筹监管规则对于投资者的保护主要依赖发行人招股说明书对于证券发行信息和风险的披露。因此股权众筹监管规则中规定了股权众筹平台严格的核查义务，以确定是否允许发行人进入平台融资。根据《众筹融资：股权众筹平台指引》的规定，平台主要核查以下信息：（1）公司的身份信息，包括公司的名称、登记号（Australian Company Number）、公司类别、注册地址、主要营业地；（2）公司股权众筹适格性和招股说明书信息，包括公司是否具备法律规定的股权众筹的资格、公司招股说明书是否以清楚、简洁和有效的方式披露了法律规定的必须予以披露的信息；（3）发行人重要人员信息（key personnal），包括公司经理、其他高级管理人员的姓名和住址、招股说明书中是否含有这些人员的必要信息等。平台必须对以上信息进行认真核查，否则不能允许发行人进入平台融资。如果平台在核查过程中发现招股说明书中存在重大遗漏、误导性陈述、虚假陈述或者合理怀疑发行人及其管理人员涉嫌欺诈等情况，平台有权利要求发行人改正、补充或者禁止发行人进入平台融资。平台如果违反上述规定将承担法律规定的责任。❶

股权众筹平台除了要认真核查有关发行人及其证券发行的相关信息之外，还应在网站的显著位置披露以下信息：（1）一般的风险揭示信息；（2）发行人支付给平台的发行费用以及从发行人处得到的或者可能得到的利益；（3）有关零售投资者冷静期的规定。❷

此外，平台必须为股权众筹的发行提供一个交流机制，其目的是为了使潜在投资者、平台和发行人之间进行充分的交流。此交流机制必须具有以下功能：可以对证券发行进行评论；可以看到别人的评论；可以向发行人进行提问或者允许平台对发行人提出质疑。交流机制呈现的内容不必向

---

❶ Crowd-sourced funding: Guide for public companies, RG262.126、127、128.
❷ Crowd-sourced funding: Guide for public companies, RG262.173.

公众公开，但是必须保证潜在的投资者能够看到上述内容。❶

三、各国股权众筹平台义务规范制度的总结

根据对各国股权众筹义务规范的分析可以发现，各国监管者都对股权众筹平台施加了较重的义务。监管者也考虑到普通投资者的事实可能使强制性信息披露的效果并不理想，因此希望平台在风险控制和投资者保护方面发挥重要的作用。

各国的股权众筹监管规则基本上从三个方面规范股权众筹平台的义务。首先，规定股权众筹平台的信息中介功能。平台必须将自身、发行人以及与发行相关的信息以利于投资者知晓的方式披露出来，使投资者能够在充分评估的基础上作出决策。其次，股权众筹平台必须对发行人及其与发行相关的信息进行严格审查，以保证发行人遵守了法律和平台的有关规定。平台审查主要是保证发行人及其发行项目的真实性，将项目风险控制在一定范围内，以避免投资者被欺诈和暴露在较高风险之下。在实践中平台的审核方法一般分为书面审查和尽职调查两道程序。最后，股权众筹平台还承担着投资者教育的功能。虽然各国基本上都允许普通投资者参与股权众筹投资，但是法律考虑到股权众筹市场的高风险性，普通投资者基本上无法对融资项目的风险和价值进行合理评估，因此赋予了股权众筹平台投资者教育的义务，规定只有投资者按照平台的要求接受了相关教育才能进行投资。按照各国法律的规定，股权众筹平台的投资者教育义务分为两种：一种是风险揭示义务，告知投资者投资股权众筹证券的风险以及投资某种特殊类别证券的特殊风险；另一种是投资者培训义务，主要通过一些教育材料、视频等方式提升投资者金融投资方面的知识和能力水平。

虽然各国对于股权众筹平台义务的规定同信息披露制度一样具有趋同性，但是也存在一定的差异。最大的不同便是关于股权众筹平台能否向投

---

❶ Crowd-sourced funding: Guide for public companies, RG262.151.

资者提供建议。法国鼓励平台向投资者提供建议；英国也不反对平台向投资者提供建议，但是对于平台的这种功能设置了严格的限制，以充分保护投资者。大多数国家如美国、意大利、澳大利亚等都不允许股权众筹平台向投资者提供任何建议，只允许平台发挥信息中介的功能，目的是避免发行人与平台之间可能的利益勾结而损害投资者的利益。欧盟认为，提供投资建议不是平台的业务范围，但是如果平台无意中提供了投资建议就需要遵守有关中介机构从事投资建议服务的相关规则。❶ 说明此中状况，股权众筹平台不再是单纯的信息中介机构。

第二节 股权众筹平台义务规范制度的法律效果

在各国纷纷实行股权众筹豁免的前提下，为了促进融资便利与投资者保护的平衡，加强对平台的监管便成为各国监管当局的主要选择，因为毕竟对平台的监管比对发行人和投资者的监管要方便得多，监管成本也会大大降低。截至目前，许多国家的证券监管当局都已经制定出有关股权众筹的监管规则，但是这些规则大都是根据传统的监管规则改良发展而来，是否能够有效地促进融资便利与投资者保护之间的平衡仍有疑问。美国JOBS法案公布之后，就已经有很多学者对其实施效果提出质疑。并且股权众筹还处在发展变动之中，股权众筹监管规则有可能随着股权众筹的发展而发生变化。也就是说，当前各国的股权众筹规则还不够成熟，缺乏实践的检验。❷ 本节便循着这一思路，具体探讨各国证券监管当局在股权众筹监管规则中设置的众筹平台的法律义务是否能够达到其预定目的。

---

❶ Advice: Investment-based Equity [R]. Brussels: ESMA, 2014: 54.
❷ 股权众筹依然处于发展的初级阶段，哪种股权众筹模式将会是主导模式还有待实践检验，但是毫无疑问，股权众筹监管规则将会随着股权众筹的发展而发生变动，无论是出于何种目的。PEKMEZOVIC, ALMA&WALKER, GORDON. The Global Significance of Crowdfunding: Solving the SME Funding Problem and Democratizing Access to Capital [J]. Wm. & Mary Bus. L. Rev, 2016 (7): 449.

一、项目审核机制不健全

股权众筹平台作为信息中介机构,对发行人材料的审查是平台保护投资者、保证融资和项目成功的重要手段。因此,不仅各国证券监管当局要求平台在审核发行人材料上需尽到审慎义务,各平台也制定了自己的项目审查规则,以最大限度地预防欺诈和保证项目的成功,避免投资者遭受重大损失。但是,由于平台的收益与项目成功有莫大的关联,平台在发生利益冲突的情况下能否审慎的履行审核义务,关系到投资者能否得到有效的保护。

分析股权众筹平台能否尽到审慎的审核义务,关键是要看声誉机制能否有效地对其进行约束。因为很多国家的股权众筹监管法律虽然规定了股权众筹平台的审核义务,但大都是原则性的规定,具体的审核内容由各平台自主设定。因此分析各平台制定的审核标准和审核结果,便可以看出股权众筹平台是否尽到了审慎的审核义务。

(一) 声誉机制能否有效约束股权众筹平台

在股权众筹领域,由于"一次性交易"的增加和互联网普及形成的"陌生人社会"使得声誉机制对发行人的制约作用大大降低。但是,对于股权众筹平台而言,声誉机制依然可以发挥作用。❶ 首先,股权众筹平台与投资者之间存在重复博弈的可能性。重复博弈是声誉机制发挥作用的基础。虽然各国股权众筹监管法律通过各种方式限制投资者的投资机会,以防止投资者过高的损失,但是这些限制仅仅是以一定的时间段为限(通常为1年),并不限制投资者的长期投资,因此投资者与股权众筹平台之间存在长期博弈的可能性。并且股权众筹平台业务还处于发展初期,着眼于长远发展,各股权众筹平台无不重视声誉资本的积累,以期在未来的股权众筹市场中占有一席之地。许多著名的股权众筹网站已经积累了一定的声

---

❶ SEC 允许股权众筹平台在许多方面拥有自主权,因为 SEC 相信声誉机制可以使股权众筹平台谨慎履行项目审查方面的义务。See Crowdfunding, 78 Fed. Reg. pp. 66, 463.

誉资本。如英国的 Crowdcube、美国的 Angellist 等已经发展成为知名的股权众筹网站，其注册人数、融资规模等均属行业翘楚。❶ 其次，股权众筹平台与投资者之间组成的并非是"陌生人社会"，投资者通过登记注册成为股权众筹平台的会员，与平台形成一种长期合作的关系，属于"熟人社会"的一种，这种熟人社会虽然不以血缘、地缘为基础，但是却通过互联网形成一种稳定的关系。由此可见，平台在利益的驱动之下，具有对发行申请项目进行审慎审核的动力。如果平台不注重声誉资本的积累，在项目审核方面未能尽到审慎义务，造成投资者越来越多的损失，那么投资者便会纷纷退出平台，从而迫使股权众筹平台逐渐退出市场。❷ 例如，法国的股权众筹网站 WiSeed 就实行较为严格的事前审查机制。根据 WiSeed 的实践，WiSeed 在对项目审核之前，会将一些比较中意的项目交给投资者，由投资者根据 11 项标准对项目进行投票，以选择他们认为可行的项目，然后由平台对上述项目进行审慎核查，以确定是否允许发行人进入平台投资。❸ 另外有一些网站履行较为全面的审慎审查义务，因为只有项目成功和投资者收益，他们的收入才会更多。❹ 以英国的股权众筹网站 Seedrs 为例，只有投资者获得回报它才能产生利润，因为它们的费用是与投资者转

---

❶ 以 Crowdcube 为例，截至 2017 年 9 月，平台注册投资者人数为 43 万人，仅在 2017 年的第三季度便上线了 70 多个项目，共募集资金 2560 万英镑。ALOIS, JD. Crowd cube Reports 70 Crowdfunding Offers Listed in Q3, 42 Launched in September Alone [EB/OL]. https：//www.crowdfundinsider.com/2017/10/122676－crowd cube－reports－70－crowdfunding-offers-listed-q3-42-launched-september-alone/，2017-10-12.

❷ 平台有动力去审核发行人的项目申请，以便将质量较低、容易失败以及欺诈性的项目排除在平台之外。如果它们不对申请项目这样做的话，它们的声誉将会受到损害。更为严重的是，平台的服务可能变得不受欢迎并最终被迫退出市场。GABISON, GRAAYA. The Incentive Problems with the All－or－Nothing Crowdfunding Model [J]. Hastings Bus. L. J, 2015—2016, (12)：492.

❸ GUIDE ENTREPRENEUR [EB/OL]. https：/s3－eu－west－1. amazonaws.com/wiseed-public-fr/media theque/guide-entrepreneurs.pdf, 2016-12-29.

❹ Seeder 从投资者的收益中抽取 7.5% 作为服务费。Frequently Asked Questions [EB/OL]. https：//learn. seedrs.com/faqs/，2015－09－30.

售证券得到的回报有关。因此,平台具有强烈的动力去主动、审慎的筛选项目。❶

但是上述情况并不是绝对的,因为股权众筹平台与发行人之间存在一定的利益关联,毕竟平台的收益取决于项目的多寡、是否成功。因此股权众筹平台在实际运作中有可能出现审核不严的情况,以便使更多的发行人进入平台融资。而融资项目的多寡也关乎平台自身的声誉,实际上很多平台都在宣扬平台的融资项目数、成功率等,以造成一种"欣欣向荣、声誉日隆"的假象,以吸引更多的发行人和投资者的关注。特别是当发行人为了能够进入平台融资向平台提供一定的利益诱惑时,平台能否经得起考验也是不确定的。上述Ascenergy案和宏力能源案充分说明了这一点。在Ascenergy案中,发行人通过不止一家股权众筹平台进行融资,其中就包括Crowdfund、Equitynet、fundable、angel四家平台。平台只要稍微审慎的审查一下Ascenergy披露的信息或者向有关人士质询一下就可以发现Ascenergy其实就是一个"皮包公司",是Gabaldon欺诈投资者的一个工具,但是遗憾的是没有一家平台这样做。而Wefunder相关人员接受采访时,明确表示Ascenergy曾经以提供报酬的形式向平台申请融资。❷

可见当声誉机制遇到"利益诱惑",声誉机制的约束力就大大减弱了。而声誉机制的减弱就可能造成股权众筹履行审核义务的懈怠。

(二) 股权众筹平台项目审核存在瑕疵

1. 书面审核流于形式

发行人在实施股权众筹之前,需向平台提出申请并提交相应的材料。众筹平台首先对发行人提交的材料进行初审。审查内容包括项目基本情况、发行人的基本情况、风险及收益状况的评估、融资目标及期限、资金

---

❶ Seeder 从投资者的收益中抽取 7.5% 作为服务费。Frequently Asked Questions [EB/OL]. https://learn.seedrs.com/faqs/,2015-09-30.

❷ The First Investment Crowdfunding Fraud. What Does this Mean for the Industry? [EB/OL]. https://www.crowdfundinsider.com/2015/12/77955-the-first-investment-crowdfunding-fraud-what-does-this-mean-for-the-industry/,2016-08-27.

的使用等。同时,平台委员会会对发行人的此次发行进行全面的评估,已确定是否将该项目列入发行计划。平台委员会在审查的过程中,可能会通过各种方式与发行人进行沟通,以全面了解发行文件所载内容,并作出是否予以立项的决定。平台的初审阶段往往是非常严格的。根据了解,例如,京东众筹的初审分为 4 个打分项,分别为团队(包括团队经验、团队完整性及能力互补程度、团队诚信度)、市场前景(包括市场规模、结构、发展趋势及增长能力)、商业模式(包括项目核心业务商业模式、市场定位及运营数据、核心竞争力评估、竞争壁垒)、行业竞争(包括市场份额、营业利润、市场集中度、潜在竞争对手竞争力评估),项目总分为 10 分,4 个部分的分值分别占 25%,有 5 个委员同时进行打分,只有 7 分以上的才能被允许进行线上融资。❶

虽然各股权众筹平台都制定了发行人书面材料的审核标准,单就文字上来看,各平台确实在扮演着股权众筹市场"看门人"的角色,但是在实际运作过程中能否充分发挥作用就有疑问了。在宏力能源案中,36 氪负有不可推卸的责任,存在严重的基础信息审核不严的过失。例如,宏力能源宣称 2015 年的净利润为 3500 万元,净利润率达到 14.7%,按照此数字可以推算出宏力能源 2015 年的营业收入应为 2.3 亿元以上。但是按照宏力能源公开的披露信息,2015 年上半年营收只有 3268 万元,是什么原因使它下半年的营业收入一下增长了至少 2 亿元呢?只要稍加注意便能发现其中的问题,但是 36 氪却无动于衷。从此案可以窥见股权众筹平台书面审核的主要缺陷,即平台对发行人的书面审核大多采取形式审查的方式,对材料的内容的真实性并未作过多追究。❷

---

❶ 孙肇昭. 详解股权众筹审核标准 [EB/OL]. http://www.askci.com/news/2015/08/03/112448768q.shtml,2016-12-30.

❷ 36 氪对自己"力荐"的宏力能源定增项目是多不认真 [EB/OL]. http://mp.weixin.qq.com/s?_biz = MzA4MDAxMzUyNg = =&mid = 2653463154&idx = 1&sn = 3e8d8814f2ebf7429c5fdfcd64e934e7&scene = 1&srcid = 0606MtTsOnMJRj8ZmxZX8pAS#rd, 2016-12-25.

2. 尽职调查资源有限

发行人的发行申请通过初审以后，平台委员会会对发行人的基本情况进行尽职调查，以确定发行人文件中的表述是否符合事实。除此以外，在尽职调查中，委员会调查的重点是查证：公司章程中决策机制和程序，股东代持、团队持股和股权奖励安排等问题和关键点；了解和调查公司无形资产如知识产权；了解和查证公司与股东的往来和债务关系；公司在经营初期，由于自身的法律意识淡薄和不正当竞争所造成的法律风险和诉讼；公司经营团队的调查等。❶ 平台的尽职调查可以采取现场检测，也可以采取其他方式。这是项目审核的重中之重，是平台进行风险控制的关键环节。通过委员会的尽职调查，平台一般会对发行人形成一个客观的风险和价值评估，从而决定是否允许发行人上线融资。

各股权众筹平台的具体审核方法尽管不尽相同，但是都遵循着上述两个基本的调查程序。然而股权众筹平台能否进行充分的尽职调查是有疑问的。因为股权众筹平台还处于行业发展的初级阶段，人力资源和资金并不是特别雄厚。特别是当调查的对象大都为中小企业时，平台的调查就更加困难，支出的成本也就更高。比如，对于公司经营团队的调查，除了一些必要的资料以外，尚没有一种可行的方法可以对经营团队进行科学的判断和评价，需要平台根据自身情况和积累的相关经验确定相应的评判方法。当立项的发行计划很多时，平台是否会对所有的项目进行充分的尽职调查也是有疑问的。目前平台减少尽职调查成本的唯一方法便是在初审阶段严格把控，只允许质量最高的发行人通过其平台进行资金筹措活动。但是平台的书面审核有时又因与发行人的利益关联、专业人士缺乏等原因而无法有效的预防欺诈、保护投资者。在宏力能源案中，宏力能源宣称2013年度、2014年度净利润分别为1087万元、2400万元，净利润呈现逐年上升的趋势，所以2015年度的净利润预计为3500万元。36氪只要稍微履行一下尽职调查的义务，便会发现其中的猫腻。因为宏力能源在2015年发布

---

❶ 股权众筹平台如何对项目进行尽职调查［EB/OL］. http：//www.sohu.com/a/44965181_ 114965, 2016-12-05.

的公开转让说明书明确披露 2012 年度、2013 年度、2014 年度的净利润分别为 3504 万元、2954 万元、1087 万元，呈逐年下降的趋势。这些数字属于公开信息，很容易查到。而且根据宏力能源的股权结构，宏力能源共有两个国有股东，分别为鲁证创投持股 7.19%、高新投持股 6.67%，36 氪的工作人员可以向鲁证创投和高新投这两家国有股东咨询，很容易就会发现宏力能源披露造假的问题。❶

这些事后看来如此明显的财务造假而没有被 36 氪发现，只能说明平台在项目审核方面还存在一定的不足，没有履行审慎审核的义务，甚至根本就没有进行尽职调查。

（三）股权众筹平台审核机制的其他问题

理论上大多数平台在利益的驱动之下都有对发行人的项目申请进行严格审核的动力，这种审慎的审核义务可以将大部分的发行申请挡在股权众筹的大门之外，对于预防欺诈和保护投资者的投资权益具有重要意义。但是考虑到股权众筹平台的发展实际，上述审核机制并不是没有缺陷。笔者认为，股权众筹的审核机制起码还存在三大问题。

首先，专业性问题。虽然专业性的股权众筹平台不断产生，但是大部分股权众筹平台都是综合性的。也就是说，申请利用股权众筹融资的发行人可能来自各行各业。股权众筹平台虽然是股权众筹领域最专业的机构，拥有专业的评估人员和技术设备，但是他们不可能对每个行业都非常精通。比如对于一款游戏软件的开发而言，平台的专业水准和价值判断可能并不比资深的游戏玩家的水平高。这种情况下，股权众筹平台对于并不精通领域项目评估的准确性便值得怀疑，有可能将质量较高的项目拒之门外。

其次，其他主体审核的问题。理论上，当前很多平台在利益的驱动

---

❶ 36 氪对自己"力荐"的宏力能源定增项目是多不认真 [EB/OL]. https：// mp. weixin. qq. com/s？＿biz = MzA4MDAxMzUyNg = = &mid = 2653463154&idx = 1&sn = 3e8d8814f2ebf7429c5fdfcd64e934e7&scene = 1&srcid = 0606MtTsOnMJRj8ZmxZX8pAS＃rd, 2016-12-25.

下，都对发行人的项目进行严格的审核，以避免发生欺诈和投资者遭受较大损失。但是，这种较为全面、严格的审查虽然可以将大部分低质量的发行人阻挡在股权众筹平台的大门之外，但是却忽视了投资者或者其他相关主体的项目审查。股权众筹之所以受到广泛关注，原因之一便是投资者参与的民主性。投资者参与股权众筹虽然可能会获得一定的收益，但是很多情况下，获利并不是投资者的主要目的，投资者参与的热情可能大于其对利益回报的期待。况且股权众筹高风险性仅仅凭借平台的独自审查效果可能并不理性，并且会造成投资者完全依赖平台，恶化投资者的投资盲目性和不理智。❶

最后，缺乏责任机制的制约。各国的股权众筹监管规则虽然要求股权众筹平台在投资者保护方面应当发挥重要作用，股权众筹平台也在声誉机制的制约下采取了许多投资者保护的措施，但是股权众筹平台毕竟是以盈利为目的的中介机构，其收益的来源与发行人筹资的成功或者投资者投资的成功有很大的关联。如果没有相应的责任机制，平台在自身利益与投资者保护之间产生冲突时，很可能选择牺牲投资者的利益以换取自身利益。

以上股权众筹平台审核机制的缺陷需要在以后的法律修订中加以完善，以充分发挥平台在纠正市场信息失灵、保护投资者方面的作用，真正履行股权众筹市场"看门人"的角色。

二、投资者的理智决策水平未能显著提高

虽然各国股权众筹监管规则都规定了发行人的强制性信息披露制度，但是由于股权众筹投资者大都属于普通的社会公众，缺乏理解股权众筹投资风险的常识和经验，也无法准确评估有关发行人及其发行项目的基本价值，因此法律规定股权众筹平台在投资者投资之前必须向其揭示投资风险，并且履行一定的投资者教育义务。各股权众筹平台按照法律的这一规定纷纷采取了一些风险揭示和投资者教育的基本措施，其目的便是让投资

---

❶ GABISON, GARRYA. The Incentive Problems with the All-or-Nothing Crowdfunding Model [J]. Hastings Bus. L. J, 2015-2016, (12): 500.

者了解投资股权众筹的风险以及投资的一些基本知识，以便投资者能够权衡利弊，作出理智的投资决策。然而，股权众筹虽然是信息中介机构，但是其运营的目的毕竟是盈利，成本与收益考量之下能否忠实地履行上述职责还需要进一步的分析。

（一）股权众筹平台风险揭示的局限

股权众筹平台虽然在其网站上揭示了投资股权众筹的主要风险，但是这种风险揭示如若达到效果需满足两个条件：一个是风险揭示义务必须醒目，易被投资者发觉；另一个是投资者主动阅读并理解所揭示的风险。

许多股权众筹平台都在其网站上向投资者进行了风险揭示。以 Crowdcube 为例，Crowdcube 在其网站上提供了以下风险警示：投资初创企业和早期企业要面临一系列的风险，主要包括流动性风险、无法兑付的风险、投资的全部或者部分损失、股权稀释等。因此股权众筹最好是作为多样化投资组合中的一部分。❶ 但是这些警示往往放在页面的最低端，有的甚至用较小的字体予以显示，如果投资者是第一次登录股权众筹平台或者不熟悉股权众筹平台的这些做法，很容易忽略掉这些内容。❷ 股权众筹平台之所以采取这种相对隐蔽的方法进行风险揭示，主要是对法律的强制性规定进行变通，既遵守了法律的规定，又不至于使这些投资风险被普通投资者所觉察而退缩。实际上，股权众筹平台通过此种风险揭示的目的是逃避自己的责任。

此外，即便投资者知晓所揭示风险的位置，能否主动阅读和理解这些文字也是有疑问的。❸ 股权众筹投资者并非合格投资者或者有经验的投资者，他们一般不具备金融文件的阅读和理解能力。普通投资者选择拟投资

---

❶ Invest in Innovative British Businesses ［EB/OL］. https：//www.crowdcube.com/#risk，2016-09-21.

❷ GABISON，GARRYA. The Incentive Problems with the All-or-Nothing Crowdfunding Model．［J］. Hastings Bus. L. J，2015—2016，（12）：516.

❸ 根据调查，网站的访问者一般对网页顶端、左边和中间的信息比较敏感。参见 DJAMASBI，S&SIEGEL，M&TULLIS，T. Visual Hierarchy and Viewing Behavior：An Eye Tracking Study ［M］. Berlin：Springer，2011：331-340.

的项目时，大多是根据自己的爱好、别人的选择或者仅凭发行人的一家之言，他们很难有耐心去阅读页面下方的风险提示，即便阅读了也很难了解风险揭示文字背后隐含的意义。

因此，当前股权众筹平台的风险揭示于投资者而言并无多大实际意义。如果要发挥上述风险揭示的作用，除了要改变风险揭示的方式以外，还需要加强投资者的教育，以便投资者能够对揭示的风险有基本的了解。

（二）股权众筹平台投资者教育义务仍需完善

由于股权众筹投资者大多为普通的社会民众，不具备基本的金融投资方面的知识和经验，因此许多国家的股权众筹监管法律都要求股权众筹平台必须含有投资者教育的内容。法律对股权众筹平台这方面的规定意义重大。因为通过投资者教育，可以使投资知识缺乏、经验不足的投资者理解投资股权众筹的基本风险，权衡利弊从而作出理智的投资决策，长远来看有利于股权众筹的发展。

1. 股权众筹投资者教育对投资者的理智决策的积极影响

投资者教育是股权众筹平台的主要义务之一，其目的是使投资者理解股权众筹投资的风险，增强金融知识的阅读和理解能力，以使投资者能够理解发行人披露的信息，并对发行人的筹资项目进行基本的风险和价值评估，从而作出理智的投资决策。虽然大多数学者认可投资者教育制度对投资者理智决策具有积极作用，但是也有学者对此提出质疑。例如，巴纳德（Barnard）认为，对于老年人投资者而言，投资者教育制度不会发挥很好的效果；[1] 卢萨尔迪和米歇尔（Lusardi & Mitchell）则认为，[2] 一些学者的研究可能夸大了投资者教育的积极效果。然而，投资者教育是否对投资者的决策有积极作用，还需要实证研究的支持。

大量的研究表明，金融知识教育对投资者的决策具有积极影响。根据

---

[1] BARNARD, JAYNE W. Deception, Decisions, and Investor Education [J]. 17 ELDER L. J, 2010（17）：203.

[2] LUSARDI, ANNAMARIA&MITCHELL, OLIVIA. Financial Literacy and Retirement Preparedness: Evidence and Implications for Financial Education [J]. BUS. ECON, Jan, 2007：43.

巴耶尔（Bayer）的研究，雇主如果经常举办有关退休计划的研讨会，那么此种研讨会对雇员会有积极的影响，也就是说，参加的员工人数要比不举办退休规划研讨会的参加人数要有明显提高。同时，该研究还表明，经常参加研讨会的员工投入退休规划的资金要明显地高于不参加研讨会的员工。❶另有研究表明，拥有较多金融知识的人更能倾向于做好退休规划。同时，拥有丰富金融知识和投资经验的家庭更愿意投资风险较高的领域。❷由此可见，金融知识的多寡对投资者的决策有重要影响，而投资者的教育可以提高投资者对金融文件的阅读水平和理解能力，对于投资者的理智决策和股权众筹的成功具有重要的意义。❸

2. 股权众筹平台的投资者教育材料内容不完整

法律之所以要求股权众筹平台承担投资者教育的义务，就是考虑到普通投资者不具备金融投资的专业知识和经验，希望借助平台在股权众筹投资方面的专业优势给投资者的投资提供一定的帮助，以保证投资者在作出投资决策时是理智的。尽管平台根据法律的要求制定了详细的投资者教育材料，并要求投资者只有通过该平台的测试才能进行投资。但是经过分析就可以发现，平台在投资者教育方面还存在一些不足之处，这些不足可能影响投资者教育的效果。

首先，经过前面的分析，可知股权众筹平台的投资者教育材料分为三个部分，分别是：风险揭示、与投资有关的相关程序、投资者已经阅读并理解材料内容的确认书并通过某项测试。从促进投资者理性决策的角度来看，投资者教育材料分为这三个部分看似比较全面，但是从内容上来看，法律规定的股权众筹平台的投资者教育义务更像是在履行平台的某些信息披露义务，而投资者确认书的签订更像是平台利用法律的这一规定逃避自

---

❶ BAYER, PATRICK J& BERNHEIM, B. DOUGLAS&SCHOLZ, JOHN KARL. The Effects of Financial Education in the Workplace：Evidence from a Survey of Employers［J］. Economic Inquiry, 2009（4）：605-624.

❷❸ LUSARDI, ANNAMARIA&MITCHELL, OLIVIA. Financial Literacy and Retirement Preparedness: Evidence and Implications for Financial Education［J］. BUS. ECON, Jan, 2007（39）.

己的责任。一个完整的投资者教育材料不仅要告知投资者相关风险、投资程序、权利内容及限制，更要教育投资者如何权衡利弊、识别欺诈、减轻风险、作出理智决策。因此，投资者教育材料里面应该包含如何进行理智决策的内容，而不是一味地强调投资可能遇到的风险。❶

其次，投资者教育材料中包含的基础性的金融投资知识太少。各国的股权众筹监管规则大都规定了发行人和股权众筹平台的信息披露义务，但是如果投资者没有能力去理解这些披露文件的话，那么要求发行人和平台进行信息披露对于投资者决策而言没有任何帮助，反而增加了发行人和平台的负担。而投资者在金融文件阅读和理解能力方面的提高有赖于股权众筹平台在投资者教育方面所作的努力。❷ 因此，在投资者教育材料中应当包含一些与金融、投资有关的一些基础知识，即使投资者阅读之后仅仅达到初级水平，也可以促使投资者在不同的发行项目之间进行风险和价值对比，有助于投资者的决策。

最后，投资者签订确认书和通过股权众筹平台测试并不能说明其对有关股权众筹投资的相关情况有了一定的了解。投资者对于风险揭示和信息披露文件可能并没有阅读和理解的动力。除了投资者尚不具备金融文件的阅读能力之外，投资者基于成本与收益的考量还普遍存在"搭便车"的心理，相信其他投资者、领头人和平台应该已经进行了尽职的调查，应该不存在欺诈或者风险过高等问题。因此，投资者在签订确认书（无论是电子版还是书面的）之前可能并未阅读相关的提示。同时，投资者对于股权众筹平台测试的题目很容易就可以从网上检索到相关答案，因此投资者通过平台测试并不能必然证明其已经具备了股权众筹投资的资格。

---

❶ 如果所有的教育资料都在强调与投资有关的风险，而没有提供如何减轻或者分化这些风险的信息，那么这样的教育材料对于投资而言有害无益。FANTO, JAMESA. We're All Capitalists Now: The Importance, Nature, Provision and Regulation of Investor Education [J]. CASE W. REs. L. REV, 1998 (49): 107.

❷ 如果投资者不了解有关金融、投资方面的基础知识，那么投资者就不可能理解被披露的信息。JAMES, THOMASG. Far From the Maddening Crowd: Does the JOBS Act Provide Meaningful Redress to Small Investors for Securities Fraud in Connection with Crowdfunding Offerings? [J]. B. C. L. REV, 2013 (54): 1783.

综上，股权众筹平台对于投资者的教育处于一个正确的方向上，但是在某些方面还存在改进的空间。股权众筹平台应该完善投资者教育方面的内容，以帮助投资者提高自身的金融文件阅读和理解能力，从而避免投资的盲目性，促进投资者的理智决策。

第三节　股权众筹平台义务规范制度的完善

在各国立法机构纷纷给予股权众筹注册豁免的情况下，投资者的保护便成为监管者不得不考虑的一个重大问题。监管者在投资者保护方面设计了许多措施，比如说发行人的信息披露、筹资限额、投资者的投资限额等。可以说，各国的股权众筹监管规则便是一部股权众筹投资者保护规则。但是考虑到发行人和投资者的实际情况，法律向任何一方倾斜都无法达到融资便利与投资者保护的目标，因此各国的股权众筹立法都赋予了平台在投资者保护方面的重要职责。平台作为连接发行人与投资者之间的信息中介机构，在投资者保护方面有着天然的优势。同时监管者将投资者保护的义务赋予平台对于减轻发行人责任、避免监管者过度干预市场等方面均具有重大意义。因此，将投资者保护的重任赋予平台是平衡融资便利和投资者保护、实现股权众筹价值的重要举措。

股权众筹平台作为股权众筹融资活动的纽带，是股权众筹市场最专业和权威的机构。各国股权众筹立法中也充分尊重股权众筹平台在促进融资便利和投资者保护方面的自主性，在法律和监管规则中只是对股权众筹平台的义务作出原则的规定，具体的措施则由平台根据自己的实际情况自由制定，监管机构则对股权众筹平台实施原则性监管。[1] 就目前股权市场发展情况而言，监管者对于股权众筹平台投资者保护方面的规定、股权众筹

---

[1] DESCHLER, GREGORYD D. Wisdom of the Intermediary crowd: What the Intermediaries [J]. St. Louis U. L. J, 2013—2014, (58): 1160.

平台依据法律制定的具体的投资者保护措施均处在正确的发展道路上。❶但是，股权众筹平台承担投资者保护义务意味着运营成本的增加，作为以盈利为目的的商业机构，股权众筹平台出于成本或者盈利的考虑，可能在某些情况下无法尽到"看门人"的职责。因此需要在股权众筹法律或者监管规则中对平台的投资者保护义务予以明确，以充分发挥股权众筹平台在投资者保护方面的积极作用。很多学者在对股权众筹研究时也认为，股权众筹平台在投资者保护方面的义务还需要完善。

一、股权众筹平台是否应该提供投资建议

目前绝大多数国家的股权众筹监管规则均不允许股权众筹平台向投资者提供投资建议，以避免发行人与平台勾结侵害投资者权益。欧盟也在其发布的《股权众筹监管》建议中认为，提供投资建议不属于股权众筹平台的业务范围。但是有的学者在研究过程中认为，由于普通投资者在专业知识、投资经验等方面的缺乏，目前股权众筹监管规则中规定的发行人信息披露、股权众筹平台的风险揭示等规定均无法充分发挥保护投资者的作用，因为投资者不具备相关金融文件的阅读能力。同时，他们认为，股权众筹平台是股权众筹领域最具专业和权威的机构，随着义务的开展，平台及其专家在项目审查、项目的价值和风险评估等方面会积累越来越多的经验，只允许平台提供信息中介服务无疑浪费了平台及其专家在股权众筹领域的专业知识和经验。因此，他们建议应当允许股权众筹平台向投资者提供投资建议，以弥补投资者在项目价值和风险评估方面的不足，避免投资者遭受投资损失。但是，笔者认为，禁止股权众筹平台向投资者提供投资建议是合适的，理由如下。

首先，允许股权众筹平台提供投资建议将会带来无法避免的利益冲突问题。股权众筹发行人大多是无法通过传统融资工具获得资金支持的中小

---

❶ ARCHAMBAULT, PATRICK. How the SEC's Crowdfunding Rules for Funding Portals Save the Two-Headed Snake: Drawing the Proper Balance Between Integrity and Cost [J]. Suffolk U. L. Rev, 2016 (46): 64.

企业，经营风险非常高。即便能够通过股权众筹审查，其筹资成功的可能性也是不确定的。但是如果有中介机构或者投资专家的推介或者是保证，那么它们筹资成功的希望是非常大的。如果允许股权众筹平台向投资者提供投资建议，发行人为了筹资成功，很有可能通过利益输送的方式诱惑平台或者其专家为其提供推介服务。在这种情况下，股权众筹平台能否保持中立地位是有疑问的。如果发行人和平台相互勾结，无疑会将投资者置于更大的风险之中。

其次，允许股权众筹平台提供投资建议将会使股权众筹平台不堪诉讼之累。如果允许股权众筹平台提供投资建议，法律会规定股权众筹平台的法律责任以防止平台与投资者之间的利益冲突。对于何为"投资建议"，各国证券法均未对此概念作出界定。即便在证券法极为发达的美国也仅仅是提供了判断是否为投资建议的几个标准，SEC 则是通过"无异议函"（no-action letters）的方式对具体案件中是否为"投资建议"作出解答。"投资建议"与"信息重大性标准"一样，属于司法实践中的问题，同样一种表述在此案中为投资建议，在另一个案件中可能就不属于投资建议，因此是否构成投资建议，更多的是掌握在法官手中。但是投资者为了挽回投资失败的损失，很有可能基于平台提供了"投资建议"而追究平台的责任。即便法律规定平台只有在故意或者欺诈的情况下才承担责任，也无法避免因投资者起诉带来的诉讼之累，因为是否构成"投资建议"是一个仁者见仁、智者见智的问题。

最后，允许股权众筹平台提供投资建议在实践中可能并没有意义。如前所述，如果允许股权众筹平台提供投资建议，那么法律会制定配套的责任体制以平衡平台的权利与义务。而发展中的股权众筹平台在责任和声誉机制的双重压力之下，可能并不会向投资者提供建议。不仅如此，平台可能会进一步限制自己本来向投资者提供的正常服务，以避免被认为是提供了"投资建议"而承担相应的法律责任。因此，允许平台提供"投资建议"的法律效果不仅没有实现，反而使平台在投资者保护方面的作用被限制。

学者们对于允许股权众筹平台提供投资建议的观点主要基于预防投资

者遭受欺诈和盲目投资的考虑。但是资本市场奉行"买者自负"的原则，投资者自主判断和决定对某一个项目是否投资，而股权众筹平台通过完善项目调查、投资者教育、投资者投资限额监管等方面的措施足以达到预防投资者欺诈和促进投资者理智决策的目的。

二、创新尽职调查手段

股权众筹平台对于发行申请项目的审核是平台履行投资者保护义务的重要组成部分。通过平台的审核，将一大部分可能涉及欺诈或者质量不是很高的项目排除在股权众筹市场之外，从而达到预防欺诈和降低投资者投资损失的目的。目前为止，股权众筹市场欺诈的实例并不是很多，甚至有些股权众筹平台还未出现过一例投资者欺诈事件，这都与平台的严格审核有一定关系。

根据股权众筹平台的业务规范，股权众筹平台对于项目的审核主要包括两个步骤。第一步是书面审核，由众筹平台对发行人根据要求提交的书面材料进行审核，以确定是否符合法律和平台的要求；第二步便是尽职调查，由平台对通过书面审核的发行人进行核查，以确定发行人提供的书面材料的真实性和发行人的真实状况。目前而言，大多数股权众筹平台都制定了详细的书面审核标准，书面审查也成为平台进行项目筛选的主要手段。但是 Ascenergy 案和宏力能源案已经证明书面审查只有和尽职调查相结合才能发挥它的真正效用，否则发行人可以通过伪造资料的方式通过平台的审核，使投资者面临欺诈和投资损失的风险更高。

鉴于股权众筹平台当前的发展现状，股权众筹平台在尽职调查方面面临着资金、人力等方面的限制，特别是随着股权众筹市场的扩大，向平台申请筹资的发行人会越来越多，平台在项目尽职调查方面的局限也会越来越大。因此股权众筹平台应该努力探寻尽职调查的新方法。可行的方法之一便是同其他的中介机构进行合作，借助其他中介机构在地理位置、信息收集、调查经验等方面的优势，对发行人提交书面材料的真实性以及发行人的真实状况进行调查。在委托其他中介机构对发行人进行调查之前，股权众筹平台可以将调查的方式、内容、范围等告知与其合作的中介机构，以便做到有的放矢、节约调查成本。美国 SEC 在制定众筹监管规则时，便认为股权众筹平台可以将一些义务，如发行人证券记录保存（the record of the issuer's securities）、背景调查（background checking）外包（outsource）给其他中介机构。❶ 股权众筹平台将对发行人的尽职调查义务委托给其他机构有诸多优势，其中最大的优点便是可以利用某个中介机构在调查方面的经验，对发行人及其发行材料进行更加充分的审核。

三、补充投资者教育材料内容

投资者教育不仅在股权众筹平台投资者保护中占有重要地位，而且在整个股权众筹投资者保护体系中发挥着非常关键的作用。通过投资者教育程序，普通投资者金融文件的阅读和理解能力均会有不同程度的提高，从而使发行人的信息披露和平台的风险揭示真正发挥投资者保护方面的作用。另外，通过投资者教育程序，可以增强投资者的自我保护能力，从而放松其他的监管规定、便利发行人的融资。比如通过在投资者教育材料中揭示小股东所有权风险，发行人就不必在其披露文件中对此加以讨论。

但是如前文所述，目前平台的投资者教育措施并不完善，特别是在投资者教育材料方面过多强调股权众筹投资方面的风险，缺乏足够的金融基础知识、理智决策等方面的内容。因此，笔者认为，股权众筹平台在履行投资者教育义务时，应当增加上述方面的内容。

首先，必须向投资者提供基本的金融、投资知识以及金融产品方面的必要信息。投资者应当被提供某种方式如术语解释以理解发行文件、中介机构和发行人的信息披露文件。另外，平台还应该提供证券与债券、不同证券等方面的基本材料，以帮助投资者理解证券与债券、不同证券之间基本差异，辅助投资者评估投资的风险和价值，增强投资者对于金融和投资基本知识的理解。即使这种理解是初级的，也可以促使投资者对比分析不同项目之间的差异，有利于投资者作出投资决策。

其次，投资者教育材料中应当包含基本的投资原则和投资策略。例如

---

❶ Crowdfunding, 78 Fed. Reg. at 66, 462, 464.

投资者应当理解流动性、货币的时间价值、风险和收益之间的关系。平台应当解释采用某种投资工具的原因,从而提高投资者对于某项投资的风险与收益的全面认识。在投资策略方面,平台应当向投资者提供作出策略的基本材料,以告知投资者在决策时需要考虑的因素。例如,投资者应当了解如何确定他们的风险偏好,在此基础上选择符合自己风险偏好的投资项目。考虑到股权众筹大多数投资者均为普通投资者,这一点尤其重要。同时平台应当告知投资者多样化投资组合之间的关系,建议投资者分散自己的投资以及这样做的重要意义,以避免投资者暴露在过高风险之下和过度投机。

最后,股权众筹平台应该向投资者提供一些典型的欺诈做法和案例。例如,告诫投资者警惕回报承诺较高的项目、投资之前做好充分调查等,避免受到欺诈的危害。投资者被教育如何识别欺诈,他们就可以进行自我保护,并且能够帮助平台将涉嫌欺诈的项目清除出去,而不是成为欺诈项目的受害者。

四、加强投资者投资限额监管

各国证券监管者为了股权众筹投资者保护的目的,在其股权众筹监管规则中制定了种种投资者保护的措施,但是股权众筹注册豁免资格使得许多在传统证券法中行之有效的投资者保护手段无法发挥作用。同时以纠正信息失灵为基础的投资者保护措施又因投资者的"普通"性质而难以有所作为。因此监管者为了保护投资者的利益,规定了投资者最高的投资限额,避免投资者过度投资而遭受重大损失。

监管者考虑到监管投资者投资的难度,因此将此项权利赋予了股权众筹平台,规定平台应当确保投资者的投资未超过法律规定的最高限额。目前平台主要依据投资者的陈述和提交的纳税申报表、工资单等形式,确保投资者的投资未违反法律的规定。但是,在丰厚利润的诱导之下,投资者可能通过各种手段扩大自己的投资,最终有可能超过法律规定的最高限额。例如,投资者通过在同一平台上开设不同的用户账号,分别用不同的账号向同一项目或者不同项目进行投资,或者投资者在不同的平台上分别开设账户，分别向不同的项目进行投资。这些变通措施均可能使法律规定的投资者限额制度失去实际意义，因此平台应当探索更为有效的投资者投资额度监管的手段。

对于投资者可能在同一平台开具不同账户的问题，平台应该规定每一个投资者只能开设一个用户账户，并且该账户必须绑定单一的银行账号，并提供该银行账号的有关资料，以防止该投资者利用不同的银行账号进行注册。平台应当密切监督每一个账户的投资活动，发现异常情况应当要求投资者接受平台的问询。除此以外，平台应该要求投资者陈述并保证其已知晓应该投资的最高限额，并承诺不会超过法律规定的最高限额。对于投资者可能在不同的平台注册投资的问题，需要各平台之间加强合作，最好的办法是各个平台之间建立一个共同的数据分享中心，由每个平台将各自投资者的一些投资情况提交给数据中心，以便平台在确定投资者的投资额度时进行核查。❶ 同时，投资者注册时，平台应当要求投资者在其提交的文件中声明是否在其他平台注册以及在其他平台投资的金额等情况，以确保在该平台的投资不会超过剩余的投资限额。

五、构建股权众筹平台项目审核的责任机制

法律虽然规定了股权众筹平台对发行人以及发行证券的审核义务，但是并未具体规定平台的审核标准，而是将制定具体标准的权利赋予了股权众筹平台。目前，各股权众筹平台基本上制定了各自的审核标准。但是，根据前文所述，声誉机制并不能有效约束平台审慎的履行审核义务，平台基于自身利益考虑或者在发行人利益诱惑的情况下，很有可能放弃审查或者降低审核标准，以便更多的发行人能够进入平台进行融

---

❶ 美国马萨诸塞州的证券监管当局便提议建立这样一个数据共享中心，并且有些学者也认为应当建立数据共享中心。美国的 SEC 曾经也考虑过建立这样一个数据共享中心，但是考虑到建立这样一个中心的成本可能会大于可能得到的受益，于是便放弃了这样的打算。FAMKOFF, BRIAN. Crowdfunding for Biotechs: How the SEC's Proposed Rule May Undermine Capital Formation for Startups [J]. Contemp. Health L. & Pol'y, 2013 (30): 177.

资。人们在 Ascenergy 案和宏力能源案中讨论最多的两个问题，一个是如何构建充分的发行人的信息披露制度，另一个便是平台如何履行审慎的审核义务，以便将涉嫌欺诈以及风险较高的项目过滤出去。笔者认为，应当在股权众筹监管法律中构建平台审核责任机制，以促使平台审慎履行法律规定的审核义务，充分发挥平台作为股权众筹市场"看门人"的角色。

（一）股权众筹平台项目审核责任的立法与司法考察

目前大多数国家的股权众筹平台无须承担项目审核方面的法律责任，平台只要按照自己制定的客观审查标准进行了审查，即便融资项目最终失败，司法机构也不会要求平台承担投资者损失的责任。

1. 立法考察

目前除了澳大利亚公司法中规定了股权众筹平台项目审核的法律责任以外，大多数国家的股权众筹立法中均没有此方面的规定。虽然法国和英国的股权众筹平台因为可以提供投资建议而可能因此承担责任，但是股权众筹提供投资建议的服务必须向主管机构申请并注册为相应投资咨询机构，否则不能提供这方面的服务，也就无须承担项目审核的责任。之所以如此，各国立法者一般是基于以下因素考虑。

首先，规定股权众筹平台审核的法律责任不利于行业发展。如果将审核责任施加给股权众筹平台，平台在责任机制的威胁下将不得不制定更严格的审核标准和作出更努力地尽职调查，这样将会使股权众筹平台的审查成本十分巨大，因为平台不得不雇用更多的人员或者其他中介机构从事这方面的任务。考虑到股权众筹平台现在的发展规模，平台有可能不堪重负而退出市场，不利于股权众筹市场的发展。

其次，规定股权众筹平台的项目审核责任不利于投资者的参与。股权众筹之所以成为各方关注的融资工具，主要原因之一便是其民主性特征。投资者可以充分参与到融资的整个过程中去，包括在项目审核方面。如果平台一开始就实施严格的审核，将会限制投资者的参与程度，毕竟投资者

可能比平台更擅长选择有价值的项目。❶

最后，确定股权众筹平台是否履行了尽职审核责任是非常困难的，因为项目不同，平台的审核标准也不一样。而且，身份不同对于平台是否尽职履行核查的认识也是不同的。如果允许投资者追究平台没有尽职审核的责任，投资者有可能将每一次投资失败的责任归结于平台，这将使司法机构和平台难以承受诉讼之累。

而且，无论是美国的"集资门户"、加拿大的"豁免型市场交易商"（exempt market dealer）与"受限交易商"（Restricted Dealer）、法国的参与性投资咨询机构（CIP）还是日本的小额电子募集业务，均被视为信息中介机构。而且根据各国的司法实践，信息中介机构只有在故意或者存在误导性陈述的情况下才会承担责任。❷

2. 司法考察

eBay 是一个管理可让全球民众上网买卖物品的线上拍卖及购物网站，其发展壮大的过程中面临着很多争议，包括专利侵权、假货、卖方欺诈、买方欺诈等，但是在很多案例中，eBay 凭借自己信息中介者的地位得以免责，通过下列两则案例便可以窥见司法者对于股权众筹平台是否因审核义务担责的意见。

在 In Gentry v. eBay 案中，原告通过 eBay 购买了一件体育纪念物（sports memorabilia）。但是随后该纪念物被证明是伪造的。原告随后便对 eBay 提起诉讼。认为 eBay 违反了加利福尼亚亲笔签名体育纪念物法（the California's Autographed Sports Memorabilia Statute）和不正当竞争法（the Unfair Competition Law）。法院经审理认为，eBay 不是体育纪念物交易商，它不会对商品的分类和描述进行管理，因此加利福尼亚亲笔签名体育物品法不适用。此外，上诉法院依然认为，根据《美国商法典》第 48 条 230 的规定也豁免 eBay 承担责任，因为商品的描述内容不是 eBay 而是卖者提

---

❶ GABISON, GARRY A. The Incentive Problems with the All - or - Nothing Crowdfunding Model [J]. Hastings Bus. L. J, 2015—2016, (12): 511.

❷ GABISON, GARRY A. Birth, Survival, Growth, and Death of ICT Companies [J]. JRC SCIENTIFIC POL'Y REPORT, EUR Rep, 2015 (27): 127.

供的，因此 eBay 并没有直接提供这些信息，与原告的损害之间没有因果联系。❶

在另一个案例 Tiffany（NJ）Inc. v. eBay Inc. 中，蒂芙尼认为，eBay 允许假冒其商标的产品进入平台销售的行为侵犯了其商标权、促使他人侵犯其商标权并且存在故意不将伪劣商品过滤出去的嫌疑。但是第二巡回法院认为，eBay 均在事前、事后采取了积极的审核、过滤项目的措施，因此不存在危害蒂芙尼商标的行为，并且认为鉴定珠宝需要专门的知识，不能指望 eBay 具备这方面的知识。❷

可见在司法实践中，法官对于信息中介机构的责任认定持谨慎的态度，除非存在非常明显的故意或者误导性陈述，一般不会追究信息中介机构在项目审核方面的责任。从股权众筹已经披露的欺诈案例来看，监管机构和司法机构仍然并秉承上述观点。

在 Ascenergy 案发生之后，股权众筹平台在项目审核方面的问题暴露无疑，引发了人们对于平台责任承担的思考。SEC 对此事虽然非常气愤，但是最终放弃了让平台承担责任的想法，只将 Ascenergy、Gabaldon 以及被 Gabaldon 控制的 Alanah Energy LLC、Pykl LLC 列为共同被告。在最终的判决中，法院最终认定 Ascenergy、Gabaldon 归还从投资者筹集的 5 112 473 美元的本金和 197 217 美元的利息，并且对 Ascenergy、Gabaldon 分别处以 155 万美元和 32 万美元的民事罚款；同时判决 Alanah 归还本金利息共 108 560 美元。❸ 涉事的股权众筹平台最终逃过一劫。

尽管监管机构和司法机构认为作为信息中介机构的股权众筹平台不应承担过重的信息审核方面的责任，但是从 Ascenergy 案以及宏力能源案中股权众筹平台的行为来看，不让平台承担责任不仅违背了权利义务相统一的原则，而且不利于投资者的保护和股权众筹市场的健康发展。

---

❶ Gentry v. eBay, Inc., 99 Cal. App. 4th 816（2002）.

❷ Tifany（NJ）Inc., 600 F. 3d. at 93.

❸ SEC Obtains Final Judgment against Ascenergy LLC, Joseph Gabaldon, and Alanah Energy, LLC. Litigation Release No. 23856（S. E. C. Release No.），2017 WL 2793916.

（二）股权众筹平台承担责任的必要性

在 Ascenergy 股权众筹诈骗案中，Ascenergy 在其信息披露文件中披露的所有信息几乎都是虚假的，只要平台在审核过程中能够适当注意或者简单的做些调查，便会发现 Ascenergy 其实就是一个欺诈项目。例如，其所宣称的公司营业地、注册号以及与某些大型公司存在合伙关系等信息，并不是难以查询，平台只需要在网络上检索一下或者咨询一些当事人就可以发现信息的虚假性。然而，平台并没有这样做，仍然允许其进入平台融资。这只能说明，平台对该项目根本没有审查，或者更严重的，平台与 Ascenergy 可能存在利益勾结。事后，当有人就这件事询问涉事的几个平台时，没有人愿意对此作出回应。只有几个没有涉事的平台如 AngelList、seedre、CrowdCheck 作出了回应，它们除了表明自己没有涉事、拒绝 Ascenergy 融资请求之外，还表示平台应该在项目审核和投资者保护方面作出努力，但对平台是否需要承担审核不严的责任方面却语焉不详，甚至表示对上述涉事的平台深表理解和同情。❶

宏力能源案跟 Ascenergy 案情况类似，36 氪只要在审核方面稍微认真一些或者做些尽职调查，很容易就能发现宏力能源的信息披露中的虚假事实。然而 36 氪不仅没有做到最基本的审核义务，反而在平台上对宏力能源的融资活动大力宣传。36 氪表示宏力能源本次定增 600 万股，定增后市挂牌价在 18~28 元。按照 2015 年预计 3500 万元利润，市盈利率为 37 倍，按照本轮定增价 10 元计算，对应市盈利率为 20 倍。并且母公司手持 10 亿元订单，按 14% 净利，保守计算未释放利润为 1.4 亿元，同比增长 500% 等。❷ 平台根本未对上述财务数据进行核查，而投资者却因为出于对平台的信任购买了宏力能源的证券。事后，36 氪虽然表示平台负有不可推卸的责任，也表达了要作出类似补偿的意思。但是 36 氪却同时声称，互联网

---

❶ Crowdfunding Fraud. What Does this Mean for the Industry？[EB/OL]. https：//www.crowdfundinsider.com/2015/12/77955 - the - first - investment - crowdfunding - fraud - what-does-this-mean-for-the-industry/，2016-09-17.

❷ 36 氪对自己"力荐"的宏力能源定增项目是多不认真 [EB/OL]. http：//www.jiemian.com/article/684152.html，2016-09-19.

非公开股权融资目前还处在发展初期,在政策监管和市场运营等方面存在不够规范的地方。这种声明明显是在为自己的失职行为开脱。❶

尽管 Ascenergy 案和宏力能源案仅为个案,但这两件事却折射出股权众筹平台在其项目审核方面的诸多问题,其中最主要的问题便是平台出于自己利益的考虑,可能不会对项目进行审慎的审核或者根本不对项目进行审核。股权众筹平台在项目审核方面的懈怠违反了法律要求的尽职履行审核义务方面的规定,理应承担相应的责任。虽然各国的股权众筹中都规定了股权众筹平台的审慎审核义务,但是却没有规定平台未能履行此义务的法律责任,有可能使该项义务成为一纸空文。因为再完美的制度,如果缺少责任机制,就如同老虎没有了牙齿,无法发挥应有的作用,这不能不说是股权众筹立法中的一大缺憾。而且如前文所述,股权众筹平台作为信息中介机构,在司法实践中很难因为其未能尽职履行审核义务而判定其承担责任,这进一步增加了平台在运营中可能出现的违反审慎审核义务的可能性。因此如果不在法律中规定股权众筹平台审核方面的法律责任,一旦平台在逐利动机甚至利益诱惑的情况下,降低审核要求或者放弃审核,或者对未经审核的项目进行间接推介的话,那么对于投资者保护是非常不利的,最终将会影响股权众筹市场的健康发展,对于行业的进一步壮大非常不利。

好在欺诈事故发生之后,立法者和监管者的态度开始发生转变。SEC 主席玛丽·乔·怀特(Mary. Jo. White)不止一次表示,股权众筹平台位于预防欺诈的第一线,平台不履行任何审慎的审核措施将是不能被容忍的。❷ 而且,澳大利亚在 2017 年 3 月通过的《公司法修正案》中明确规定了股权众筹平台未能履行审慎审核义务的责任,这是立法方面的一大进步。

---

❶ 唐逸如,36 氪 "宏力能源" 项目涉嫌欺诈 股权众筹平台遇角色之惑 [EB/OL]. http://it.people.com.cn/n1/2016/0613/c1009-28429394.html,2017-02-05.

❷ Whatever Happened to the Ascenergy Crowdfunding Fraud Case? [EB/OL]. https://www.crowdfundinsider.com/2016/08/89353-whatever-happened-ascenergy-crowdfunding-fraud-case/,2016-12-04.

(三) 股权众筹平台项目审核民事责任的承担

对于构建股权众筹平台的项目审核责任机制来讲，重点是在股权众筹法律中规定平台项目审核的民事责任，因为平台的行政责任和刑事责任可以适用相关法律的规定，目前责任机制中缺失的便是民事责任。

1. 规定股权众筹平台项目审核民事责任的重大意义

股权众筹平台承担项目审核法律责任的形式主要有行政责任、民事责任、刑事责任。但从投资者保护的角度来讲，股权众筹法律中应当主要规定项目审核方面的民事责任。因为股权众筹平台项目审核不严的行政责任和刑事责任可以套用传统法律的规定，既可以通过罚款、没收违法所得、责令停业整顿或者吊销营业执照等方式追究平台的行政责任，还可以通过刑法中关于欺诈的规定追究平台的刑事责任。但是行政责任和刑事责任不能够代替民事责任，因为行政责任和刑事责任重在打击违法犯罪行为、消除行为人进一步实施违法犯罪的客观条件并恢复被违法行为人破坏的社会秩序。而民事行为重在消除违法行为的后果，恢复当事人之间因为违法行为而失衡的利益关系并且使受害人受损的利益得到救济。❶ 三者之间是相互联系、相互补充的关系，缺少任何一环都不能维护股权众筹市场的健康发展。特别是对于投资者保护来讲，民事责任不可或缺。因为行政责任和刑事责任更注重国家利益的保护，而民事责任则关注投资者利益的维护。

投资者是证券市场的主要参加者，是证券法和证券监管机构保护的首要目标，也是它们存在的依据。证券法对于投资者保护的主要目的是增强投资者对于证券市场的信任和信心。如果投资者因为中介机构的不当行为遭受了损失而无法获得补偿，久而久之，投资者的信心就会遭受重创，证券市场的发展也就无从谈起，证券法保护投资者的目标也就成为空谈。股权众筹投资者在股权众筹市场中处于弱势地位，当损害发生时，他们往往不知道如何维护自己的利益，而且他们的投资额并不是很高，在成本收益的考量下，维护自己权益的动力也不是很足。司法机构对于信息中介机构

---

❶ 吴弘．中国证券市场发展的法律调控 [M]．北京：法律出版社，2001：283.

承担责任的态度也影响了股权众筹投资者维权的主动性。上述因素都影响了投资者参与股权众筹的热情。因此，股权众筹法律应当明确规定股权众筹平台项目审核的民事责任，告知投资者一旦因平台未忠实履行义务而遭致的损害可以得到赔偿，那么投资者投资的信心就会大大增加。因为在证券市场上，投资者真正关心的是投资能否得到回报以及损失如何弥补，而不是市场秩序是否正常以及能否恢复。

2. 股权众筹平台项目审核民事责任的性质

民事责任的性质有两种形态，一种是违约责任，即当事人之间存在合同关系，一方当事人并未履行或者忠实履行合同约定的义务而产生的责任；另一种是侵权责任，即当事人违反了法律法规的强制性义务而产生的责任。对于股权众筹平台项目审核的民事责任来讲，则存在违约责任和侵权责任的竞合。

股权众筹平台属于信息中介机构，主要功能便是向投资者提供信息服务。投资者投资之前，需要在平台注册成为其会员才能进一步投资，因此两者之间存在信息服务合同关系。股权众筹平台在向投资者提供信息时，承担着一项默示担保义务，即承诺会尽职的履行信息的审核义务，以保证向投资者提供的信息是真实的。如果平台未能尽职履行此项义务，致使投资者因为不实信息遭受损失，那么股权众筹平台的违约责任便产生了。此外，各国股权众筹监管法律都规定了股权众筹平台的审慎审核义务，因此对项目信息的审慎审核是股权众筹平台的法定义务，如果平台没有审核或者没有审慎审核而致投资者损失时，那么股权众筹平台就应当承担相应的侵权责任。

然而，从投资者保护的角度来讲，承认股权众筹平台项目审核违约责任和侵权责任的竞合更有利于投资者的保护。因为违约行为和侵权行为都产生于股权众筹平台在项目审核方面的不作为，该行为既符合违约行为的构成要件，又符合侵权行为的构成要件，受害人主张违约责任或者侵权责任都于法有据。但是违约责任和侵权责任在构成要件、归责原则、赔偿范围等方面均有所区别，因此应当允许投资者根据自己的需要，选择最有利于自己的追偿方式。

3. 股权众筹平台项目审核民事责任的归责原则

(1)《澳大利亚公司法》的规定。

根据《澳大利亚公司法》738Q 的规定,股权众筹平台在发布发行人的招股说明书（offer document）之前,必须采用客观的标准对发行人的招股说明书进行审核,以确定发行人是否按照法律的规定披露了相关的信息、是否存在欺诈或者虚假的信息等。未按照客观标准审核的招股说明书不得发布,否则将视平台违反了法律规定,应当承担相应的责任。至于平台的归责原则,《澳大利亚公司法》明确规定股权众筹平台违反上述义务将视为对严格责任（strict liability）的违反。而根据英美法的规定,严格责任是指不考虑违约人的主观状态,只要违约行为和损害后果之间存在因果联系,那么违约人就需要承担违约责任,除非能够证明存在免责事由。可见,严格责任实行的是举证责任倒置。

《澳大利亚公司法》之所以规定股权众筹平台项目审核方面的严格责任,可能是考虑到股权众筹投资者为普通投资者的事实,如果让他们承担举证平台未能审慎履行项目审核方面的义务可能是非常困难的,因此规定由平台自证"清白"。无论如何,该法对于股权众筹平台严格责任的规定可以看出澳大利亚相关机构对于投资者保护的重视。

(2) 股权众筹平台项目审核的归责原则：过错责任。

笔者认为,股权众筹平台项目审核责任的归责原则不应适用严格责任。从有利于股权众筹市场发展的角度出发,股权众筹平台项目审核方面的归责原则应当将过错责任作为股权众筹平台项目审核方面的归责原则。

股权众筹市场属于高风险市场,发行人为中小企业的事实说明投资者投资失败的可能性是非常高的。即便股权众筹发行人的经营没有失败,投资者得到投资回报的周期也很长。因此如果规定平台项目审核民事责任的归责原则为举证责任倒置的严格责任,那么有可能造成投资者滥用此权利,而使股权众筹平台疲于奔命。

股权众筹平台属于信息中介机构,平台的主要目的是向投资者提供有关发行人以及与发行有关的信息。平台负有审慎审核发行人信息的义务,而对信息的真实性并不能保证。平台只应该承担未履行审慎审核信息义务的责任，而不应该承担虚假信息的责任。采用过错原则更适合股权众筹平台信息中介机构的性质。因为在过错责任下，投资者必须就平台的侵害行为、损害事实、侵害行为与损害事实具有因果关系、主观过错承担举证责任。一旦受害人无法向法院提供符合上述要件的具体证据，法院一般会依法驳回原告的诉讼请求。这样就可以防止平台的运营受到投资者滥诉的影响。

至于人们普遍关注的投资者维权动力不足的问题，可以通过引入专家投资者制度的形式加以解决。❶

（3）主观过错的形态。

按照民法的一般原理，主观过错的形态可以分为故意和过失两种。但就股权众筹平台的过错形态来讲，笔者认为应当为故意或者重大过失。故意是指股权众筹平台明知道自己未对项目进行审慎审核的行为可能会造成投资者的损害，而故意或者放任这种状态的发生；而重大过失是指股权众筹平台在项目审核方面未尽到一般人的注意义务而致使损害的发生。之所以将一般过失排除在外，一方面是出于股权众筹平台的保护，另一方面是因为不能指望平台对每一个项目都有着专家般的眼光。因此，只要平台尽到了一般的注意义务即可，但是如果平台连一般的注意义务都未能尽到，那么对于平台来讲就属于重大过失。以此来看，前文中的 Ascenergy 案和宏力能源案涉事的平台都有故意或者重大过失的嫌疑，理应承担相应的责任。

（4）平台责任承担的方式。

在责任的承担方式上，笔者认为股权众筹平台以承担补充连带责任为宜，因为提供虚假信息的责任在于发行人，而不在于平台。因此发行人应当是虚假信息的第一责任人。这样既可以保证投资者获得充分的补偿，也不至于让平台承担所有的赔偿责任，除非发行人"跑路"或者破产。此外，平台也可以选择首先向投资者补偿，然后向发行人追偿的方式。这样做的好处便是最大限度地降低对平台的负面影响，36氪在宏力能源案中便采取了此种方式。

---

❶ 具体参见本章第三节。

第五章 股权众筹投资者限制制度及其完善

股权众筹语境下，投资者面临着比传统证券投资者还要高的风险。股权众筹的虚拟化、去中介化使得欺诈发生的概率提高；中小企业经营失败、违约的高风险性使得投资者可能面临损失全部投资的可能；股权众筹二级市场的缺乏又使投资者面临收益无法兑现的风险。更为严重的是，绝大多数股权众筹投资者都缺乏金融投资的专业知识和经验，无法对项目选择的优劣进行评判。这就意味着即使法律规定了发行人的强制性信息披露义务、股权众筹平台的投资者保护义务，投资者也可能无法避免投资失败的风险。在此情况下，加强对投资者的投资限制成为避免投资者受到重大损失的重要手段。

第一节 股权众筹投资者限制制度概述

大多数国家对投资者的限制都参考了美国 JOBS 法案的规定，即不论是合格投资者还是普通投资者都可以投资，并且合格投资者的投资数额不受限制，普通投资者只能将财产的一部分用于股权众筹投资。这种规定主要考虑到合格投资者具有风险承担和评估能力，而普通投资者鉴于财产、知识以及投资经验的缺乏只能投资一小部分资金，以避免遭受较大损失而影响自己的生活。

一、国际组织对于股权众筹投资者投资限制的规定

IOSCO 发布《股权众筹调查报告 2015》有两个目的，一是提高

IOSCO 对成员方股权众筹监管的理解；二是强调在股权众筹监管方面的趋势和问题。该报告还试图提高投资者对于股权众筹的理解。IOSCO 认为股权众筹与传统证券并不一样，除了具有传统证券市场的利益冲突、数据保护和欺诈风险，还面临着一些特殊的问题，包括初创企业的高失败率和违约风险、信息不对称、平台倒闭等。因此，投资者应当接受平台的教育以提高对股权众筹投资特征和风险的认识。此外，投资者对其投资应当加以限制。投资者应当考虑购买股权众筹证券的资金数额与其净资产是否成比例。同时，投资者应当评估投资的适合性。在购买股权众筹证券时，应当考虑该投资与他们的投资目标以及风险偏好是否匹配。❶

世界银行认为，股权众筹针对的筹资对象大都为非合格、非职业的投资者，因此他们很难作出理智的投资决策，加之初创企业经营失败率本来就很高，因此股权监管规则应当对投资者的投资设定一定的限制。❷ 世界银行认为，应当根据投资者收入的不同设置不同的限制，具体说来：对于高净值的个人，一般能够承担投资股权众筹的风险，可以允许他们自由投资，不对他们的投资额度进行限制；对于中等收入个人，应当允许他们参与股权众筹投资，但是必须对他们的投资总额进行一定程度的限制；对于低收入个体，应当设定允许投资股权众筹的最低收入要件和被允许的最大投资额，除非该个人属于发行人的家庭成员。虽然可以对高净值个人的投资不设限制，但是股权众筹平台可以对高净值个人进行一定的评估，比如了解投资者接受的教育、测试投资者对投资风险的理解，还有投资经验的披露等。同样，虽然股权众筹并不禁止低收入个人的投资，但是股权众筹平台有权限制不具备任何金融和技术条件的个人参与股权众筹。❸

---

❶ IOSCO. Statement on Addressing Regulation of Crowdfunding December 2015 [EB/OL].

❷❸ Crowdfunding's Potential for the Developing World [R]. Washington: the World Bank, 2013: 30.

二、各国股权众筹投资者限制制度的主要内容

（一）美国

美国的JOBS法案并未对投资者的资格作出具体限制，所有的美国公民只要满足了法律或者平台规定的投资条件都可以参与股权众筹投资。但是美国JOBS法案将投资者分为两个层次：合格投资者和普通投资者。

对于合格投资者的投资，法律并未对其投资额度作出限制，也就意味着合格投资者可以根据自己的实际情况自由的投资。根据美国《1933年证券法》的规定，合格投资者包括：金融机构、养老金计划、风险投资基金、超过一定规模的公司或者其他机构、发行人内幕人员、资产或收入超过一定标准的自然人、合格投资者拥有的实体；自然人如果想要获得合格投资者的资格，其净资产必须单独或者与配偶共同达到100万美元。另外，如果其年收入在过去两年达到20万美元，或者与配偶的年收入一起达到30万美元，并且合理期待在未来一年仍然可以达到上述水平，那么上述自然人也可以成为合格投资者。

JOBS法案虽然允许普通投资者参与股权众筹投资，但是为了避免投资者因投资损失影响其基本生活，法案根据普通投资者的净资产和年收入对其投资数额进行了限制。根据JOBS法案的规定，投资者在交易发生前12个月内累计投资的资金总额不得超过一定数额或者一定的比例，具体来说，如果投资者的年收入或者资产净值不超过10万美元，那么投资者最高的投资额不应超过2000美元或者资产净值的5%，以较大值为准；如果投资的年收入达到或者超过10万美元，那么投资者被运行的最大投资额为年收入或者资产净值的10%，最高不得超过10万美元。

此外，投资者在平台注册之前，必须阅读并理解平台提供的风险揭示和投资者教育材料，并通过平台提供的投资者测试，并且提交相关证明自己理解和能够承担投资风险的材料，才能够进行投资。[1]

---

[1] JOBS ACT, Title III.

(二) 意大利

意大利的股权众筹投资者有专业投资者和普通投资者之分。根据《18952号规则》的规定，发行人筹集的资金中至少有5%来自专业投资者或者银行或初创企业孵化公司（innovative start-up incubators），之所以作如此规定，是因为监管者考虑到普通投资者可能限于能力不足无法对融资项目作出准确的价值和风险评估，因此引入专家投资者，希望借助专家投资者在投资方面的经验弥补普通投资者在投资方面的不足。❶

意大利的股权众筹监管规则对普通投资者的投资限额也作了规定，投资者对于单个项目的投资额不得超过500欧元并且1年的投资额不得超过1000欧元。❷ 同时意大利法律还告诫投资者股权众筹投资应当与他们的资产或者收入成比例，避免过度投资。❸

意大利监管机构要求股权众筹平台在投资者作出投资承诺之前，必须采取措施确认投资者了解并接受了投资者教育的内容，具备了购买证券的资格。根据意大利法律的规定，判断投资者了解投资者教育内容的标准有三个：第一，投资者已经阅读了平台提供的信息并且接受了平台对其进行的教育；第二，投资者已经填写了平台提供的投资者调查问卷，并且通过该调查可以证明投资者已经理解了股权众筹投资的基本特征和风险；第三，投资者声明其可以承担投资全部损失的风险。❹

(三) 加拿大安大略省

加拿大安大略省的股权众筹监管规则深受美国JOBS法案的影响，因此，在股权众筹投资者资格方面并未作出限制，无论是合格投资者还是普

---

❶ Regulation on "the collection of risk capital via on-line portals (Resolution no. 18952), Article24 (2).

❷ 意大利中小企业股权众筹开闸 [EB/OL]. http://www.01caijing.com/article/12701.htm, 2016-12-02.

❸ Regulation on "the collection of risk capital via on-line portals (Resolution no. 18952), Article 17 (3).

❹ 张继红，吴涛. 欧洲股权众筹投资者适当性制度之比较研究 [J]. 证券法苑，2015 (2): 85-86.

通投资者都可以进行投资。但是与美国 JOBS 法案不同的是，加拿大安大略省主持制定的股权众筹监管规则对合格投资者和普通投资的投资数额分别做出了限制。合格投资者每个项目的投资不得超过 2.5 万加元，1 年内投资项目的总数不得超过 5 万加元；普通投资者每个项目的投资不得超过 2500 加元，1 年内投资股权众筹项目的资金额不得超过 1 万加元。此外，安大略省还有被允许投资者（permitted client）的分类，被允许投资者投资股权众筹的资金额不受限制。

同时，加拿大股权众筹规则要求登记为受限经纪商的平台必须保证投资者具有投资股权众筹的资格，以保证投资者具有风险的评估和承担能力。根据安大略省股权众筹监管规则，登记为受限经纪商的股权众筹平台必须在投资者作出投资承诺之前，确认投资者是否具有投资的专业知识、受过投资方面的训练或者具有投资经验，否则不能允许投资者进入平台进行投资。因为投资者只有具备上述能力才能对证券的结构、特征以及股权众筹投资的风险有较多的了解。❶

（四）法国

法国目前只是对借贷型众筹投资者的投资限额作了规定，即支付利息的借贷型众筹投资者最高投资为 1000 欧元，不支付利息的借贷型众筹投资者最高投资为 4000 欧元，并未对股权众筹投资者区分专业投资者和普通投资者，也未对投资者投资数额作出限制，只是规定了发行人融资的最高限额，通过融资限额的规定限制投资者的投资。

同时，法国《参与性融资条令》也没有对投资者适格性进行规定，而是将判断投资者适格性的权力下放给了 CIP 投资者顾问。根据《参与性融资法令》的规定，投资顾问在向投资者或者潜在投资者提供顾问服务之前，必须要求客户提供相关信息，以保证投资者投资股权众筹的适当性。这些信息主要包括投资者的专业知识、投资经验、财务状况、投资目的等。如果投资顾问无法从投资者处获取上述信息，应当拒绝向该投资者提

---

❶ Multilateral Instrument 45-108 Crowdfunding, Division 3, 43.

供咨询服务。❶

此外,根据法国股权众筹监管规制的规定,投资者在阅读项目信息之前必须承诺已经知晓股权众筹平台发行证券的性质和风险。投资者在允诺投资之前,必须接受平台安排的投资适当性测试,只有通过平台的测试才能进行投资,以保证投资者拟投资的项目与自身能力相符,避免受到过度损失。❷

(五)英国

英国证券监管机构认为,为了保证股权众筹监管体制的可持续性和限制投资风险,关键是要限制投资者的投资资格。根据英国股权众筹监管规则,允许投资股权众筹的投资者分别为:专业投资者;可以从经授权的中介者处得到投资建议或者投资管理服务的零售投资者;与风险投资或者公司融资有关联的零售投资者;被认证或者自认为为成熟投资者的散户投资者;被认证为高净值投资者的零售投资者;保证不会在该非上市证券业务中投资超过其可投资资产净值10%的零售投资者。英国证券监管当局倾向于鼓励具有一定投资经验、投资知识或者能够在这方面得到帮助的人投资股权众筹证券,而对于普通的投资者,则通过限制其投资额度避免他们暴露在更大的风险之下。❸

英国的股权众筹监管规则还规定,当股权众筹平台未被授权提供投资建议时,平台需对零售投资者进行适当性测试,以确保投资者具有一定程度的投资知识和经验以评估投资风险。❹

---

❶ 《参与性融资法令》第 L547-9 (6).

❷ 顾晨. 法国众筹立法与监管介绍 [EB/OL]. http://www.jinrong315.com/? action-viewnews-itemid-4383, 2016-12-08.

❸ The FCA's regulatory approach to crowdfunding over the internet, and the promotion of non-readily realisable securities by other mediaFeedback to CP13/13 and final rules (PS14/4), 4.7.

❹ The FCA's regulatory approach to crowdfunding over the internet, and the promotion of non-readily realisable securities by other mediaFeedback to CP13/13 and final rules (PS14/4), 4.8.

（六）澳大利亚

澳大利亚公司法中有关股权众筹的监管规则虽然只提及零售投资者投资的适当性，但是从整个股权众筹规则全文和《众筹融资：股权众筹平台指引》的内容来看，澳大利亚的股权众筹也是面向所有的投资者。但是机构投资者和合格投资者并不受投资限额和提交风险知悉确认书的约束。上述措施是针对散户投资者的特殊保护措施。根据澳大利亚股权众筹监管规则，散户投资者在1年内的投资额不得超过1万澳元。❶ 同时，根据《众筹融资：股权众筹平台指引》的规定，投资者作出投资承诺之前，必须向平台提交风险知悉确认书，以确认其已经知晓了股权众筹投资的所有风险。❷

三、各国股权众筹投资者限制制度的总结

由于股权众筹投资的民主性和普惠金融的特征，各国的股权众筹立法一般不会像私募市场一样对投资者的资格加以限制，无论是合格投资者还是普通投资者，只要满足了法律规定的条件就可以投资。

各国对于合格投资者的投资均没有设置较多的限制。因为按照传统证券法的观点，合格投资者一般具有投资的专业知识和经验，能够对投资风险和价值作出准确的评估，无须法律的特殊保护。但对于普通投资者的投资，各国股权众筹监管规则却设置了较多的限制。一方面普通投资者必须遵守最高投资额的规定，另一方面投资者必须证明自己已经知晓并能够承担投资股权众筹的风险，接受了平台的教育并且已经具备了一定风险评估能力。此外，投资者必须能够通过平台的测试才能够参与股权众筹投资。平台之所以对普通投资者的投资作出诸多限制，主要是考虑到普通投资者在投资能力方面存在不足，需要法律给予特殊的保护，以免损失较大而影响自己的生活。

同时，各国对于投资者投资限制的规定也存在一定的差异，主要表

---

❶ Corporations Amendment (Crowd-sourced Funding) Act 2017, 738ZA.
❷ Corporations Amendment (Crowd-sourced Funding) Act 2017, 738ZC.

现为投资数额的限制方面。有的国家规定合格投资者或者专业投资者的投资数额不受限制，如美国、意大利；有的国家却规定即使是合格投资者也必须遵守投资限额的规定，只不过合格投资者的限额比普通投资者的限额要高得多，如加拿大安大略省的股权众筹监管规则。这种差异同样也表现在普通投资者的投资数额限制上，大多数国家都规定了普通投资者被允许投资的最大额。但是也有些国家并没有对普通投资者的投资数额作出限制，这些国家一般允许股权众筹平台向投资者提供一定的投资建议，如英国、法国等。但是无论如何，各国监管规则都要求平台告诫投资者，选择的项目必须与自己的风险承担能力相一致，否则平台有权拒绝投资者的投资。

第二节 投资者限制制度的法律效果

一、合格投资者风险加大

已经制定股权众筹监管规则的绝大部分国家都规定合格投资者的投资数额不受限制。因为根据传统证券法的基本法理，合格投资者拥有投资信息的获取能力和渠道，能够对拟投资的对象进行准确的风险评估和价值判断，丰富的资产可以使其具有相应的风险承担能力。此外，合格投资者拥有丰富的投资经验，可以避免盲目投资。即便投资者不具备上述能力，也可以通过雇用专业人士或者中介机构为其投资提供服务。有的国家为了充分利用合格投资者在这方面的优势，规定了股权众筹投资中必须包含一定数量的合格投资者，否则该投资便是不合法的比如意大利，但是事实是否如此呢？

（一）合格投资者信息获取能力的不足

早期合格投资标准主要以"关系要件"为主，因为投资者与发行人之间的特殊关系可以使投资者能够获得与发行证券有关的信息，因而可以进行理智决策，避免信息不对称的风险。❶ 但是随着资本市场的壮大和日益复杂化，合格投资者的范围也越来越大，"关系要件"逐渐被"资产要件"所取代，但是信息获取能力标准仍然是判断合格投资者的重要标准。可股权众筹市场上的合格投资者是否具有这种信息获取能力呢？

众所周知，股权众筹市场由于其特殊性，信息不对称现象特别严重，主要原因之一便是发行人大都为中小企业或者初创企业，即使法律规定了股权众筹发行人的信息披露义务，他们也无法进一步提供相关的信息，因为这些信息可能根本就不存在，或者这些信息呈现碎片化的状态无法进行有效整理，或者发行人对某些信息采取了保密措施。对于这些信息，合格投资者即便拥有丰富的投资知识、经验或者与发行人之间存在特殊关系，也可能无法进一步获取这些信息。一般情况下，合格投资者投入的资金要比普通投资者多，也就意味着他们比普通投资者拥有更强的、主动收集信息的动力。但是发行人市场上公开的信息毕竟是有限的，投资者为了获得更多的信息不得不支出更多的信息搜寻成本。在股权众筹前景不明、收益不定的情况下，合格投资者是否愿意支出上述信息搜寻成本是值得怀疑的，除非股权众筹企业非常有前途或者合格投资者是专业投资者，否则一般的合格投资者很难主动搜寻信息。合格投资者比普通投资者的投资优势在于其具有的投资知识可以使其对发行人和平台披露的信息进行较好的理解，并能根据自己以往的投资经验对某个股权众筹项目的风险和价值进行评估。但是在信息获取的能力方面合格投资者的优势并不明显。

（二）合格投资者并不必然具备风险承担能力

由于早期确立的以投资者的"信息获取能力"作为判断投资者合格与否的原则过于抽象，不利于法院在司法审判中的运用。因此美国法院在司法实践中逐渐确立了以投资者的资产和经验作为投资者信息获取能力的替代标准，并一直沿用至今。根据美国法院的理解，投资者拥有丰富的资产意味着投资者可以广泛地参与投资，因而可以积累丰富的投资经验。并且

---

❶ 包景轩. 我国证券非公开发行制度初探 [M]. 北京：法律出版社，2008：153.

丰厚的资产和较高的年收入意味着投资者拥有较高的风险承担能力,可以承担投资失败带来的损失。但是根据许多学者的实证研究,把资产要件作为判断投资者合格与否的基本标准有很多弊端。❶

首先,满足合格投资者资产要件的投资者并不一定意味着其拥有丰富的投资经验和一定信息获取能力。个人积累财富的手段多种多样,有的人凭借积极投资获得丰厚的回报,但是有的人可能是基于继承、中奖等方式达到一夜暴富。❷ 从后一种情形来看,认为高净值的人群拥有丰富的投资经验是不准确的。而且个人的财富也可能是逐渐积累而成,一个汽车修理工通过一生的工作,可能积累了足够的金钱,积累的财富可能满足合格投资者要求的资产要件。❸ 然而,这种过程并未使这个修理工具备评估证券市场复杂金融产品风险的能力。对于个人投资者来说,一定水平的资产或者收入也不能直接暗示其拥有获得或者评估发行人某一证券的特定信息的能力。因此,投资者的资产水平与投资者的经验、信息获取能力并不存在必然的联系。

其次,满足合格投资者的资产要件也不一定意味着投资者就必然具有较高的风险承担能力。当前关于合格投资者的资产水平主要从净资产和年收入进行衡量。净资产就是指个人的总资产减去总负债之差。资产可以分解为三个部分:大额资产、个人物品和流动性资产。不动产和汽车都属于大额资产。个人物品则包括珠宝、邮票和乐器等。流动性资产包括现金、支票和存折、股票、退休金、其他投资等。个人流动性和非流动性资产的总和相当于他的资产价值。同样地,为了评估一个人的总负债,个人负债都应该相加,包括抵押、车贷、助学贷款和信用卡等。因此,净资产标准仅仅考虑一个人的总资产减去总负债的总额,并未考虑该资产是流动还是

---

❶ HAQ, SYED. Revisiting the Aaccredited Investor Standard [J]. Mich. Bus. & Entrepreneurial L. Rev, 2015—2016, (5): 68.

❷ LEE, SO - YEON. Why the "Accredited Investor" Standard Fails the Average Investor [J]. REV. BANKING & FIN. L, 2012 (31): 991.

❸ Net Worth and Asset Ownership of Households: 2011 [EB/OL]. http://www.census.gov/people/wealth/files/WealthTables_ 2011. xlsx, 2015-09-03.

非流动性的。因为非流动性资产要比流动性资产更难转化成现金。当投资者不得不变卖非流动性资产时，可能不得不接受一定的折扣，也就是说对非流动性资产的评估价值可能并不是该资产变现时的价值。❶ 另外，通过年收入标准在判断一个投资者能否承担投资损失方面也是无效的。因为，年收入标准并未考虑投资人的消费状况。投资者可能拥有足够的年收入，但是可能没有足够的资金以承担投资失败的损失。例如，年收入达20万美元的个人可能每年的负债超过这个水平。❷

（三）合格投资者盲目投资或者被欺诈的风险仍然存在

法律之所以对合格投资者未予以充分关注，原因就在于合格投资者拥有大量的财富和投资经验，可以承担投资失败的风险，并能够对拟投资的项目进行准确的风险和价值评估。但是根据前述，投资者的资产与投资经验并没有必然的联系。即便合格投资者属于专业投资者，拥有在投资方面的丰富经验，但他们的经验是由传统证券投资积累而来的。而股权众筹领域属于新的投资领域，并且还处于不断的发展之中，合格投资者的经验能否发挥作用还有待实践的检验，并且股权众筹投资的项目五花八门，合格投资者不可能对每个项目都非常熟悉，正如前文的例子所揭示的，专业投资者对于游戏领域的了解程度可能并不比资深的游戏玩家更高。由此可以看出，合格投资者在股权众筹市场进行投资时具有被欺诈或者盲目投资的可能性，这一点已经被实践所证明。

前述Ascenergy案中，投资者均为传统证券市场的合格投资者，有的甚至还是美国以外的合格投资者。他们面对发行人如此明显的虚假陈述却没有丝毫怀疑，充分证明满足资产要件的合格投资者并不能必然规避欺诈或者盲目投资的风险。传统证券市场如此，股权众筹市场亦然。

所以，有些国家规定的必须含有合格投资者投资的规定也可能无法达

---

❶ Net Worth Methods of Proof [EB/OL]. http：//www.irs.gov/irm/part9irm_09-005-009.html#d0e678，2015-04-05.

❷ SULLIVAN, PAUL. Managing and Investment Portfolio of Risks, Not Only Returns [EB/OL]. http：//www.nytimes.com/2011/08/06/your-money/asset-allocation/managing-risk-in-an-investmentportfolio-wealth-matters.html?ref investments, 2015-07-26.

到辅助普通投资者决策的目的。2014年，意大利一家生产太阳能摩托艇的企业 Cantiere Savona 通过股权众筹网站 Stars Up 为它的第一个项目筹集资金。通过8天的努力，Cantiere Savona 共从44个投资者手中筹集了38万欧元。但是在这个案例当中，有经验的投资者（the sophisticated investor）并未积极地参与投资，而是在普通投资者之后投资的。因此他们并没有为普通投资者提供积极的帮助，反而是普通投资者的积极投资引起了他们的关注。

由此可见，合格投资者的投资经验在股权众筹市场可能并不能完全发挥作用，引入专业投资者也可能无法避免被欺诈或者盲目投资的风险。

二、普通投资者的投资限制存在不足

虽然各国的股权众筹监管规则都规定了发行人和股权众筹平台的强制性信息披露义务，但是监管者考虑到了普通投资者并没有理解这些信息披露文件的能力，也可能不会积极主动地搜寻与发行项目相关的信息。在此种情况之下，为了防止投资者暴露在过高的风险之下，各国的股权众筹监管规则一般都规定了普通投资者的投资限额。考虑到股权众筹的高风险性，将投资者的投资数额控制在一定范围之内确实可以避免投资者因欺诈、投资失败、平台破产等而招致较大的损失。可以说股权众筹投资限额制度是股权众筹监管规则中最实用的一种制度。但是在股权众筹实务中，该制度还存在若干不足。

首先，法律虽然规定了若干普通投资者限制的措施，但是对投资者投资适当性的审核权由股权众筹平台掌握，法律并未过多干预。根据股权众筹平台的实践，投资者在投资之前需向平台提交身份、资产证明、收入证明、风险揭示阅读确认书等材料，以确保投资者对投资股权众筹的风险有基本的了解，并且确保普通投资者的投资数额不超过法律规定的限额。然而平台对这些材料只是进行书面审核，对材料的真实性未作过多调查，而投资者在利益的诱惑下，完全有可能伪造资产、收入证明材料以获得更高的投资准入。对这个问题股权众筹平台还没有设置有效的防御机制。

其次，各国股权众筹监管规则大都规定了普通投资者的投资限额，以防止投资者暴露在更大的风险之下。但是这种限制往往以年为单位，即投资者在一年内的投资限额，并未对普通投资者的投资总额进行限制。普通投资者完全可以在以后的每个年度投入最大限额的资金以期获得更多的回报。但是考虑到中小企业或者初创企业的高风险性、回报周期的长期性以及普通投资者投资的盲目性，普通投资者长年累月的投资完全有可能得不到回报，从而使股权众筹监管规则中的投资者投资数额限制的效果大打折扣。而且，投资者可以通过在不同的平台注册达到规避法律限制的目的，平台之间对此还缺乏有效的合作机制，以避免投资者通过不同的平台进行过度投资的行为。

再次，股权众筹平台缺乏必要的资格认证制度。普通投资者虽然不具有证券投资的专业知识、投资经验，但是普通投资者随着投资的次数、时间逐渐增加，掌握的投资知识、积累的投资经验有可能使其成为专业的股权众筹投资者。如果把这些投资者的投资数额固定在一个相对较低的水平上，对于投资者而言是不公平的。因为投资者有处理自己财产的自由，不要求任何回报的捐赠都未对捐赠人设置限制，有获得回报可能的股权众筹更不应对投资者设置较多的障碍。特别是对于积累较多投资经验的普通投资者而言，其已经具备了一定的风险和价值评估的能力，应该通过某种资格认证的方式，适当提高上述投资者的投资数额，这样做不仅尊重了投资者的财产处分权，提高其可能获得的收益，而且对于融资者的融资也十分有利。

最后，各国证券监管者考虑到了普通投资者在证券投资方面可能遭受的巨大风险，因此对普通投资者的投资设定了最大限额，以防止投资者遭受重大损失而影响正常的生活。此举虽然对于投资者保护发挥着重要作用，但是也就意味着投资者获得的最大收益也是有限的，由此很可能会导致普通投资者审慎审核动力的不足。一方面，投资者可能基于成本收益的考虑，不会去主动搜寻与发行人、证券相关的信息，甚至对发行人的信息披露文件、平台披露的信息以及投资者教育方面的信息也不会去审查甚至是阅读。另一方面，当普通投资者遭受欺诈、权益受损时，也可能同样基

于成本收益的考虑放弃维护自己的正当利益，因为维护自己正当利益支出的成本如诉讼可能会远远大于该利益。❶

综上，法律对于普通投资者投资限制存在的前两个问题，需要平台完善自身的审核机制、加强对普通投资者账户的管理、加强与其他平台合作等方式加以解决。❷然而合格投资者和普通投资者在股权众筹投资中面临的自身能力水平不足、审慎动力不足的问题，并不能完全依靠强制性信息披露制度和规定股权众筹平台的投资者保护义务而加以解决。笔者认为，针对上述问题需要引入专家投资者，借助专家投资者在投资方面的知识、经验及其他方面的优势辅助投资者决策并积极维护投资者的权益。

第三节　构建统一的领投人规则

在奉行"买者自负"的股权众筹市场上，作出最终投资决策和承担投资损失的是投资者。因此无论发行人的信息披露如何充分、平台的项目审核多么尽责，如果投资者不能作出理智决策的话，施加给发行人和平台的责任就没有任何意义。然而，股权众筹投资者多为普通投资者，他们一般缺乏理智投资决策需要的知识和经验。即便股权众筹平台承担着投资者教育的义务，但是对发行人项目的风险和价值评估的能力不是仅仅通过接受教育就可以具备的。在股权众筹"去中介化"的背景下，引入专家投资者就非常重要了，❸而领投人制度无疑是各种专家投资者制度中最好的一种。

---

❶ 普通投资者虽然可以通过私权诉讼的方式提起对欺诈发行者的诉讼，但是投资者仅仅能够得到自己所投的资金，而诉讼的成本远大于投资者能够投入的资金。集团诉讼貌似是股权众筹投资者唯一可行的维权方式，但是法律却对集团诉讼设置了一定的限制。JAMES, THOMAS G. Far From the Maddening Crowd: Does the JOBS Act Provide Meaningful Redress to Small Investors for Securities Fraud in Connection with Crowdfunding Offerings？[J]. B. C. L. REV, 2013 (54): 1769-1770.

❷ 参见第三章第三节。

❸ IBRAHIM, DARIAN M. Crowdfunding without the Crowd [J]. N. C. L. Rev, 2017, (95): 1483-1506.

一、构建领投人制度的重要意义

领投人制度是资本市场为解决一般投资者经验不足、知识缺乏的一种自治制度。目前绝大多数股权众筹网站都采取"领投+跟投"的模式。领投人不仅可以带来中小企业发展急需的资金、资源,帮助普通投资者进行投后管理,而且在纠正市场信息失灵方面也发挥着重要作用。

(一) 领投人制度对于投资者保护的作用

1. 背书作用

股权众筹投资者一般为普通的民众,投资的知识、经验严重不足,缺乏对融资企业、融资项目、融资人的基本认识,无法对投资的风险和收益进行准确评估,因而无法作出理智的投资决策。而领投人制度是解决该问题的有效手段之一。领投人一般具有一定规模的资产、丰富的投资知识和经验。如《中国天使众筹领投人规则》中规定:领投人需在某个领域拥有丰富的经验,独立的判断,丰富的行业资源和影响力,很强的风险承担能力。领投人凭借自己掌握的知识、积累的经验、建立的调查途径对融资企业进行充分的调查,以确定投资的可行性。[1] 因此,经过领投人尽职调查挑选的企业一般具有较高的融资成功率和发展潜力。一般投资者虽然缺乏投资的知识、经验,不具备充分调查的能力,但是凭借对领投人声誉的信任,可以通过"搭便车"的形式选择投资,从而解决因投融资信息不对称而造成的不公平。此种情况下,领投人的投资相当于对融资项目的"背书",告知其他的投资者该融资项目的真实性和可行性。

2. 投后管理

对于投资者权益保护而言,股权众筹成功的关键不在于前期的融资阶段,而在于投后的管理。然而,由于信息不对称的存在,股权众筹投资者很难对投资企业进行有效的管理,投资者的权益面临着随时被侵害的风

---

[1] 中国天使众筹领投人规则, http://b2b.toocle.com/detail-6133087.html, 2016-03-29。

险。然而，领投人属于专业的投资者，并且投入的资金远高于普通投资者，他们有知识、经验、时间和动力参与企业的日常管理。因此，领投人参与企业的管理可以在一定程度上预防信息失灵给普通投资者权益造成损害。领投人参与企业的管理过程中，通过与普通投资者充分的交流，可将普通投资者的意见、建议反映给企业的管理层，从而使普通投资者间接参与企业的管理。在企业的一些重大事项上，如合并、发行新股，领投人可以代表普通投资者与企业的管理层进行谈判，从而最大程度维护普通投资者的利益。领投人制度从一定程度上来说，是方便普通投资者"搭便车"的一种制度。

（二）规范"各自为政"的领投人制度

虽然大多数股权众筹平台在众筹实务中都施行领投人制度，但是各国众筹监管规则中并未对股权众筹领投人的资格要件、参与程序、权利保障、利益冲突等进行规范。上述内容主要由平台自行规定，从而造成各股权众筹平台之间领投人规范的不一致，有的内容甚至差别很大。例如，我国著名的股权众筹平台天使汇和众投邦关于领投人的规定就有很大的差别。根据天使汇领投人规则，领投人必须符合天使汇合格投资者的条件；必须是在天使汇上活跃的投资人，半年内投资过项目，最近1个月约谈过项目；领投人领投的项目不得超过5个，并且必须有一个项目成功退出。满足上述条件才能作为天使汇的领投人，享受领投人规则规定的特权。❶ 而根据众投邦的领投人规则，领投人必须是专业机构投资者或者投资经验丰富的专业个人投资者；熟悉股权投资领域，有两个以上成功的股权投资案例和投资经验；可以要求公司董事席位，并能够在董事会上做出有利于企业的决策；能够专业地协助项目方完善商业计划书、尽职调查、投资协议编制，协助项目路演、召集跟投方以及投后管理。❷ 天使汇和众投邦的领投人规则相比，众筹邦的领投人资格要件较为宽松，更像是帮助发行人

---

❶《天使汇领投人规则》，http：//angelcrunch.com/help/leadinvest，2016-05-26.

❷《众投邦领头要求》，https://www.zhongtou8.cn/main/help/index/id/13，2016-05-26.

筹资的中介者。

领投人制度不规范对于投资者而言是不利的。从投资者的角度来看，领投人资格要件越高，就越有利于投资者权益的保护。但是，在股权众筹领域领投人属于一种稀缺的资源，而平台、发行人与领投人之间存在着一定的利益关联。只有融资成功，发行人、平台、领投人三方才能够获得利益。虽然从理论上来讲，领投人与投资者是利益共同体，但是在实际上，领投人与平台、发行人才是利益共同体。因此，平台为了融资成功的目的，可能会制定较低的领投人准入规则和倾向于发行人的行为准则，使投资者的权益无法得到有效保护。

（三）防范可能的利益冲突

1. 领投人的"身份混同"

根据股权众筹实践，目前股权众筹采取的"领投+跟投"模式主要分为两类。一种是"领投+直接投资"模式，即领投人投入一定资金后，跟投人出于对领投人的信任，直接对发行人的筹资项目进行投资，跟投人成为发行人的直接投资人；另一种是"领投+间接投资"，即确定领投人之后，领投人与跟投人成立一个合伙企业或者投资基金，由合伙企业或者投资基金作为一个实体对发行人进行投资，而领投人作为普通合伙人或者基金管理人，跟投人则成为有限合伙人或受益人。❶ 无论采用哪种领投人模式，领投人均具有不同的法律地位，从而造成领投人身份的混同。

从领投人与融资者或者股权众筹平台的关系来看，领投人虽然属于投资者，但是根据股权众筹实践，领投人与融资者或者平台并非没有关系。当某个平台的融资模式采用的是"领投+跟投"模式时，融资者或者平台为了满足融资的条件或者为了融资的成功，往往委托某一投资机构或者知名的投资人作为领投人，借助领投人在投资方面的经验和卓著的声誉提高融资成功的可能性。不仅如此，有的平台还规定，领投人确定领投之后需要协助发行人按照法律和平台的规定完善相关的信息披露文件。因此在上

---

❶ 马其家，樊富强. 我国股权众筹领投融资法律风险防范制度研究［J］. 河北法学，2016（9）：29-30.

述情形下,领投人具有一定的受托人的地位。

从领投人与跟投人的关系来看,领投人与跟投人虽然同属投资人,但是领投人与跟投人之间却具有一种默示的信义义务。根据领投人模式的一般理论,领投人可以获得投资收益的一部分作为酬劳,因为领投人不仅以自己的资金、投资经验和声誉为发行人的融资项目提供"担保",而且承担着项目的调查、与发行人的沟通等方面的义务。发行人融资成功之后,领投人还承担着保护投资者权益的重要职能,特别是在"领投+间接投资"的模式中,领投人作为跟投人的受托人,承担着尽职履行受托义务的法律责任。此外,当发行人筹资成功后,领投人摇身一变成为公司股东,此时领投人便具有两种法律地位。一种法律地位是跟投人的受托人,承担着维护跟投人利益的法律职责,另一种法律地位是公司股东,并且领投人作为跟投人的代理人会参与到公司的治理之中。如果不对领投人的这种地位加以规制,领投人很有可能听命于公司管理层,从而使领投人的受托人地位名存实亡。

2. 领投人"身份混同"的消极影响

根据以上分析可以看出,在股权众筹语境下,领投人的法律地位并不是单一的。虽然领投人属于投资者的一部分,但是却与融资者或者平台有着千丝万缕的联系,使得股权众筹领投人的身份出现混同。这种双重法律地位如果处理不当,或者缺乏有效的监督机制,其直接后果便是造成领投人与发行人或者平台勾结而损害跟投人的利益。发行人大多为中小企业,无法通过传统融资渠道获得资金的本身就说明其风险较高、价值相对较低的事实,即使可以通过股权众筹的方式筹集资金,筹资成功的前景却不甚明朗。但是如果有一个声誉卓著、经验丰富的领投人参与投资的话,这种溢出效应将会带动更多的投资人投资。因此,发行人为了筹资成功的目的,有可能通过不正当的利益输送诱惑领投人领投,从而损害跟投人的利益。同理,股权众筹平台在逐利的动机之下,也可能鼓动领投人参与涉嫌欺诈、风险较高的项目,从而置跟投人的利益于不顾。

综上,领投人利用自己在投资方面的知识、经验等方面的优势,可以在一定程度上纠正股权众筹市场信息失灵的状况,弥补普通投资者在股权众筹投资方面的不足。但是由于领投人在股权众筹投资中的"身份混同",使得领投人与跟投人之间存在一定的利益冲突,如果不对其加以规制,将有可能造成投资者利益的损失。因此,应该由监管者或者全国性众筹协会等权威机构对领投人的资格要件、普通投资者保护的范围和方式、领投人监督机制作出最低的要求,以切实发挥领投人在保护普通投资者方面的积极作用。

二、领投人的资格要件

目前各国法律均未对领投人制度作出规定,而是将这一权利下发给股权众筹平台,由平台根据自己的业务方向等制定符合自己实际的领投人规则。虽然法律的这种安排充分尊重了平台的自主权,但是也造成了各个平台之间领投人规则的不一致甚至是矛盾。领投人制度是股权众筹市场的一种重要制度创新,为普通投资者参与股权众筹融资提供了一种可行的途径。所以监管机构或者众筹协会等权威机构必须制定统一的领投人规则,避免平台为了自身利益规定较低的领投人资格,危害投资者的利益。

根据当前各个平台的领投人规则,机构投资者作为领投人的资格基本上没有疑问,关键是当个人投资者作为领投人时需要具备什么样的条件,不同的平台对此有不同的态度。

(一) 是否应规定领投人的资产要件

在众筹实践当中,大多数众筹平台将领投人的投资经验作为领投人资格的唯一要件,并未规定领投人的资产要件。但是也有一些股权众筹平台将个人资产或者年收入作为领投人的资格要件之一。例如,总裁汇的领投人规则就规定,个人的净资产必须达到100万元或者年收入高于20万元才有资格作为领投人参与投资。由此可见,平台就是否应规定领投人的资产要件上产生了分歧。是否应当规定领投人的资产要件,首先应当清楚规定领投人资产要件的目的是什么。

在私募投资的合格投资者规则中,各国法律一般都规定投资者必须满足一定的资产和投资经验要求才有资格成为合格投资者。但是由于经验标准过于抽象，司法实践中法官往往将资产要件作为判断投资者是否为合格投资者的主要标准，因为满足合格投资者资产要件的个人往往在投资领域比较活跃，积累了一定的投资经验，可以对拟进行的投资进行价值和风险评估。另外，规定合格投资者资产要件最主要的目的便是保证投资者具有一定的风险承受能力，避免投资失败造成投资者的生活困难。

在股权众筹领域，众多股权众筹平台之所以没有规定领投人的资产要件，是因为这些平台对于领投人的经验规定了客观的、可以量化的标准。平台推定满足经验标准的领投人一般都拥有丰富的资产，因此无须特别规定领投人的资产要件，并且如何规定领投人的资产要件是一个非常困难的工作，需要大量的实证研究和经验总结。此外，领投人本来就属于市场的稀缺资源，如果再从资产上对其加以限制，无疑进一步缩小领投人的规模。

但是学者们通过对合格投资者要件的研究认为，资产与投资经验之间并不存在必然的联系，满足合格投资者资产要件的投资者并不当然具备评估投资价值和风险的能力。同理，拥有一定投资经验的投资者并不能说明其具备一定的资产，而资产要件对于领投人的意义不亚于对于合格投资者的意义。因为领投人面临的投资风险并没有因为自己领投人的地位而有所降低或者消除，他们作为投资者同普通投资者面临的风险是一样的。但是一旦遭受欺诈或者投资失败，他们的损失要远大于普通投资者遭受的损失。因为按照股权众筹平台的规定，领投人必须投入一定比例的资金，以保证领投人忠诚地履行领投的职责。因此在股权众筹领域不仅要保证普通投资者具有一定的风险承受能力，而且要保证领投人的风险承担能力。况且如前文所述，领投人的"身份混同"可能会导致与普通投资者之间产生利益冲突，如果领投人故意欺诈投资者或者存在重大过失，在追究领投人的责任时必须保证领投人具备一定的赔偿能力，否则不利于普通投资者的保护。所以说，在制定领投人的资格要件时，资产要件应该是判断投资人是否为领投人的核心要件之一。

如何具体规定领投人的资产要件并不是本书的研究内容，但是在制定领投人的资产要件时可以参考合格投资者资产要件的规定，通过规定净资产或者年收入的方式确定领投人的资产要件，是否应该与合格投资者资产要件相同，还需要根据每个国家的实际情况而定，不能一概而论。每个国家的经济发展状况、证券市场的发展程度不同，领投人的资产要件也应当有所不同。笔者认为在制定领投人资产要件时应当着重考虑以下因素：第一，法律规定的融资的最高限额。融资的最高额度直接决定着领投人最高投入的资金量，制定领投人的资产要件时应当考量当领投人具备什么样的资产要件时，才能承担可能遭受的最高损失。第二，领投人投资占融资额的最大比例。实行领投人制度的股权众筹平台一般都规定了领投人最小和最大的投资比例。领投人的投资比例和发行人的拟融资额决定着领投人的实际投资额。应当对一国国内各平台领投人的投资比例和融资者的拟投资额展开实证研究，以确定领投人实际投入资金的平均数，为制定领投人的资产要件提供参考。

(二) 领投人的能力要件

各国的股权众筹平台虽然在是否规定领投人的资产要件上产生了分歧，但是对于领投人的能力要件却是一致的，认为领投人必须具备一定的能力要件。因为领投人只有具备一定的能力，才能够在投资过程中切实保护投资者的权益。但是各平台对于领投人应当具备什么样能力的理解并不一致，某些方面差异很大。比如 Angelist 认为领投人应当是"声誉卓著"的投资者，并未对"声誉卓著"做过多解释。国内的股权众筹平台则倾向于将领投人的能力要件分成若干部分，分别予以量化，以增强领投人制度的透明性和公正性。但是国内的股权众筹平台在领投人能力的判定标准上产生了分歧。

从股权众筹的长远发展来看，采用量化的领投人能力标准更有利于投资者的保护，因为诸如"声誉卓著"这样的主观标准太过抽象，实践中难以把握，很容易造成该制度的滥用。此外，领投人的能力判定标准应该是多样化的，太过单一的领投人能力标准限制了领投人的范围，不利于领投人制度的应用和推广。结合各股权众筹平台领投人能力要件的规定和股权众筹投资的实际，笔者认为判断领投人能力的标准应当至少包括下三项：

职业资格标准、经验标准和测试标准。

职业资格是对从事某一职业所必备的学识、技术和能力的基本要求，而且职业资格与职业劳动的具体要求密切结合，更直接、更准确地反映了特定职业的实际工作标准和操作规范，以及从事该职业所达到的实际工作能力水平。因此，具备相关职业资格证书的投资者说明其具备了从事某种特定职业的知识和技能水平，因而具备了领投的能力。

与职业资格相比，投资者的经验水平更能反映其在某种领域或行业的投资能力。因此，各股权众筹平台均对投资者的投资经验标准制定了较为详细的规则。Angelist 所谓的"声誉卓著"标准也更多地指向于领投人在相关领域的经验。领投人的经验标准应当分为两个部分。一个是领投人的投资经验，即领投人作为天使投资人、风险投资者投资私募市场、股权众筹市场的经验。笔者认为，对领投人投资经验水平的判定应当采用投资年限、活跃度和成功率三个标准进行判定，例如，规定 3 年之内投资的项目不少于 5 个、至少 1 个项目成功退出或者投资盈利。只有投资年限、活跃度与成功率三者结合才能反映领投人的真实投资经验，缺少任何一个都不足以反映领投人的投资能力。另一个是从业经验标准，如果投资者在投资基金公司等投资公司担任基金管理人或者高级管理人员等职位达到一定的年限，那么该从业经验表明投资人对于证券市场投资应该具有较深的理解，其作为领投人可以起到准确评估发行人证券的风险与价值、普通投资者管理等方面的作用。

除了上述两种标准之外，股权众筹市场还应建立领投人资格获取的测试标准，即通过测试证明自己已经具备了作为领投人所应具有的投资知识和经验。建议各国的监管机构或者全国性的众筹协会制定统一的测试标准，以避免股权众筹平台自行测试导致的公正性、独立性方面的质疑。之所以规定测试标准，是因为考虑到在股权众筹实践中，随着投资者经验的积累，其可能已经具备了相当的知识和经验，可以对股权众筹项目作出独立、客观的价值和风险评估，对投前尽职调查和投后管理也有了一定程度的掌握。他们参与领投可能比传统的天使投资人更能维护好跟投人的权益。因此，应当为成熟的股权众筹投资者设置"晋升"的路径，以突破法律对于普通投资者投资限额的规定，充分利用他们在股权众筹投资方面积累的知识和经验。世界银行就在其《发展中国家股权众筹发展潜力》中认为，推动股权众筹在发展中国家的发展，形成股权众筹投资的文化氛围很重要，而培育股权众筹投资文化氛围的关键之一便是培育专业的投资者。❶笔者认为，通过测试标准确定领头人的资格则是培育股权众筹市场专业投资者最好的途径之一。

（三）领投人的领投项目数和单个项目的领投人数

在股权众筹实践中，很多众筹平台并未规定领投人能够领投的项目总数。在股权众筹发展初期，不对领投人的领投项目总数作出限制可能不会出现问题。但是随着股权众筹的发展，申请通过平台融资的企业会越来越多，领投人总数增加的速度肯定无法匹配申请融资的发行人的增长速度，到时候可能会出现一个领投人领投过多项目的情况。笔者认为领投人虽然是股权众筹市场的稀缺资源，但是应该对每个领投人能够领投的项目总数进行限制，以避免领投人承担过度的投资风险和促进领投人更好履行职责。股权众筹发行人不仅风险高，而且回报的周期也很长。如果领投人领投过多的项目，将会超过其自身的风险承担能力，一旦失败的项目超过一定比例，将会使领投人陷入困难的境地。此外，领投人的主要目的除了向发行人投资以外，还要利用自己在投资方面的知识和经验做好尽职调查、投后管理等工作，以维护普通投资者的利益。但是领投人的精力是有限的，如果允许领投人领投过多的项目，领投人将没有充分的时间和精力管理每一个项目，从而使领投人制度的效用无法充分发挥。

与领投人能够领投的项目总数的规定不同，大多数平台都对每个项目的领投人人数作了规定。根据各股权众筹平台领投人规则，每个项目的领投人数一般为1~2人。可见股权众筹平台并不赞成每个项目有太多的领投人，以免过多的领投人集中于有限的优势项目上，造成其他项目无人领投的状况。笔者虽然不赞成每个项目可以有人数不限的领投人，但是同时也

---

❶ Crowdfunding's Potential for the Developing World [R]. Washington: the World Bank, 2013: 11.

认为允许多个领投人领投同一个项目可以有很多优势。从领投人的角度来讲，多个领投人领投同一个项目，可以分散投资风险，一旦投资失败，不至于单个领投人遭受重大损失；从发行人的角度讲，如果其证券发行能够得到多个领投人的青睐，则事实本身说明其证券价值较高，投资回报的可能性较大，可以吸引更多的投资者跟投，从而使融资目标更易实现；从投资者保护的角度来讲，允许多个领投人领投同一个项目，不同的领投人可以发挥各自的专长。特别是对于一些比较特殊的项目，比如游戏开发、基因技术等，需要具备这些领域知识和经验的投资者参与领投才能更好为投资者的利益服务。但是需要注意的是，如果允许多个领投人参与领投，他们被允许的最大投资额不能超过单个领投人被允许的最大投资额，否则可能会剥夺普通投资者的投资机会。此外，允许多个领投人参与领投的情况下，领投人之间应当口头或者书面约定他们之间的权力义务分配，避免权责不清造成重复劳动或者互相推诿。

三、领投人的投资者保护义务

股权众筹平台引入领投人制度主要是考虑到法律虽然制定了若干投资者保护的措施，但是由于投资者在金融投资知识和经验方面的不足使得上述措施可能很难发挥作用。因此，有必要引入专家投资者，借助专家投资者在投资知识、经验等方面的优势弥补普通投资者的不足，帮助普通投资者维护自己的权益，以增强投资者的信心，促进股权众筹市场的健康发展。很多股权众筹平台都规定了领投人在投资者保护方面的义务，但是大都语焉不详。因此如果制定统一的领投人规则，需要对领投人在投资者保护方面的义务作出具体规定，以避免领投人疏于履行自己的义务。笔者认为，领投人应该在投前尽职调查、投后管理以及争议解决方面帮助投资者维护自己的权益。

（一）投前尽职调查

1. 领投人投前尽职调查的优势

采用领投人制度的股权众筹平台大都规定了领投人在投资前的尽职调

查义务,以便为投资者提供项目价值和风险评估方面的帮助。领投人承担投前调查义务有诸多优势。首先,领投人一般具有某一领域的专业知识、多年的投资经验。因此领投人知晓在调查阶段获取哪些信息,可以节省信息搜寻成本,避免"信息过量"带来的困扰。而且领投人经过多年的职业经历积累了一定的行业资源,可以通过这些资源拓宽调查的范围,增强调查的可靠度。其次,发行人在信息披露过程中,鉴于商业秘密或者隐私的保护,可能不便披露某些信息。领投人利用与发行人之间的特殊关系,可以深入了解到这些不便披露的信息,有助于领投人对发行人的证券发行进行全面的评估。最后,虽然股权众筹平台在项目调查阶段也具有尽职调查的义务,但是股权众筹的尽职调查主要集中在核查书面材料的真实性,并且现阶段股权众筹平台限于人力等资源方面的局限,还无法全面履行尽职调查义务。但是领投人作为投资者,对发行人的尽职调查关系到自己投资的安全性和收益的可能性,并且领投人还会得到一定比例的投资收益作为奖励。因此,领投人有时间、资源、动力履行尽职调查的义务。领投人的调查义务不失为股权众筹平台创新尽职调查义务的一种方式。

2. 领投人投前尽职调查的主要内容

领投人在履行投前尽职调查时,主要具有两种身份,一种是作为投资者对发行人所作的调查,另一种是作为其他投资者的受托人所作的调查。

领投人作为投资者应当着重调查发行人三个方面的信息。第一个是关于真实性方面的信息。领投人可以要求发行人提供公司成立、资产、人事、知识产权、财务、关联交易等资料,并对材料的真实性进行调查,以确定该证券发行没有欺诈的嫌疑。第二个是关于发行人发展前景方面的信息。因为投资者只有投资具有发展前景的公司,才有可能收回投资成本并获得回报。领投人在做此项调查时,不仅要对公司相关业务的开展情况进行详细了解,还应该对该行业的整个发展背景深入考察,以确定该发行人是否具有比较大的发展前景。第三个是关于发行人以及证券发行的可能风险。包括发行人及其高级管理人员是否有过不当行为(bad act)、涉及的诉讼,是否与其他公司存在关联关系、发行人经营失败以及赔偿的可能性等方面的内容。

此外，领投人作为其他投资者的受托人，应当主动与其他投资者沟通，就其关心的问题主动或者接受其委托，对某项问题进行深入调查，保证跟投人的知情权。

(二) 投后管理

投前尽职调查虽然是领投人的主要义务之一，但是股权众筹市场引入领投人制度的最主要的目的是希望领投人在投后管理阶段切实维护普通投资者的权益。因为股权众筹的发展前景一般取决于投资者成为股东之后的权益能否得到有效保护。而传统公司治理的发展历程告诉我们，中小股东的保护始终是公司法的主要课题之一。因此，领投人在发行人融资成功以后，应该积极介入公司的内部治理，以保护跟投人的基本权益。

1. 领投人参与公司内部治理的主要内容

发行人融资成功之后，领投人和跟投人摇身一变成为公司股东。由于法律的限制，跟投人投资的资金有限，属于公司的小股东。一方面，小股东出于成本效益的考虑，参与公司治理的愿望并不是很强烈；另一方面，公司的管理者在公司治理过程中，本着公司或者个人利益最大化行事，往往容易忽视小股东的权益。因此，领投人作为跟投人的代理人应当积极介入公司内部治理，以保护跟投人的权益。

首先，领投人应当与跟投人之间建立长期、有效的沟通机制，将跟投人对于公司发展、人事任免、奖励机制等事项的建议反映给公司的管理层，必要时形成议案付诸股东大会表决，争取正式成为公司的基本政策。在很多情况下，小股东之所以参与公司治理的积极性不高，主要在于支出的成本与收益不成正比。但是如果存在有效的、低成本参与方式，小股东参与公司治理的热情还是可期的。特别是在股权众筹领域，很多投资者参与投资的目的不仅仅在于对投资收益的期待，更多的是基于自己的兴趣、爱好或者仅仅是获得参与过程的满足感。因此股权众筹投资者参与公司治理的愿望可能是很强烈的。领投人制度的引入为普通投资者参与公司治理提供了可行的途径。因此，领投人应当充当跟投人与公司管理层之间的沟通桥梁，将跟投人对于公司发展的建议、意见及时反映给公司的管理层，从而鼓励更多的跟投人积极参与到公司的治理过程之中。

其次，积极监督公司的管理层。现代公司在两权分离模式下，委托代理问题可能导致公司管理层为了自身利益最大化而忽视甚至侵害公司以及股东的利益。在此情况下，领投人作为跟投人的代表应该主动、积极地监督公司管理层的行为，认真审视管理层通过的公司治理方面的文件。如果发现有侵害公司或者跟投人利益的行为应该及时通过磋商、投票否决等方式予以纠正。此外，公司管理层怠于履行自己的职责成为中小企业公司经营失败的原因之一。公司的管理层特别是初创公司的管理层，在筹资成功之后可能由于各种原因产生懈怠，置公司的发展前景于不顾，导致投资者面临着因公司经营失败血本无归的境地。在此情况下，领投人应当督促公司管理层诚实守信、忠于履行对公司、股东的义务。在必要的时候，通过提交罢免公司管理层的议案，以保证公司的管理层严格按照公司法、公司章程的规定，为公司、股东的利益勤勉尽责。

最后，防止股权稀释。采用股权众筹方式筹集资金的发行人往往处于公司发展的初期，资金的需求量并不是很大。但是随着公司经营规模的扩大，对资金的需求量会越来越大，通过股权众筹筹集的资金肯定无法满足公司发展的需要，因此公司在后续的发展之中会通过各种途径筹集资金，使公司股东的人数会越来越多。随着股东规模的扩大，通过股权众筹投资成为股东的投资人的投票权和收益分配权有被稀释的风险，发行人当初的股权转让和收益承诺可能无法实现。因此，当公司作出新一轮融资决定时，作为跟投人代理人的领投人必须防止他们的股东权被稀释。在传统资本市场上，防止股权稀释较常用的方法是要求公司给予股东以优先购股权。❶ 该优先权设置的目的是为了保证原有股东的权益不会因新股发行而被稀释。领投人可以借鉴传统证券市场的做法，同公司签订股东优先购股权协议，以防止公司后续融资造成的原有股东权益受损。

---

❶ 优先购股权是公司发行新股时，原股东享有按照一定比例以优惠价格购买新发行股票的权利。

2. 领投人参与公司治理的主要方式

考虑到领投人和发行人的实际情况，领投人参与公司治理的方式以磋商、递交股东提案、行使投票权为宜。

（1）磋商。

当领投人代表跟投人向公司管理层建言献策、表达某种需求时，首先同公司管理层磋商是比较恰当的方式。因为股权众筹发行人毕竟是中小企业，公司的股东不会很多，采取磋商的方式并不会给公司带来太多麻烦。采用磋商的方式可以使双方在一种非常轻松、融洽的气氛中商讨有关公司的各种事项，双方可以充分地交换意见，做到坦诚相待。如果能够协商一致还可以进一步增进双方之间的互信关系。因此磋商应当是领投人参与公司治理的首选方式。

（2）递交股东提案❶。

各国公司法中一般都规定了股东的提案权，但是股东提出议案的权利是有条件的，只有股东单独持有或者共同持有的股份达到一定的比例，才能被董事会接受并付诸大会表决。在股权众筹领域，单个跟投人占有公司的股份比例虽然达不到法律规定的行使股东提案权的要求，但是所有跟投人与领投人共同持有的股份则基本上满足了股东提案权的要件。因此，股权众筹投资者成为公司股东之后，领投人便可以自己或者按照跟投人的要求提出议案，就投资者关心的问题提交董事会。根据传统公司法的要求和股东行使提案权的实践，领投人提出的股东提案的内容可以包括以下几个方面：提出反收购措施；维护股东基本权利、防止股东权稀释的方案；反对管理层的自利行为；改变不合理的薪酬结构；改变不利的股东权利行使规则等。领投人行使股东提案权是领投人作为股东积极参与公司治理、行使自己股东权利的合法方式，能够促进公司政策的透明和公司的民主化运行，有助于维护作为小股东的跟投人的权益。

---

❶ 股东提案是指股东可以向股东大会提出供大会审议或表决的议题或者议案。赋予股东该项权利能够保证少数股东将其关心的问题提交给股东大会讨论，有助于提高少数股东在股东大会中的地位，实现对公司经营的决策参与、监督与纠正。

（3）代理投票权。

代理投票权又称表决权代理制度，是指股东以书面形式授权或委托代理人代为行使投票权的制度。代理投票制度的初衷，是帮助小股东实现其意志、维护其权益。❶ 委托代理投票是委托代理关系在商法上的运用。但是公司法考虑到，即便小股东有参与公司治理的意愿，也因为股份太少而无法左右公司的决策，造成小股东往往消极对待自己在公司治理方面的权利，而将之委托给他人代为行使。

在股权众筹领域，投资人的人数虽然不是很多，成为公司股东之后也可能有参与公司治理的意愿，毕竟获得投资收益并不是他们参与投资的唯一目的。即便股权众筹投资者有参与公司治理的主观愿望，但是在实践中也可能不得不消极行使自己的股东权。因为对于股权众筹投资者来说，他们的居住地跟传统上市公司股东一样可能是分散的，法律对投资限额的规定又决定着投资者可能获得的收益也是有限的，而为了行使股东权支出的交通、食宿、时间等成本会大大高于可能获得的收益，更何况能否获得收益的前景并不十分明朗。而且即便股权众筹投资者积极参与公司治理，他们的股东权也因为自己小股东的身份容易被公司管理层忽视和侵害。因此，股权众筹投资者很可能会跟上市公司小股东一样消极对待公司治理的权利。但是在领投人制度下，领投人可以通过征集代理投票权，或者跟投人通过委托领投人代理投票参与到公司的治理之中。领投人作为股东一般符合委托代理投票的资格。❷ 而且股权众筹平台之所以引入领投人制度，便是希望领投人能够利用自己在某行业积累的知识和经验弥补普通投资者在投资方面的不足，特别是在投后管理阶段维护投资者作为股东的权益不受侵害。因此，领投人具有责任和义务维护跟投人在公司治理方面的权利。而且领投人投入的资金额一般要远远高于跟投人的投资额，他们也有动力和意愿通过征集代理投票权将自己或者跟投人的意愿反映给公司，以

---

❶ 小股东由于持有股份较少、人数众多，又散居全国乃至全球各地，因此他们不愿为出席股东会而支出巨额的交通、食宿费用及其行使表决权的时间，代理投票制度遂应运而生。

❷ 根据各国公司法的规定，受托人一般必须为公司的股东。

维护跟投人的权益。

股权众筹投资者的委托代理投票权还可以克服传统公司法中委托代理投票权的弊端。在传统公司领域，由于小股东人数众多且怠于行使自己的股东权，因此他们一般会成为公司大股东的"拉拢对象"。❶公司越大，中小股东人数越多、居住越分散。因此在传统上市公司领域征集股东代理投票权往往成为成本很高的公司治理方式。公司大股东之间争夺代理投票权的斗争，往往并非基于公司的整体利益考虑，而是争夺公司控制权以为自己的利益服务。争夺代理投票权的斗争越激烈，成本也就越高，对公司的发展越是不利，因为它会引起公司内部矛盾，造成公司形象受损，中小股东的利益也因之受到影响。而且通过征集代理投票权的方式获得公司的控制权容易诱发道德风险，因为根据公司法的一般原理，股东权利义务与其所持有的股份是一致的，如果股东通过征集投票代理权的方式取得了公司的控制权，就会出现权责不统一的状况，可能导致其在公司经营过程中更加重视短期利益。当公司经营不善时，其退出也相对容易。但是领投人征集投票代理权或者跟投人委托领投人代理投票就不会出现如此问题。领投人与跟投人之间是利益共同体，领投人是为了维护跟投人的利益而存在的，因此代理投票权制度在股权众筹领域是作为小股东的跟投人参与公司治理最为有效的方式之一。

（三）争议解决

通过股权众筹方式筹集资金的发行人往往不会出让公司太多的股份，以保持对公司的控制权。作为控股股东的公司管理层和作为公司中小股东的股权众筹投资者在现代公司二权分离体制的影响下，往往对于公司的经营政策、决定、薪酬制度等方面产生分歧。公司管理层对于中小股东权利的漠视和中小股东自身怠于行使股东权的事实，往往造成中小股东的权益无法得到有效保障。为此，当股权众筹投资者与公司管理层产生争议时，作为跟投人代理人的领投人应当积极介入，寻求正当、合适的争端解决方式。笔者认为，应当采用的争端解决方式依次为：私下协商、公开发表意

---

❶ 征集代理投票权成为争夺公司控制权和对抗其他大股东的重要手段。

见、仲裁以及诉讼。

1. 私下协商

当股权众筹投资者与公司管理层产生争议时，应当本着善意的原则努力通过私下协商的方式解决彼此之间的争议。协商因其较强的灵活性、较低的成本以及不具强制力而往往成为各类争端发生时首选的解决方式。通过私下协商方式解决股权众筹投资者与公司之间的争议符合股权众筹的实际。协商可以使双方在一种比较友好、和谐的氛围中充分的表达各自的观点，提出能够证明各自观点的有力证据。如果双方能够协商一致，不仅使争议得到解决，还可以进一步增进双方的互信，有利于企业下一步的发展。即便双方通过协商未能解决争议，通过在协商中的交流，双方基本上可以了解到对方关切的问题，为后续争议的解决提供了基础。通过私下协商可以使双方的争议、矛盾不会公之于众，对公司造成的不利影响降低到最小，这对于还处于发展初期的发行人来讲是非常重要的。

2. 公开发表意见

当领投人代表跟投人同公司的管理层通过私下磋商的方式没有解决争议时，可以通过公开发表意见的方式向公司管理层施压。领投人可以通过网络、媒体等方式公开公司治理中存在的问题，比如治理结构不合理、薪酬结构不合理、公司管理层怠于履行职责、中小股东的权益受损或者行使权利存在障碍等，从而引起其他股东、社会对于争议的广泛关注，力求通过外界的压力迫使公司管理层能够妥善地解决他们与股权众筹投资者之间的争议。股权众筹投资者在决定公开发表意见时，最好具有充分的证据，或者公正、客观的判断标准，避免出现适得其反的效果。值得注意的是，由于公开发表意见是一种相对激烈的争端解决方式，很多情况下会影响到股权众筹投资者与公司管理层之间的关系。因此，投资者在公开发表意见之前最好与公司进行最后的沟通，将公开发表意见的基本情况告知管理层，争取管理层能够在最后时刻作出妥协。

3. 仲裁

当通过以上两种方式无法解决投资者与公司管理层之间的争议时，股权众筹投资者就应该考虑采用有拘束力的争端解决方式解决彼此之间的争议。如果领投人与公司管理层能够签订临时性的仲裁协议，或者投资合同中本来就含有仲裁条款，领投人应当将该争议提交仲裁解决。

虽然采用仲裁的方式解决争议可能造成投资者与公司管理层之间的对抗，但是较之诉讼程序，仲裁具有无可比拟的优势：首先，仲裁可以充分体现当事人之间的意思自治。是否提交仲裁、如何进行仲裁完全由当事人决定。其次，仲裁可以对当事人不便公开的事项进行保密，特别是对于发行人来讲这一点尤其重要，因为发行人多为初创企业，支撑其发展壮大的可能只是一个技术专利或者其他商业秘密，一旦公开，发行人的市场优势便荡然无存。再次，仲裁的成本较低。仲裁裁决实行一裁终局的方式，并且仲裁裁决具有强制性，当事人必须遵守。因此，采用仲裁的方式可以节约当事人的时间和资金成本，这对于发行人和投资者均具有重大意义。最后，仲裁可以保证最大限度的公平。仲裁本着实事求是的原则进行裁决，完全按照当事人选择的仲裁规则推动仲裁程序的进行，不受任何机构、个人的干涉，可以最大限度地保证公平。

4. 诉讼

当领投人通过友好协商等方式无法解决与公司管理层之间的争议，又无法协商一致签订有效的仲裁协议时，领投人应当考虑采用诉讼的方式维护股权众筹投资者的权益。但是通过诉讼解决争议对于股权众筹投资者而言具有很多弊端。诉讼成本较高、耗时较长，并且诉讼结果具有很大的不确定性，领投人为了胜诉不得不付出较高的时间和精力。考虑到股权众筹参与人的实际情况，通过诉讼解决争端应当是领投人采取的最后的争端解决方式。尽管领投人通过诉讼解决争议可能使股权众筹投资者处于较为不利的地位，但是必须强调和维护投资者诉讼的权力，因为诉讼手段是投资者维护自己权益的"最后稻草"，可以给予投资者更多的保障，增强投资者参与投资的信心。❶

---

❶ 公司实践均已证明，只要法律赋予股东诉权，对于董事和董事会都是一种实实在在的约束，能够起到对董事和董事会权力的制衡作用。因而，股东诉权绝不是一种可有可无的权利。

按照侵害对象的不同，股权众筹投资者作为股东可以提起两种诉讼：一种是直接诉讼；另一种是间接诉讼，也称为股东派生诉讼。因为从公司的内部关系来看，公司管理层可能侵害的对象有两个：一个是股东；另一个就是公司。在现代公司实行所有权与管理权分离的情况下，管理层为了追求自己的利益而侵害股东或者公司权益的例子并不鲜见。如果公司管理层侵犯的是股东自身的利益，那么股东就可以基于维护自身利益而对管理层提出直接诉讼；当公司管理层侵犯的是公司的利益，那么领投人作为跟投人的代理人与公司管理层沟通未果后，可以以自己的名义向公司管理层提起间接诉讼，以防止公司的利益受到进一步侵害。

四、领投人的监督机制

根据各股权众筹平台规定的领投人规则，领投人与跟投人同属发行人的投资者，并且领投人在投资、管理方面需要发挥自己的专长，以维护跟投人的利益。可以说，领投人与跟投人属于利益共同体。但是在股权众筹融资的实践中，领投人对于筹资成功的关键作用可能使发行人和股权众筹平台通过不正当的利益输送使领投人与跟投人之间产生冲突。并且领投人投前是否会尽职调查、投后是否会尽职管理也是无法保障的。因此，必须建立有效的对领投人的监督机制，以保证领投人善意的履行其职责。笔者认为，为了避免领投人与跟投人之间可能产生的利益冲突，应当从以下四个方面建立对领投人的监督机制，即领投人与跟投人之间的沟通机制、领投人的信息披露机制、平台对领投人的监督机制以及领投人的责任机制。

（一）领投人与跟投人之间的沟通机制

在互联网技术和社交媒体日益普及的背景下，领投人与跟投人之间只要本着善意行事，建立有效的沟通机制是没有困难的。股权众筹投资者可以利用股权众筹平台提供的交流机制，也可以根据实际情况自行建立交流渠道，以便利领投人与跟投人之间就投资和投后管理事宜进行充分、有效的沟通。领投人通过交流机制可以不定期的将对投资调查的有关事宜和投后管理的相关情况及时的向跟投人汇报，由此跟投人可以及时了解与投资、公司等相关的各种事宜。跟投人也可以就领投人履行职责、公司经营情况等问题向领投人咨询。领投人与跟投人之间的交流既是双方围绕投资相互了解的一个过程，也是跟投人督促、监督领投人善意履行职责的一种方式。

(二) 领投人的信息披露机制

领投人执行业务的信息披露制度应当是构建领投人监督机制中最为重要的一环。领投人的信息披露制度不仅能够有效提升领投人业务水平，而且能够约束领投人的行为。有效的信息披露有利于提高领投人执行业务的透明度，提高领投人的投后管理能力。另外，信息披露要求领投人必须如实地公开自己的真实情况，不得弄虚作假。这种严格的法律责任从正面起到促使领投人加强自我约束和自我管理的作用。倘若没有一个完善的信息披露制度作为领投人的行为规则，那么领投人在利益的诱惑之下很可能怠于履行职责甚至是欺诈跟投人，使得跟投人的利益无法得到保护，从而破坏股权众筹市场的公正性。而规范化的信息披露制度可以防止领投人通过不正当手段牟利，从而保护跟投人的合法权益。领投人的信息披露制度还可以便利其他机构如平台、行业协会、监管机构的监督。领投人的信息披露制度是以制度形式规定的一种行为准则，是领投人必须承担的义务。通过信息披露可以使上述监管机构了解其履行义务的情况，有无懈怠或者欺诈的嫌疑。

领投人的信息披露可以分为三个部分。第一部分是关于自身情况的基本信息。领投人有义务向跟投人和平台披露并展示自己的真实信息，包括专业背景、从业经验、有无违法行为、职业资格证书获得情况、与发行人或者平台有无利益关系等，以便跟投人对领投人的能力、公正性等作出评估。第二部分是关于发行人基本经营情况的汇报。虽然法律规定了发行人的信息披露制度，但是发行人的信息披露存在虚假或者不充分的可能性。而且，发行人主要是从经营者的角度披露相关信息，领投人主要是以投资者和监督者的身份对发行人的风险、发展前景等信息进行披露，为跟投人是否投资或者保有发行人股份提供参考；第三部分是关于领投人履行职责方面的信息。领投人履行职责信息的披露情况,可以使跟投人和监管机构对领投人进行充分的监督,督促领投人善意的履行义务。

(三) 股权众筹平台对领投人的监督机制

在股权众筹领域,股权众筹投资者基于对项目的认同和发行人的信任而作出投资决策。但是"网络陌生人社会"的形成使投资者很难了解发行人的信用状况。虽然法律规定股权众筹平台在项目审核方面的义务以及发行人的信息披露义务,但是平台、发行人与投资者之间存在一定的利益冲突,使得股权众筹参与者之间的信任问题成为制约股权众筹进一步发展的障碍。而平台引入领投人制度就是希望通过领投人的个人信用突破股权众筹存在的信任困局。所以,很多股权众筹平台在其制定的领投人规则中规定了领投人的资格要件,对领投人设置一定的市场准入门槛。但是,考虑到领投人在后续管理中对于维护跟投人利益的重要性以及平台与领投人之间存在的紧密关系,平台还应对领投人履行义务的情况进行持续性监管,直到领投人完全退出为止。股权众筹投资者的盈利一般会经过一个较长的周期,这就意味着领投人只要不退出,就要一直履行维护跟投人利益的义务。在上述周期内,领投人的自身状况一直处于不断的发展变化之中。因此,平台需要持续关注领投人自身状况的变化是否使其不再具备领投人的资格。此外,平台也应该对领投人投后管理进行监督,以保证领投人善意履行保护跟投人权益的义务。

(四) 领投人的责任机制

虽然声誉机制和前述主体的监管可以促使领投人忠实的履行职责,但是领投人毕竟是股权众筹活动的重要参加者,在股权众筹融资活动中具有重要利益。市场经济的实践告诉我们,即便具有完善的监督机制和信息披露制度,市场活动的主体也可能在利益的诱惑或者成本收益的考量下作出背离自身职责的行为。领投人的信用虽然可以由其自身声誉和平台的准入作为保证,但是领投人与发行人、平台之间的利益关联完全可能作出危害跟投人的行为。因此必须建立领投人的责任机制,以对领投人进行"威慑",一旦发生未善意履行职责或者危害投资者的情况,通过责任机制追究领投人的责任。

1. 领投人是否因言论担责

采用领投人制度的原因除了借助领投人在投资方面的知识和投资经验维护投资者的权益之外，还有一个重要的目的就是依靠领投人在投资方面积累的声誉，吸引更多的投资者投资，以促进融资的成功，领投人的收益也与融资成功有着莫大的关系。因此，领投人在决定领投之后很可能就该投资的一些状况向投资者进行宣传，包括平台的信誉、发行人的发展前景、投资收益的可靠性等。如果融资未能成功、经营者经营失败或者投资者未能获得预估中的收益，领投人是否应该对自己的言论负责？笔者认为，促进融资成功是领投人的职责之一，因此领投人具有发表对发行人、投资等看法的言论自由的权利。但是领投人的此项言论自由必须建立在言论公正、客观的基础之上，即该言论是基于领投人的知识和经验对该投资的真实情况所作的客观评价，而不是单纯为了融资的成功而夸大、虚假宣传。

2. 领投人的责任体系

由于股权众筹发行人经营的不确定性较高，投资者不能将投资失败的责任全部归咎于领投人。领投人只要诚实善意的履行领投人的职责，就无需对投资者的损失负责。证券市场"买者自负"原则依然是股权众筹市场遵循的基本原则。但是，当领投人在领投的过程中未忠实履行领投人义务时，或者在履行领投人义务时存在重大过失或者故意欺诈投资者的情况，就应当承担相应的责任。

当领投人存在轻微的失职行为时，平台或者跟投人可以通过警告等方式责成领投人改正不正确的行为，尽职履行职责；如果领投人被警告后仍然怠于履行义务，投资者或者平台可以考虑撤换领投人，由跟投人选举代表、重新加入领投人或者转变为没有领投人的投资；领投人被撤换之后，可以根据怠于履行义务情节的轻重，给予取消领投人资格、禁止从事股权众筹领投业务等惩罚；当领投人在履行职责的过程中存在重大过失或者故意欺诈跟投人的情况，应当要求其承担相应的行政责任、民事责任或者刑事责任。

结 论

　　中小企业在一国国内的经济发展中占据着非常重要的地位，无论是企业数量、就业人数，还是对经济发展的贡献，中小企业都占据着主导地位。但是多年以来，中小企业融资难的问题始终是悬在其头上的"达摩克里斯之剑"，使中小企业随时都有可能因为资金不足而退出市场。更为严重的是，2008年的经济危机使发达市场国家的经济遭受重创，各国不得不紧缩银根，商业银行也提高了中小企业的贷款条件，中小企业的融资困境进一步恶化，许多中小企业因为无法筹集到发展资金而宣告破产。中小企业的发展困境又使得危机中的各国经济发展停滞、失业率居高不下，而且危机过后，各国的经济恢复仍十分缓慢，时而发生波动，使得西方世界犹如"惊弓之鸟"，"草木"皆可"为兵"。因此，各国都将摆脱经济危机影响的希望寄托于中小企业，希望借助于中小企业的振兴恢复国内一蹶不振的经济和对外贸易，提高国内就业率。因此，解决中小企业融资问题便成为社会关注的主要问题。在此背景之下，有着悠久历史渊源的众筹理念借助互联网技术和网络社交媒体的"春风"而在资本市场上"遍地开花"，众筹金融也成为21世纪伊始证券市场上最为耀眼的一朵"奇葩"。而股权众筹无疑是众筹家族中最为耀眼的一颗"明星"。

一、规制信息失灵是股权众筹投资者保护的关键

　　较之于其他类型的众筹，股权众筹发展较晚，市场占有份额也无法与回报型众筹相提并论。但是股权众筹蕴含的基本理念给传统证券法带来了冲击，它确实是证券市场的一大创新，给传统的融资市场和证券法带来了积极影响。然而，由于股权众筹的证券属性，必须受到传统证券法的管

辖，但是无论是将股权众筹视为公募还是私募，都无法适用传统证券法中的公募和私募规则。因而，改革证券法成为立法者、实务界和学者普遍关心的问题。2012年，美国时任总统奥巴马签署了JOBS法案，从而在世界范围内掀起了一场股权众筹合法化的运动。短短几年，意大利、英国、法国、德国、日本、韩国、澳大利亚、新加坡等国分别制定了股权众筹监管规则或者将股权众筹纳入现有的监管框架，从而赋予股权众筹注册豁免的资格，为股权众筹的发展扫清法律障碍。但是，股权众筹合法化后并未如人们当初设想的那样获得飞速发展，赋予股权众筹注册豁免资格也未能给中小企业的融资带来便利。

股权众筹的上述发展现状使人们不得不反思股权众筹这一融资工具的实际效用，从而在是否支持股权众筹的发展上出现了争议。股权众筹否定论认为股权众筹融资便利和投资者保护根本不可能达到平衡，在股权众筹注册豁免的情况下，提供的一些投资者保护的替代性措施根本无法有效保护投资者，也使股权众筹法律中融资便利的目标成为"泡影"，因此他们认为股权众筹的发展没有前景。但是股权众筹支持者却认为，股权众筹当前的发展现状并不是股权众筹这一融资工具本身存在问题，而是各国制定的股权众筹监管规则并不适应股权众筹发展的实际。因此只要制定出合适的监管规则，就一定能够达到融资便利和投资者保护的平衡，股权众筹蕴含的基本价值也可以实现。

笔者对股权众筹的发展持支持态度，因为股权众筹不仅可以拓宽广大中小企业的融资渠道，而且自身蕴含的投资民主性特征不仅使普通民众第一次参与到非上市公司融资的整个过程，而且还符合普惠金融的基本理念，同时为审视传统证券法提供了一次宝贵的机会，因此应当鼓励和支持股权众筹的发展。融资便利和投资者保护两个不同的目标虽然在同一部法律中存在一定程度的冲突，但是两者共同致力于经济发展的目标，实质上是相互统一和相互促进的关系。股权众筹之所以遭遇发展困境，原因就在于立法者和监管者制定的股权众筹法律法规并不符合股权众筹发展的实际，从而既没有达到融资便利的目标，也使投资者面临着潜在的威胁。投资者保护是证券法的主要目标，也是证券法和证券监管机构存在的主要原因。因此从这个意义上说，在股权众筹实施注册豁免的情况下，立法者和监管者没有找到适合股权众筹发展实际的、替代性的投资者保护措施是造成融资便利和投资者保护失衡的主要原因。

毋庸置疑，股权众筹投资者面临着诸多风险。单从投资风险上来看，主要有欺诈和误导风险、企业失败的风险、盲目投资风险、股权稀释风险、证券价格评估风险等，而投资者面临这些风险的根本原因就在于股权众筹市场的信息失灵。因此，股权众筹投资者保护的关键就在于解决股权众筹市场的信息失灵问题，这也是在股权众筹法律内实现融资便利和投资者保护平衡的关键，同时也是遵循证券市场"买者自负"原则的前提。然而，鉴于股权众筹市场的发展现状，股权众筹市场自治手段还无法有效解决股权众筹信息失灵问题。因此需要法律"看得见得手"积极介入，通过制定规制股权众筹市场信息失灵的若干法律制度，达到投资者保护的目的。

二、当前各国股权众筹信息失灵法律规制的效果不甚理想

由于美国在资本市场的强大影响力，各国无论是传统证券法还是股权众筹立法均受到美国的影响，使得主要资本市场国家的股权众筹监管规则呈现趋同化的现象。因此，虽然各国的股权众筹监管规则在具体内容上有所不同，但是在形式上基本是一致的。纵观各国的股权众筹监管立法，目前各国采取的投资者保护的法律制度主要包括强制性信息披露制度、股权众筹平台义务规范制度和投资者限制制度。这些制度虽然在投资者保护方面具有一定的积极作用，但是因为与股权众筹的发展实际有所偏离，使得上述制度无法充分保护投资者的利益。

发行人强制性信息披露制度是股权众筹投资者保护的基石，各国股权众筹监管规则中一般要求发行人披露以下信息：发行人的基本信息，包括姓名、住址、联系方式等；发行人的财务信息，包括总资产、营业利润等；证券发行相关的信息，包括发行期限、证券价格、最大筹资额、投资者的权利等；风险信息，包括二级市场缺乏、全部投资可能损失等。强制性信息披露制度在提高股权众筹市场透明度、纠正市场信息不对称方面具

有积极作用,可以在一定程度上起到预防欺诈和促进投资者理智投资的目的。然而,股权众筹市场的发展现状表明,股权众筹监管规则并没有为中小企业的融资提供便利,而 Ascenergy 案和宏力能源案却暴露出强制性信息披露制度在预防欺诈方面的不足,其中暴露出的最主要的问题便是股权众筹豁免情况下的信息披露不充分和信息披露的真实性无法保障。同时,股权众筹投资者有限理性以及市场信息过量的现状又使强制性信息披露制度无法有效的促进投资者的理智决策的目的。

在各国纷纷给予股权众筹注册豁免资格的背景下,寻找替代性的投资者保护措施成为股权众筹立法中最重要的任务。股权众筹平台无疑是最好的选择。股权众筹平台作为连接发行人和投资者的中介机构,由其承担投资者保护的任务可以避免行政权过度干预市场,有助于融资便利和投资者保护的平衡。因此各国的股权众筹监管规则中均对股权众筹平台的投资者保护义务作了详细规定,主要包括:发挥股权众筹平台的信息中介作用,使得与发行人、发行证券、投资权利等有关的信息得到披露;股权众筹平台的审核义务,要求平台在允许发行人进入平台融资之前必须对发行人以及与发行相关的事项进行严格审查,以确保没有欺诈和过高的投资风险;投资者教育义务,平台必须对投资股权众筹的风险进行充分披露,并且提供相关的教育材料,以保证投资者能够对金融文件和股权众筹投资有基本的了解。此外,投资者必须通过平台的测试才能被允许投资。但是平台在利益诱惑、成本收益考量以及自身能力的限制之下,可能无法对发行人及其项目进行审慎审核和尽职调查,有可能使欺诈者或者不符合条件的发行人有可乘之机,造成投资者利益的损失。同时,平台的风险揭示和投资者教育功能也因为风险披露的方式、教育材料内容的不完全而使其效果大打折扣。

投资者限制制度是为了促进投资者理智决策和避免过度投资而制定的制度。立法者和监管者在制定股权众筹监管规则时就已经考虑到,即便规定了发行人的强制性信息披露制度和股权众筹平台的信息中介功能,股权众筹的高风险性以及投资者的"普通性"也可能使投资者无法得到充分的保护。因此,大多数国家的监管当局规定了投资者投资股权众筹的资格。

各国的股权众筹法律一般将投资者分为合格投资者和普通投资者。对于合格投资者的投资,各国一般对其投资额度没有限制或者规定了比较宽松的条件。但是对于普通投资者,各国均规定若干限制措施,包括投资者必须阅读平台的风险揭示信息、接受平台的投资者教育、参加平台的测试并且提交风险知悉确认书等,同时投资者需遵守投资限额方面的规定。普通投资者只有遵守上述规定才具有购买股权众筹证券的资格。各国之所以如此规定,就是为了防止投资者盲目投资而暴露在过高的风险之下。然而,学者们通过传统证券法合格投资者制度的研究发现,投资者的资产与投资经验、理智决策之间并没有必然的联系,这一点已经在 Ascenergy 案和宏力能源案中再一次得到印证。这就使得合格投资者不仅无法发挥辅助普通投资者投资决策的作用,而且还会因为投资额度不受限制而遭受更大的风险。而对普通投资者资格的确认,法律允许股权众筹平台采取投资者"自认"的方式证明,即投资者可以通过提交风险知悉书、风险阅读签字等方式告知平台已经知晓了风险和接受了平台的教育。而对于投资限额的规定,投资者可以通过伪造收入证明、注册多个账号、多个平台投资的方式突破法律的限制,从而使法律对投资者的限制成为一纸空文。

三、股权众筹市场信息失灵的法律规则需要继续完善

上述对股权众筹市场信息失灵的法律规制之所以无法充分发挥投资者保护方面的作用,原因就在于法律与实践之间出现偏离。具体说来,股权众筹强制性信息披露制度不过是对传统证券法强制性信息披露制度的简化,并没有为发行人提供一条清晰的信息披露的标准,造成在股权众筹豁免背景下的信息披露不充分和虚假披露;股权众筹平台投资者保护的规定处在正确的发展道路上,但是由于对股权众筹市场的认识还不够深入,导致某些制度不够完善和制度缺失;投资者限制制度之所以无法有效发挥投资者"自我保护"的作用,是因为投资者有限理性、信息过量以及在成本收益的考量之下,投资者没有能力也没有动力进行风险和价值评估。更为严重的是,当投资者被欺诈、权益受侵害时,投资者也可能由于以上理由无法充分的维护自己的权益。针对当前股权众筹法律中上述三种投资者保

护制度的不足,笔者提出了构建股权众筹重大性信息披露制度、完善股权众筹平台义务规则、构建领投人制度的建议。

构建股权众筹重大性信息披露制度面临着重大挑战。因为许多学者对传统证券法中以重大性作为标准的强制性信息披露制度提出质疑,并提出了许多能够证明其观点的重要理论,如效率价值理论、投资者有限理性、信息过量等。基于此,许多学者认为,强制性信息披露制度应该以投资者为导向。受到传统证券法理论的影响,许多研究股权众筹的学者也认为,股权众筹应该构建以投资者为导向的信息披露制度。然而,笔者认为,股权众筹构建以投资者为导向的强制性信息披露制度并不符合股权众筹发展的实际。因为投资者决策的"价格指向性"、羊群效应以及股权众筹投资者的非营利性动机,均使以投资者为导向的强制性信息披露制度的效果存在疑问,并且构建以股权众筹投资者为导向的信息披露制度在实践中面临着许多困难。因此重大性信息披露制度更符合股权众筹市场的实际。在重大性标准的选择上,笔者认为应当以"投资者决策标准"为宜,因为"投资者决策标准"比"价格标准"更能保护处于绝对弱势地位的普通投资者的利益。重大性信息的内容应当包括三部分:第一类是发行人及其证券发行的基本信息;第二类是发行人财务信息;第三类是前瞻性信息,包括风险评估和前景评估。

在股权众筹平台的义务规范完善方面,首先,应当完善股权众筹平台的尽职调查义务,鼓励平台主动同其他中介机构合作,建立多层级的调查体系。其次,在投资者教育方面,应当在投资者教育材料中增加以下内容:基本的金融、投资知识以及金融产品方面的必要信息;基本的投资原则和投资策略,例如,投资者应当理解流动性、货币的时间价值、风险和收益之间的关系等;一些典型的欺诈做法和案例,告诫投资者警惕回报承诺较高的项目,投资之前做好充分调查,避免受到欺诈的危害。最后,在投资者投资额度监管方面,应当要求投资者只能注册一个账号,并且该账号须绑定单一的银行账号,并密切关注该账号的活动;同时平台应当加强合作,最好是建立一个数据共享中心,以便核查投资者是否超过了投资限额。此外,针对 Ascenergy 案和宏力能源案暴露出的平台在审核方面的问题，笔者认为在股权众筹监管法律中应当规定平台项目审核不严的法律责任，特别是民事责任。通过责任机制的"威慑"作用促使平台尽职履行项目审核方面的义务，一旦投资者因为平台审核不严而被发行人欺诈或者招致投资损失，可以有明确的法律依据向平台追偿，从而增强投资者的信心。股权众筹平台项目审核的民事责任应当以过错原则作为归责原则。过错的表现形态应为故意或者重大过失，以最大限度地避免平台因过多诉讼而影响其正常发展。

　　股权众筹投资者多为普通投资者，其不仅缺乏评估证券风险和价值的知识和经验，而且主动搜寻信息、维护自身权益的动力也不足，所以很容易受到不诚实的发行人和股权众筹平台的欺诈。因此有必要引入专家投资者制度，以利用专家在投资方面的优势帮助普通投资者选择项目和维护自身权益。目前多数平台采用的领投人制度无疑是最佳的选择。由于法律并未对领投人作出规定，而是将此权利赋予股权众筹平台。此举虽然尊重了股权众筹平台的自主性，但是却在实践中造成各平台领投人制度的不统一甚至是矛盾的情况。因此，应当由监管机构或者全国性的证券业协会制定一部统一的领投人规则，以避免各平台因为业务的需要而降低领投人的标准，造成领投人不能充分保护跟投人的利益。在领投人的市场准入方面，应当仿效合格投资者的规定，规定领投人的资产要件和能力要件。对领投人能力的考察应当从职业资格、从业经验和测试三个方面进行。领投人领投的项目不宜过多，以免超过领投人的风险承受能力和无法充分的履行领投人义务。至于单个项目的领投人人数限制方面，应该适当放松，允许多个领投人领投同一项目，以分散领投人风险和更有利于投资者保护。在领投人具体的投资者保护的内容方面，应当规定领投人的投前尽职调查和投后管理义务。特别是在投后管理阶段，应当鼓励领投人通过合适的方法积极参与公司治理。当投资者与公司管理层出现争议时，领投人应当先后通过私下磋商、公开发表意见、仲裁、诉讼等方式积极解决争议，以防止跟投人的利益受到侵害。为了督促领投人忠实履行职责，还应当通过跟投人、平台、监管者对领投人进行有效的监督，同时规定领投人的法律责任，以督促领投人尽职保护跟投人的利益。

四、股权众筹法律规制的未来展望

股权众筹市场还处于行业发展的初期，从2012年英国出现第一个股权众筹平台到现在只存在了短短五年。因此，股权众筹市场远未发展成熟，人们对股权众筹的风险模式、经营模式等的认识还处于初级阶段。因此，当前的股权众筹监管规则存在诸多不完善之处实不足为奇。人们不能因为当前股权众筹监管规则的不完善而否定股权众筹的巨大价值。因为股权众筹这种新生的融资方式无论是对于中小企业还是对于普通的社会民众都具有革命性的意义。所以说，应当加强对股权众筹市场的理论和实证研究，以制定符合股权众筹市场实际的监管规则，从而达到融资便利和投资者保护的平衡。目前，各国政府的监管机构已经在积极完善本国业已制定的股权众筹规则。例如，法国将融资限额由原来的100万欧元提高到250万欧元；意大利通过《2017预算法案》，拓宽了融资企业的范围，由原来的创新型企业拓展到所有的中小企业；美国SEC主席也对股权众筹平台投资者的保护职责发表意见，认为平台处于投资者保护的"第一线"，不采取任何审慎措施是不合适的。上述各国监管机构对股权众筹监管规则的改进和积极的表态，充分表明随着立法者和监管者对股权众筹市场认识的逐渐深入，股权众筹监管规则也越来越符合股权众筹市场的实际。因此，我们有理由相信，各国的股权众筹法律法规正朝着正确的方向前进。

五、对中国股权众筹监管立法的启示

目前，中国只对私募股权众筹即合格投资者众筹进行了规制，并将其称为私募股权融资。而对公募股权众筹还未出台专门的规定，因此中国当前的公募股权众筹还必须遵守证券法关于公募发行的规定。新修订的《证券法（草案）》（以下简称《草案》）中含有互联网小额融资豁免的内容。《草案》第13条规定以互联网等众筹方式公开发行证券的，可以豁免注册或核准。由此可见中国的公募股权众筹获得合法地位已经为时不远了。但是《草案》中只是对股权众筹豁免作出原则规定，既没有规定发行人信息披露义务,也没有投资者资格方面的内容。因此股权众筹发行的具体实施有赖于未来作出详细的规定。

古人云:以铜为镜,可以正衣冠。国外轰轰烈烈的股权众筹立法活动正好可以充当中国股权众筹立法的一面镜子。中国应当积极的从国外的股权众筹监管规则中学习先进的经验,吸取股权众筹监管方面的教训,以使中国制定的股权众筹规则能够达到融资便利和投资者保护的平衡,从而使股权众筹的价值得以真正实现。笔者认为,国外股权众筹监管立法及其实施效果可以为中国提供以下启示。

(一) 允许公募股权众筹并赋予其注册豁免资格

目前中国只允许私募股权融资,公募股权众筹严格来讲是不合法的,但是开展股权众筹的其他国家都无一例外允许公募股权众筹的发展。因为只有公募股权众筹才是真正的股权众筹,才能体现股权众筹的真正价值。私募股权众筹不过是传统私募的互联网化,并没有改变私募的本质特征,因此不具备众筹金融的民主性特征,也与普惠金融的理念相违背。

然而,股权众筹发行人多为中小企业甚至是初创企业,它们既不符合传统公募融资的条件,也难以通过私募获得天使投资人和风险投资人的青睐,而银行贷款往往附有严苛的条件。广大的中小企业通过自有资金、借款等方式也往往无法满足企业发展的需要。因此中小企业利用股权众筹融资成为摆脱融资困境的有力手段。但是传统证券法关于公募发行的规定使得股权众筹的发展不切实际。因此,中国只有通过修改证券法赋予股权众筹以注册豁免地位,才能使股权众筹的发展成为可能。

(二) 构建以规制信息失灵为基础的投资者保护制度

股权众筹注册豁免大大减轻了发行人的融资负担,但是融资便利不能以牺牲投资者保护为代价,因此股权众筹法律中必须寻找替代性的投资者保护制度。股权众筹注册豁免资格的取得使得许多传统证券法中投资者保护的措施无法发挥作用,而股权众筹的"去中介化"又使得投资者失去了传统中介机构的保护。因此,股权众筹投资者较之传统公募市场的投资者面临着更大的风险,如果缺乏有效的投资者保护措施,投资者的投资信心将会受到极大影响，进而影响股权众筹市场的发展。

　　证券市场奉行"买者自负"的基本原则，股权众筹市场也不例外。这就意味着股权众筹法律中的投资者保护制度不是为了保证投资者一定能够获得投资回报，而是保证投资者不被欺诈并获得公正交易的机会。因此股权众筹的投资者保护制度应当以纠正市场信息失灵为指导原则，并不需要对投资者实施过度保护。只有这样才能保证融资便利和投资者保护的合理平衡，才能使股权众筹市场逐渐发展壮大。具体来说就是要建立和完善发行人的重大性信息披露制度、股权众筹平台投资者保护义务规范制度以及领投人制度。

参考文献

一、中文著作

[1] 包景轩. 我国证券非公开发行制度初探［M］. 北京：法律出版社，2008.

[2] 白洁，刘洪国. 互联网金融法律集［M］. 北京：世界知识出版社，2014.

[3] 陈安. 国际经济法学刍议（上下卷）［M］. 北京：北京大学出版社，2005.

[4] 陈安，李国安. 国际货币金融法学［M］. 北京：北京大学出版社，1999.

[5] 陈安，李国安. 国际金融法学［M］. 上海：复旦大学出版社，2004.

[6] 丁俊峰. 股东知情权理论与制度研究——以合同为视角［M］. 北京：北京大学出版社，2012.

[7] 方桂荣. 中国投资者基金监管法律制度研究［M］. 北京：中国政法大学出版社，2011.

[8] 范健、王建文. 证券法（第二版）［M］. 北京：法律出版社，2010.

[9] 郭勤贵. 股权众筹：创业融资模式颠覆与重构［M］. 北京：机械工业出版社，2015.

[10] 黄震、邓建鹏. 互联网金融法律风险与风险控制［M］. 北京：机械工业出版社，2011.

[11] 江平. 民法学［M］. 北京：中国政法大学出版社，2011.

[12] 刘文献. 解放众筹［M］. 北京：中国财政经济出版社，2015.

［13］刘俊海.现代公司法（上下册）［M］.北京：法律出版社，2015.

［14］刘然.互联网金融监管法律制度研究［M］.北京：中国检察出版社，2017.

［15］刘俊海.现代证券法［M］.北京：法律出版社，2011.

［16］刘飞宇.互联网金融法律风险防范与监管［M］.北京：中国人民大学出版社，2016.

［17］李国安.国际经济法学新论［M］.北京：高等教育出版社，2007.

［18］彭冰.投资型众筹的法律逻辑［M］.北京：北京大学出版社，2017.

［19］帅青红.宏观视角下的互联网金融模式创新与监管［M］.成都：西南财经大学出版社，2016.

［20］王晓萌.互联网金融的法律透视及法律风险防范实务研究［M］.北京：中国纺织出版社，2017.

［21］吴弘.中国证券市场发展的法律调控［M］.北京：法律出版社，2001.

［22］王志诚.互联网金融之监管机理［M］.上海：新学林出版社，2017.

［23］武长海，涂晟.互联网金融监管基础理论研究［M］.北京：中国政法大学出版社，2016.

［24］辛路.互联网金融风险及监管研究［M］.北京：光明日报出版社，2017.

［25］袁毅，陈亮.中国众筹行业发展研究2017［M］.上海：上海交通大学出版社，2017.

［26］袁毅，陈亮.中国众筹行业发展研究2016［M］.上海：上海交通大学出版社，2016.

［27］余来文等.互联网金融：跨界、众筹与大数据的融合［M］.北京：经济管理出版社，2015.

［28］零壹研究院.众筹服务行业年度报告［M］.上海：东方出版社，2015.

［29］零壹财经、零壹数据.众筹服务行业白皮书［M］.北京：中国经济出版社，2014.

[30] 张文显主编. 法理学 [M]. 北京：北京大学出版社，2011.

[31] 赵万一. 证券市场投资者利益保护法律制度研究 [M]. 北京：法律出版社，2013.

二、中文译著

[1] Michael Minelli Michele Chambers Ambiga Dhiraj. 大数据分析：决胜互联网金融时代 [M]. 阿里巴巴商业集团商家业务事业部，译. 北京：人民邮电出版社，2014.

[2] 斯蒂芬·德森纳. 众筹（互联网融资权威指南）[M]. 陈艳，译. 未央，审校. 北京：中国人民大学出版社，2015.

[3] 杰夫豪杰. 众包：群众力量驱动商业未来 [M]. 牛文静，译. 北京：中信出版社，2011.

[4] 詹姆斯·索罗维基. 群体的智慧：如何做出最聪明的决策 [M]. 王宝泉，译. 北京：中信出版社，2010.

三、中文论文

[1] 白牧蓉. 论互联网环境下的证券投资者知情权保护 [J]. 贵州社会科学，2015（8）.

[2] 陈森. 股权众筹合格投资者制度的国际比较与启示 [J]. 金融与经济，2015（8）.

[3] 蔡奕. 美国 JOBS 法案重大制度变革及启示 [J]. 金融服务法评论，2013（8）.

[4] 曹秀峰. 私募股权众筹融资若干问题探析———以《私募股权众筹融资管理办法（征求意见稿）》为背景 [J]. 中国工商管理研究，2015（10）.

[5] 刁文卓. 互联网众筹融资的《证券法》适用问题研究 [J]. 中国海洋大学学报（社会科学版），2015（10）.

[6] 冯博. 美国金融消费者保护机构的独立性及对中国的启示 [J]. 河南

大学学报（社会科学版），2012（7）．

［7］樊云慧．股权众筹平台监管的国际比较［J］．法学，2015（14）．

［8］龚鹏程，臧公庆．试论美国众筹发行豁免的规则构造及其启示［J］．安徽大学学报（哲学社会科学版），2015（8）．

［9］高新宇、陆范佳．众筹融资运营模式下风险分析与防范策略研究［J］．上海金融学院学报，2015（10）．

［10］胡薇．股权众筹监管的国际经验借鉴与对策［J］．金融与经济，2015（2）．

［11］罗欢平，唐晓雪．股权众筹的合法化路径分析［J］．上海金融，2015（8）．

［12］马永保．股权众筹市场准入条件的多视角分析［J］．现代经济探讨，2015（10）．

［13］汪振江．股权众筹的证券属性与风险监管［J］．甘肃社会科学，2017（5）．

［14］李琼．互联网股权众筹有哪些法律风险如何规避［J］．人民论坛，2017（2）．

［15］杨东．互联网金融风险规制路径［J］．中国法学，2015（3）．

［16］许多奇，葛明瑜．论股权众筹的法律规制——从全国首例股权众筹融资案谈起［J］．学习与探索，2016（8）．

［17］彭真明，曹晓路．论股权众筹融资的法律规制——兼评私募股权众筹融资管理办法（试行）［J］．法律科学，2017（3）．

［18］宋寒亮．我国股权众筹法律规制的困境与出路［J］．大连理工大学学报，2017（2）．

［19］马其家，樊富强．我国股权众筹领投融资法律风险防范制度研究［J］．河北法学，2016（9）．

［20］白江．我国股权众筹面临的风险与法律规制［J］．东方法学，2017（1）．

［21］周灿．我国股权众筹运行风险的法律规制［J］．财经科学，2015（3）．

[22] 马旭, 李悦. 我国互联网股权众筹面临的风险及法律对策 [J]. 税务与经济, 2016 (3).

[23] 陈晨. 刍议股权众筹金融消费者保护之双重路径 [J]. 财政金融, 2017 (2).

[24] 闫夏秋. 股权众筹合格投资者制度立法理念矫正与法律进路 [J]. 现代经济探讨, 2016 (4).

[25] 许剑秋, 余达淮. 股权众筹视角下投资者权益保护法律问题研究 [J]. 经济问题, 2016 (11): 42.

[26] 陈晨. 股权众筹投资者适当性制度研究 [J]. 上海金融, 2016 (10).

[27] 刘斌. 股权众筹中的投资者利益保护: 路径、基础与制度构建 [J]. 中州学刊, 2016 (5).

[28] 李华. 我国股权众筹投资者权益保护机制之完善 [J]. 南京社会科学, 2016 (9).

[29] 何欣奕. 股权众筹监管制度的本土化法律思考——以股权众筹平台为中心的观察 [J]. 法律适用, 2015 (3).

[30] 刘玉. 股权众筹平台法律地位界定及制度构建——基于对美国相关制度的考察 [J]. 河北法学, 2017 (6).

[31] 杨松, 郭金良. 股权众筹融资平台的权益保障与行为规制 [J]. 中国高校社会科学, 2016 (6).

[32] 刘宪权. 互联网金融平台的刑事风险及则责任边界 [J]. 环球法律评论, 2016 (5).

[33] 吴艳梅, 李敏. 论股权众筹平台的法律性质 [J]. 北方民族大学学报, 2017 (4).

[34] 董新义. 韩国投资型众筹法律制度及其借鉴 [J]. 证券市场导报, 2012 (2).

[35] 刘明. 美国《众筹法案》中集资门户法律制度的构建及其启示 [J]. 现代法学, 2015 (1).

[36] 毛智琪, 杨东. 日本众筹融资立法新动态及借鉴 [EB/OL]. http://www.sohu.com/a/118113768_498795.

[37] 吉月. 欧盟探路众筹监管 [EB/OL]. http://www.weiyangx.com/41719.html.

[38] 张蓉. 德国股权众筹的现状和立法评析 [EB/OL]. http://zhongchou.hexun.com/2016-06-17/184448126.html.

[39] 陈晨. 股权众筹的金融法规制与刑法审视 [J]. 东方法学, 2016 (6).

[40] 刘宪权. 互联网金融股权众筹行为刑法规制论 [J]. 法商研究, 2015 (6).

[41] 赵玉. 私募股权投资基金合格投资者规则 [J]. 上海财经大学学报, 2012 (4).

[42] 于波. 论网络中介服务商承担审查义务的合理性 [J]. 兰州学刊, 2014 (1).

[43] 仇晓光, 杨硕. 公募股权众筹的逻辑困境与治理机制 [J]. 广东社会科学, 2016 (6).

[44] 万国华, 王才伟. 论我国股权众筹的证券法属性 [J]. 理论月刊, 2016 (1).

[45] 林晓燕. 股权众筹豁免制度探析——从法律定性的角度出发 [J]. 学术论坛, 2016 (8).

[46] 董竹, 尚继权, 孙萌. 对《私募股权众筹融资管理办法（试行）（征求意见稿）》的讨论 [J]. 上海金融, 2015 (8).

[47] 曾威. 互联网金融竞争监管制度的构建 [J]. 法商研究, 2016 (2).

[48] 邵燕. 互联网金融交易中的消费者风险及对策 [J]. 财政金融, 2016 (4).

[49] 程晋. 股权众筹投资者权益保护的思维变革与制度完善 [J]. 金融发展研究, 2015 (4).

[50] 顾晨. 法国众筹立法与监管制度评述 [J]. 金融服务法评论, 2015 (1).

[51] 李天德. 当前世界经济的变动趋势、机遇与挑战 [J]. 西南金融, 2011 (12).

[52] 张文强,孙国贸. 我国证券市场融资效率问题——基于有效市场理论的分析 [J]. 金融发展研究, 2016 (11).

[53] 吴晓光,李明凯. 从信息不对称理论看我国的金融信息服务 [J]. 金融发展研究, 2011 (3).

[54] 应飞虎. 从信息视角看经济法基本功能 [J]. 现代法学, 2001 (6).

[55] 闻得峰. 论信息不对称的经济规制 [J]. 河南师范大学学报(哲学社会科学版), 2004 (4).

[56] 蒋铁柱,陈强. 表决权集合——上市公司中中小股东权益保护的有效途径 [J]. 社会科学, 2004 (12).

[57] 皮天累. 国外声誉理论:文献综述、研究展望及对中国的启示 [J]. 首都经济贸易大学学报, 2009 (3).

[58] 田新国. 企业声誉的研究综述 [J]. 北方经济, 2010 (8):51.

[59] 余津津. 国外声誉理论研究综述 [J]. 经济纵横, 2003 (10).

[60] 马建威. 美欧信用评级法律监管的发展及启示 [J]. 北京社会科学, 2015 (11).

[61] 杜家龙. 试论统计学的研究内容 [J]. 统计与信息论坛, 2002 (3).

[62] 刘迎霜. "发行方付费"模式下的信用评级法律迷局解析 [J]. 法律科学, 2011 (6).

[63] 张继红,吴涛. 欧洲股权众筹投资者适当性制度之比较研究 [J]. 证券法苑, 2015 (2):85-86.

[64] 唐震斌. 有效市场理论与我国证券市场的有效性研究 [J]. 河南金融管理干部学院学报, 2006 (3).

[65] 覃宇翔. 浅议证券法信息披露义务中的"重大性"标准 [J]. 商业研究, 2003 (4):107-108.

四、博士论文

[1] 易燕. 股权众筹投资者权利保护法律问题研究 [D]. 北京:对外经济贸易大学, 2016.

[2] 雷华顺. 众筹融资法律问题研究——以信息失灵的纠正为视角 [D].

上海：华东政法大学，2015.

［3］杨硕.股权众筹法律问题研究［D］.长春：吉林大学，2017.

［4］王建雄.股权众筹融资法律问题研究——以美国和意大利监管规则的分析和借鉴［D］.厦门：厦门大学，2016.

五、英文专著

［1］Micic, Igor.Crowdfunding：Overview of the Industry, Regulation and Role of Crowdfunding in the Venture Startup［M］.Hamburg：Anchor Academic Publishing, 2015.

［2］Cunningham, William Micheal.The Jobs Act：Crowdfunding for Small Businesses and Startups［M］.Berkeley：Apress, 2012.

［3］Lerro, Alessandro Maria.Italian Equity Crowdfunding Legislation：Laws and Regulations［M］.Charleston：Createspace Independent Pub, 2014.

［4］Bottiglia, Roberto&Pcicher, Flavio.Crowdfunding for SMEs：A European Perspective［M］.London：Palgrave Macmillan, 2016.

六、英文论文

［1］AMBROSE, Meg Leta.Lessons from the Avalanche of Numbers：Big Data in Historical Perspective［J］.ISJLP, 2015（11）.

［2］AKERLOF.The Market for Lemons Quality Uncertainty and the Market Mechanism［J］.Quarterly Journey of Economics, 1972（84）.

［3］AGRAWAL, AJAY & CATALINI, CHRISTIAN & GOLDFARB AVI.Some Simple Economics of Crowdfunding［J］.INNOVATION POL'Y ECON, 2014（14）.

［4］ARCHAMBAULT, PATRICK.How the SEC's Crowdfunding Rules for Funding Portals Save the Two-Headed Snake：Drawing the Proper Balance Between Integrity and Cost［J］.Suffolk U.L.Rev, 2016（49）.

［5］BRADFORD, C.STEVEN.Shooting the Messenger：the Liability of Crowdfunding intermediary for the fraud of others [J]. U. Cin. L. Rev, 2014—2015 (83).

[6] BRADFORD, C. STEVEN. Crowdfunding and the Federal Securities Laws [J]. COLUM.BUS.L.REV, 2012 (1).

[7] BOWMAN, BLAIR. A Comparative Analysis of Crowdfunding Regulation in the United States and Italy [J]. Wis.Int'l L.J, 2015 (33).

[8] BARITOT, JACQUESF. Increasing Protection for Crowdfunding Investors under the JOBS ACT, U.C.Davis Bus [J]. L.J, 2012—2013 (13).

[9] BOTTIGLIA, ROBERTO & PICHLEER, FLAVIO. Crowdfunding for SMEs: A European Perspective [J]. Palgrave Macmillan, 2016 (1).

[10] BARNARD, Cf Jayne W. Deception, Decisions, and Investor Education [J]. 17 ELDER L.J, 2010 (17).

[11] CHEVLIN, DARA. Schemes and Scams: Auction Fraud and the Culpability of Host Auction Web Sites [J]. Loy. CONSUMER L. Rev, 2005 (18).

[12] C, COFFEE J. Market Failure And The Economic Case For a Mandatory Disclosure System [J]. Virginia Law Review, 1984 (4).

[13] CUNNINGHAM LAWRENCE A. From Random Walks to Chaotic Crashes: The Linear Genealogy of the Efficient Capital Market Hypothesis [J]. GEO.WASH.L.REV, 1994 (62).

[14] DIBADJ, REZA. Crowdfunding Delusions [J]. Hastings Bus. L. J, 2015—2016 (12).

[15] DEHNER, JOSEPH J& KONG, DEHNER JIN. Equity-based Crowdfunding outside the USA [J]. U.Cin.L.Rev, 2014—2015 (83).

[16] DESCHLER, GREGORYD D. Wisdom of the Intermediary crowd: What the Intermediaries [J]. St.Louis U.L.J, 2013—2014 (58).

[17] ESCHLER, GREGORYD D. Wisdom of the Intermediary Crowd: What the Proposed Rules Mean for Ambitious Crowdfunding Intermediaries [J]. St.Louis U.L.J, 2013—2014 (58).

［18］ FINK，ANDRES.Protecting the Crowd and Raising Capital Through the CROWDFUND Act［J］．90U.DET.MERCY L.REV，2012（1）．

［19］ FAMKOFF，BRIAN.Crowdfunding for Biotechs：How the SEC's Proposed Rule May Undermine Capital Formation for Startups［J］．Contemp.Health L.& Pol'y，2013（30）．

［20］ FARRIS，ANNALISE H.Strict in the Wrong Places：State Crowdfunding Exemptions' Failure To Effectively Balance Investor Protection and Capital Raising［J］．Campbell L.Rev，2016（38）．

［21］ FRIESZ，CODY R.Crowdfunding & Investor Education：Empowering Investors To Mitigate Risk & Prevent Fraud［J］．Suffolk U.L.Rev，2015（48）．

［22］ FAMA，EUGENE F.Efficient Capital Markets：A Review of Theory and Empirical Work［J］．the Journal of Finance，1970（25）．

［23］ FANTO，JAMESA.We're All Capitalists Now：The Importance，Nature，Provision and Regulation of Investor Education［J］．CASE W. REs. L. REV，1998（49）．

［24］ FISHER，KENNETH L.& STATMAN，MEIR.Cognitive Biases in Market Forecasts［J］．Fall Volume，J.PORTFOLIO MGMT，2000（27）．

［25］ GARBARINO，ELLEN C.& EDELL JULIE A.Cognitive Effort，Affect，and Choice［J］．CONSUMER RES，1997（24）．

［26］ GABISON，GARRY A.Birth，Survival，Growth，and Death of ICT Companies［J］．JRC SCIENTIFIC POL'Y REPORT，EUR Rep，2015（27）．

［27］ GRETHER，DAVID M et al.The Irrelevance of Information Overload—An Analysis of Search and Disclosure［J］．S.CAL.L.REV，1986（59）．

［28］ GILSON，RONALD J.& KRAAKMAN，REINIER H.The Mechanisms of Market Efficiency［J］．VA.L.REV，1984（70）．

［29］ GILLETTE，CLAYTON P.Reputation and Intermediaries in Electronic Commerce［J］．La.L.Rev，2002（69）．

[30] GROSCHOFF, DAVID.Alex Nguyen, Kurtis Urien, Croowdfunding 6.0：Does the SEC's Fintech law Failure Reveal the Agency's True Mission to Protect-Solely Accredited- Investors？［J］. Ohio St.Entrepren.Bus.L.J, 2014—2015（9）.

[31] GLEN, PATRICK J.Efficient Capital Market Hypothesis, Chaos Theory, and the Insider Filing Requirements of the Securities Exchange Act of 1934：The Predictive Power of Form 4 Filings［J］. Fordham J.Corp.& Fin.L, 2005（11）.

[32] GABISON, GARRY A.The Incentive Problems with the All-or-Nothing Crowdfunding Model［J］. Hastings Bus.L.J, 2015—2016（12）.

[33] GABBISON, GARRY.Equity Crowdfunding：All Regulated but Not Equal［J］. DePaul Bus.& Comm.L.J, 2014—2015（13）.

[34] GROSHOFF, DAVID. Equity Crowdfunding as Economic Development？［J］. Campbell L.Rev, 2016（38）.

[35] GROSCHOFF, DAVID & NGUYEN, ALEX & URIEN, KURTIS.Crowdfunding 6.0：Does the SEC's Fintech law Failure Reveal the Agency's True Mission to Protect-Solely Accredited- Investors？［J］. Ohio St.Entrepren.Bus.L.J, 2014—2015（9）.

[36] GROSHOFF, DAVID. Equity Crowdfunding as Economic Development？［J］. Campbell L.Rev, 2016（38）.

[37] HEMINWAY, JOAN MACOEOD. Crowdfunding and the Public/Private Divide in U.S.Securities Regulation［J］. U.Cin.L.Rev, 2014—2015（83）.

[38] HU YING.Regulation of Equity Crowdfunding in Singapore［J］. Sing.J.Legal Stud, 2015.

[39] HEMINWAY, JOAN MACLEOD. Investor and Market Protection in the Crowdfunding Era：Disclosing to and for the Crowd［J］. Vt.L.Rev, 2014（38）.

[40] HURT, CHRISTINE.Pricing Disintermediation：Crowdfunding and Online

Auction IPOS [J]. U.Ill.L.Rev, 2015.

[41] HORSMAN, C MARSHALL Ⅲ.Putting North Carolina Through the PACES: Bringing Intrastate Crowdfunding to North Carolina Through the NC PACES Act [J]. Campbell L.Rev, 2016 (38).

[42] HALL, ROBERT E.Struggling to Understand the Stock Market [J]. AM. ECON.REV.PAPERS & PROC, 2001 (91).

[43] HAZEN, THOMAS LEE.Crowdfunding or Fraudfunding? Social Networks and the Securities Laws- Why the Specially Tailored Exemption Must Be Conditioned on Meaningful [J]. N.C.L.REV, 2012 (90).

[44] HAQ, SYED.Revisiting the Accredited Investor Standard [J]. Mich.Bus. & Entrepreneurial L.Rev, 2015—2016 (5).

[45] IBRAHIM, DARIAN M.Crowdfunding without the Crowd [J]. N.C.L. Rev, 2017 (95).

[46] ISAACSON, MAXE.The So-Called Democratization of Capital Markets: Why Title Ⅲ of the JOBS Act Fails to Fulfill the Promise of Crowdfunding [J]. N.C.Banking Inst, 2016 (20).

[47] IBRAHIM, DARIAN M. Equity Crowdfunding: A Market for Lemons? [J]. Minn.L.Rev, 2015-2016 (100).

[48] JOYCE, TIMOTHY.1000 Days Late' & $1 Million Short 2: The Rise and Rise of Intrastate Equity Crowdfunding [J]. Minn.J.L.Sci.& Tech, 2017 (18).

[49] KAPPEL, TIM. Ex Ante Crowdfunding and the Recording Industry: A Model for the US.? [J]. LoY.L.A.ENT.L.Rev, 2009 (29).

[50] KOCK, MARK. Are Wastefulness and Flamboyance Really Virtues? Use and Abuse of Economic Analysis [J]. U.GIN.L.REV, 2002 (71).

[51] KLOCK, MARK. Mainstream Economics and the Case for Prohibiting Inside Trading [J]. GA_ ST.U.L.REV, 1994 (10).

[52] KLOCK, MARK.The Enduring Legacy of Modern Efficient Market Theory after Halliburton V.John [J]. Ga.L.Rev, 2016 (50).

［53］ JAMES, THOMAS G. Far From the Maddening Crowd: Does the JOBS Act Provide Meaningful Redress to Small Investors for Securities Fraud in Connection with Crowdfunding Offerings? [J]. B.C.L.REV, 2013（54）.

［54］ JOHNSON ERIC J.& PAYNE, JOHN W. Effort and Accuracy in Choice [J]. MGMT.ScI, 1985（31）.

［55］ KOROBKIN, RUSSELL. The Efficiency of Managed Care "Patient Protection" Laws: Incomplete Contracts, Bounded Rationality, and Market Failure [J]. CORNELL L.REV, 1999（85）.

［56］ KELLER, KEVIN LANE & STAELIN, RICHARD. Effects of Quality and Quantity of Information on Decision Effectiveness [J]. CONSUMER RES, 1987（14）.

［57］ LANGEVOORT, DONALD C. Toward More Effective Risk Disclosure for Technology-Enhanced Investing [J]. WASH U.L.Q, 1997（75）.

［58］ LUSARDI, ANNAMARIA & MITCHELL, OLIVIA S. Financial Literacy and Retirement Preparedness: Evidence and Implications for Financial Education [J]. BUS.ECON., 2007（1）.

［59］ LEE, SO-YEON. Why the "Accredited Investor" Standard Fails the Average Investor [J]. REV.BANKING & FIN.L, 2012（31）.

［60］ LANGEVOORT, DONALD C. Langevoort, Theories, Assumptions, and Securities Regulation: Market Efficiency Revisited [J]. U. PA. L. Rev, 1992（140）.

［61］ LOWENSTEIN, LOUIS. Searching for Rational Investors in a Perfect Storm [J]. J.CORP.L, 2005（30）.

［62］ LEE, PATRICIA H. Access To Capital or Just More Blues? Issuer Decision-Making Post SEC Crowdfunding Regulation [J]. Transactions Tenn.J.Bus.L, 2016—2017（18）.

［63］ MALLIEL, BURTON G. A Random Walk Down Wall Street [J]. U.PA. L.Rev, 1999（7）.

［64］ MILGROM, KREPS D.P & WILSON, RBERTS R. Rational Cooperation in the Finitely Repeated Prisons Dilemma［J］. Journal of Economic Theory，1982（27）.

［65］MACEY，JONATHAN.A Pox on Both Your Houses：Enron，Sarbanes-Oxley and the Debate Concerning the Relative Efficiency of Mandatory Versus Enabling Rules［J］. WASH.U.L.Q，2003（81）.

［66］M，EISENHIARDT K.Building theories from case study research［J］. The Academy of Management Review，1989（4）.

［67］MATHEWS，KELLY.Crowdfunding，Everyone's Doing It：Why and How North Carolina Should Too［J］. N.C.L.Rev，2015—2016（94）.

［68］NISBETT et al.，The Dilution Effect：Nondiagnostic Information Weakens the Implications of Diagnostic Information［J］. COGNITIVE PSYCHOL，1981（13）.

［69］ORANBURG，SETH.Bridgefunding：Crowdfunding and the Market for Entrepreneurial Finance［J］. Cornell J. L. & Pub. Pol'y，2015—2016（25）.

［70］OCAMP，BRITNEY.The State Answer to Flawed Federal Crowdfunding［J］. Crit，2015—2016（1）.

［71］OLSON，ETHAN.Squalls in the Safe Harbor：Investment Advice & Regulatory Gaps in Regulation Crowdfunding［J］. J.Corp.L，2014—2015（40）.

［72］PEKMEZOVIC，ALMA&WALKER，GORDON.The Global Significance of Crowdfunding：Solving the SME Funding Problem and Democratizing Access to Capital［J］. Wm.& Mary Bus.L.Rev，2016（7）.

［73］PEIRCE，CHRISTOPHER H.WRIGHT.State Equity Crowdfunding and investor protection［J］. Wash.L.Rev，2016（91）.

［74］PAREDES，TROY A.Blinded by the Light：Information Overload and Its Consequences for Securities Regulation［J］. WASH. U. L. Q，2003（81）.

［75］PARSONT，JASON W.Crowdfunding: The Real and the Illusory Exemption［J］. Harv.Bus.L.Rev,2014(4).

［76］ PEKMEZOVIC ALMA & WALKER, GORDON.The Global Significance of Crowdfunding: Solving the SME Funding Problem and Democratizing Access to Capital ［J］. Wm.& Mary Bus.L.Rev, 2016（7）.

［77］ RAFAEL, LA PORTA&LANES, LOPEZ-DE-SI&ANDREI, SHLEIFER. Law and Finance ［J］. Journal of Political Economy, 1998: 1113-1155.

［78］ RUBINFELD, DANIEL L.& GAL, MICHAL S.Access Barriers to Big Data ［J］. Ariz.L.Rev, 2017（59）.

［79］ SCHWARTZ, ANDREW A. Crowdfunding Securities ［J］. NOTRE DAME L.REV, 2013（88）.

［80］ STEINHOFF, ROBERT H.The Next British Invasion is Securities Crowdfunding: How Issuing No-Registered Securities Through the Crowd can Succeed in the United States ［J］. U.Colo.L.Rev, 2015（86）.

［81］ SUROWIECKI J.The Wisdom of Crowds: Why the Many Are Smarter Than the Few and how Collective Wisdom Shapes Business, Economics, Societies and Nations ［J］. Personal Psychology, 2006, 59（4）.

［82］ SCHWARTZ, ANDREW A.The Digital Shareholder ［J］. MINN.L.REV. 2015（100）.

［83］ SIGAR, KARINA. Fret No More: Inapplicability of Crowdfunding Concerns in the Internet Age and the JOBS Act's Safeguards ［J］. ADMIN. L.REV, 2012（64）.

［84］ SIMON, HERBERT A.A Behavioral Model of Rational Choice ［J］. Q.J. ECON, 1955（69）.

［85］ SLOVIC, PAUL.Psychological Study of Human Judgment: Implications for Investment Decision Making ［J］. J.FiN, 1972（27）.

［86］ SIMON, HERBERT A.A Behavioral Model of Rational Choice ［J］. Q.J. ECON, 1955（69）.

［87］ SELIGMAN, JOEL.The Obsolescence of Wall Street: A Contextual Approach to the Evolving Structure of Federal Securities Regulation ［J］. MICH.L.REV, 1995（93）.

[88] STOCKS, MORRIS H.& TUTTLE BRAD. An Examination of Information Presentation Effects on Financial Distress Predictions [J]. ADVANCES IN ACCT.INFO.SYS, 1998（6）.

[89] TSAI, CHANG-HSIEN. Legal Transplantation or Legal Innovation? Equity-Crowdfunding Regulation in Taiwan after Title Ⅲ of the U.S.JOBS ACT [J]. B.U.Int'l L.J, 2016（34）.

[90] TADELIS S.What's in name? Reputation as a Tradable Asset [J]. American Economic Review, 1999, 89（3）.

[91] TELANG, RAHUL. A Privacy and Security Policy Infrastructure for Big Data [J]. ISJLP, 2015（10）.

[92] THOMPSON, ROBERT B&LANGEVOORT, DONALD C.Redrawing the Public-Private Boundaries in Entrepreneurial Capital Raising [J]. CORNELL L.REV, 2013（98）.

[93] VARIAN, HAL R. Big Data：New Tricks for Econometrics [J]. J.ECON.PERSP, 2014（28）.

[94] VIGNONE, MICHAEL.Inside Equity-Based Crowdfunding：Online Financing Alternatives for Small Business [J]. Chi.-Kent L.Rev, 2016（91）.

[95] WAKES, KIM& TUCH, ALON-HILLEL.Panel Ⅱ：Crowdfunding at the Fordham Journal of Corporate and Financial Law Symposium：JOBS Act：The Terrible Twos [J]. FORDHAM J.CORP.& FIN.L, 2015（20）.

[96] WILSON, ZACHARY JAMES.Challenges to Crowdfunding Offering Disclosures：What Grade Will Your Offering Disclosure Get? [J]. Campbell L. Rev, 2016（38）.

[97] WEITZ, THEODORE&HALKET, THOMASD. State Crowdfunding and the Intrastate Exemption Under Federal Securities Laws-less than Meets Eye? [J]. Rev.Banking & Fin.L, 2014—2015（34）.

[98] YAMEN, SHARON&GOLDFEDERT, TOEL. Equity Crowdfunding—a Wolf in Sheep's Clothing：the Implications of Crowdfunding Legislation under the JOBS ACT [J]. Int'l L.& Mgmt.Rev, 2015（11）.